KB054230

코칭과 컨설팅의 장점을 융합한 컨버전스 솔루션
"CCPI 코칭 & 컨설팅"

코칭과 컨설팅의 장점을 융합한 컨버전스 솔루션

CCPI 코칭&컨설팅

코칭과 컨설팅이 갖고 있는 각각의 장점들을 결합시켜
기업의 비전 달성을 위한 성과를 창출하는 혁신 기법

정재완·주형근 지음

Coaching

Through coaching

Consulting

and consulting

Performance

to the performance creation

Innovation

and innovation

매일경제신문사

그 동안 기업 현장에서 경영전략의 수립과 실행, 약 200여 기업을 대상으로 경영 컨설팅 및 조직의 핵심 리더인 CEO와 임원들에게 경영자 코칭 등의 다양한 경험을 하면서 항상 **"실전에서 성과 창출이 되지 않은 전략이나 컨설팅, 그리고 코칭은 의미가 없다"**라는 철학을 가지고 프로젝트를 수행해 왔습니다. "그러면 실전에서 성과가 창출되는 전략과 실행이 되기 위한 핵심 성공 요소(KFS)는 무엇일까?" 라는 본질적인 질문을 하면서부터 이 책의 저술은 시작되었습니다.

그 질문의 해답은 도출된 전략을 현장에서 직접 실행하는 **"실행 주체자들의 마음가짐과 역량에 성패가 달려 있다는 것"**입니다. 즉 도출된 전략이 기업 내부의 소수 인원이나 외부 컨설턴트 및 코치들의 것이 되어서는 반드시 실패 할 수 밖에 없다는 것 입니다.

'경영의 神'이라 불리우는 마쓰시다 고노스케 회장은 그 성공의 비결을 "종업원들 스스로 회사의 주인이라고 여기게 하는 것 입니다"라고 하였고 '노자(老子) 리더십'의 요체도 "현장에서 성과가 났을 때 종업원들이 스스로 자신의 공으로 여기게 하는 리더십"입니다. 즉 도출된 전략이 현장의 '실행 주체자들' 스스로 자신의 것이라는 주인 의식을 가지고 자발적으로 열정을 다해 수행할 때 바람직한 성과가 창출됩니다.

CCPI 코칭 & 컨설팅은 컨설팅의 모든 프로세스에서 도출된 전략들을 조직 현장에서 직접 실행할 실천 주체자들을 참여시켜 주인의식을 갖도록 의견을 존중하고 반영하는 '소통'과 '공감'의 방법들을 적용합니다. 그러면 자기의 것으로 여기게 하는 방법은 무엇일까요? 바로 '코칭'입니다. 코칭의 철학은 "내부 구성원들이 문제를 가장 잘 알고 있을 뿐만 아니라 해답도 그들에게 있다"는 것이며, 그것을 코칭 커뮤니케이션 스킬을 활용하여 이끌어 내는 것입니다. 또한 코치의 역할은 내부 구성원들에게 스스로 문제를 직시하여 문제를 해결할 수 있는 해답을 찾도록 자극하고 실행할 수 있도록 에너지를 공급해 주는 것입니다. **따라서 컨설팅의 각 단계를 진행할 때 컨설팅 본연의 도구 사용과 병행하여 코칭 스킬을 적절하게 사용하는 것이 바람직하다 할 것입니다.**

이 책에서 다루는 CCPI 코칭 & 컨설팅은 컨설팅과 코칭이 갖고 있는 각각의 장점을 융합하여 조직의 비전을 달성함으로써 성과를 창출하며, 아울러 창의적이고 자율적인 "코칭 조직 문화"를 구축하여 '신 바람 일터'를 만드는 데 탁월한 혁신 기법입니다.

이 책의 주요 내용은 다음과 같습니다.

Part 1. CCPI 코칭 & 컨설팅이 왜 필요한가?
- CCPI 코칭 & 컨설팅이란?
- CCPI Frame & Process
- CCPI 코칭 & 컨설팅 필요성(컨설팅/코칭/CCPI 측면) 및 기대효과
- CCPI 코칭 & 컨설턴트가 갖추어야 할 역량

Part 2. 프로패셔널 CCPI 코치 & 컨설턴트 성공 포인트
- 파워 브랜드를 만들어라, "마케팅 성공비밀의 법칙"을 활용하라!
- 어떻게 알리고 영업 할 것인가? 상담 요령, 제안서 작성 방법
- 성공확률을 높이는 프리젠테이션 스킬, 계약서 작성 및 사후 관리

Part 3. 경영컨설팅 에센스
- 경영 컨설팅이란? 경영 컨설팅의 역사, 경영 컨설팅 서비스 분야의 범위

　　CCPI코칭 & 컨설팅에 관련된 내용을 총체적으로 제시해 보려고 욕심을 부려 보았고, 충실한 내용을 위해 혼신을 힘을 다 하였지만 아직 연륜이 짧고 경험이 부족해 미흡한 부분이 많습니다. 계속 연구하여 부족한 부분을 보완할 각오이니 너그럽게 양해해 주시길 바라며 보다 완성도 높은 책을 만들기 위해 계속 노력할 것을 약속 드립니다.

　　탁월한 코치 & 컨설턴트는 절대 하루 아침에 나타나는 것이 아닙니다. 많은 시행 착오와 '알아차림'의 과정을 통해 보다 많은 실전경험과 피드백을 쌓아가면서 탁월한 코치 & 컨설턴트가 되어가는 것임을 인식해야 합니다. 그리고 끈기와 인

내를 가지고 매진함으로써 한국에서도 더 많은 세계적인 코치 & 컨설턴트 들이 배출되기를 기원 드립니다.

아무쪼록 본서가 탁월한 코칭 & 컨설턴트가 되고자 하는 모든 분들에게 작은 도움이라도 되기를 간절히 바라며, 아울러 선배 및 학위 제위 분들의 조언과 질책을 기대합니다.

본서가 출간 되기까지 많은 분들이 도움을 주었습니다. 매경출판사 관계자 및 편집 실무자 분들께 감사 드립니다. 그리고 나이가 들수록 더욱 더 소중한 가족들에게 사랑한다는 말을 전합니다.

정 재 완, 주 형 근

CONTENTS

Part 03 경영 Consulting 에센스

Part 04 비즈니스 코칭 에센스

Part 05 CCPI 전개 디테일

CCPI 코칭 & 컨설팅

CCPI 가 왜 필요한가?	CCPI란? CCPI Frame & Process, CCPI 필요성 (컨설팅/코칭/CCPI측면) 및 기대 효과, CCPI 코치 & 컨설턴트가 갖추어야 할 역량
프로패셔널 CCPI 코치 & 컨설턴트로 성공하기 위한 조건	파워 브랜드를 만들라, "마케팅 성공비밀의 법칙"을 활용하라. 어떻게 알리고 영업을 할 것인가? 상담 요령, 제안서 작성 방법, 성공확율을 높이는 프리젠테이션 스킬, 계약서 작성 및 사후 관리
경영 컨설팅 에센스	경영 컨설팅이란? 경영 컨설팅의 역사, 경영 컨설팅 서비스 분야의 범위, 경영 컨설턴트란? 경영 컨설턴트가 갖추어야 할 역량, 성공한 경영 컨설턴트가 되기 위한 7가지 조건
	경영 컨설팅 Process & Tool , 경영 컨설팅 수행 모델 및 절차, 경영 컨설팅 프로세스, 경영 컨설팅 단계별 사용 도구 (진단 단계 / 실행계획 수립 단계 / 실행 단계 / 종결 단계)
비즈니스 코칭 에센스	비즈니스 코칭의 기본적 이해, 비즈니스 코치로서 갖추어야 할 자세와 역량 (경청 / 인정과 지지 / 칭찬과 격려 / 질문) 비즈니스 코칭 실전에서 갖추어야 할 역량
	비즈니스 코칭 유형(일대일/그룹 코칭/ 장기 CEO 코칭) 별 프로세스 비즈니스 코칭 유형, 비즈니스 코칭 Frame & Process, 사전 준비 및 진단 단계 , 세션 별 진행 단계, 마무리 단계, 지속적인 사후관리 단계
CCPI 전개 방법	**CCPI 전개 프로세스** CCPI 프로세스 의미와 배경 , CCPI 프로세스 구성 및 작성 방법, CCPI 기본 프로세스
	CCPI 프로세스 단계별 디테일 1. 고객사 니즈 청취를 통한 제안서 제출 및 계약 단계 2. 진단 단계 3. 본격적인 CCPI 프로세스 실행 단계 팀 빌딩 / 미래 성장요인 및 당면과제 도출 / 비전 만들기 / 비전 달성을 위한 전략 수립 / 브랜드 개발 및 운영 전략 수립 / 마케팅 전략 수립 / 내부 역량 진단 / 조직 평가 및 보상 시스템 구축 / 코칭 리더십 구축 / 학습 조직 시스템 구축 / "신 바람 일터 구축" / 실행 및 피드백 4. 평가 및 종결 단계

CCPI 개요

1

1. CCPI 코칭 & 컨설팅이란?

> ### CCPI
> Through **c**oaching and **c**onsulting
> to the **p**erformance creation and **i**nnovation

> 코칭과 컨설팅이 갖고 있는 각각의 **장점들을 결합 시켜**
> 기업의 비전 달성을 위한 **성과를 창출하는 혁신 기법**

　　CCPI란 코칭과 컨설팅이 갖고 있는 각각의 장점들을 결합시켜 기업의 비전 달성을 위한 성과를 창출하는 혁신 기법을 의미한다. 코칭과 컨설팅의 각각의 장점들을 살펴 보면 다음과 같다.

Coaching의 장점	Consulting의 장점

인간을 가장 인간답게 다루는 기술	가장 효율적/효과적인 Solution 도출
코칭의 철학 (ICF) 인간은 스스로(Wholistic) 답을(Resourceful) 창조(Creative)할 수 있다.	**컨설팅의 효과** 정확한 진단을 통한 문제 발견, 문제해결을 위한 Solution 도출, 체계적인 실행으로 성과 창출
상대방의 자발적 행동을 촉진하기 위한 커뮤니케이션 기술	문제해결을 효과적이고 효율적으로 해결하는 전문 기술

2. CCPI 코칭 & 컨설팅 FRAME

CCPI란 코칭과 컨설팅이 갖고 있는 각각의 장점들을 결합시켜 가장 효율적이고 효과적으로 기업의 당면 문제의 발견 및 해결, 기업 시스템 구축 및 인력 경쟁력 강화, 비전 설정 및 달성 전략을 수립하고 실천한다. 이를 실천하기 위해 새로운 기업 비전 설정과 비전 달성을 위한 전략을 다양한 진단을 통해 사업 전략(기존 사업전략, 신규 사업전략), 기능별 전략(인사,재무.마케팅,생산),지원 전략(인사 평가 시스템, 학습 조직 시스템)을 수립하고 실행을 한다. 또한 신바람 나는 행복한 일터(GWP:Grate Work Place) 만들기 전략과 코칭 조직문화 구축을 세부적으로 실행한다.

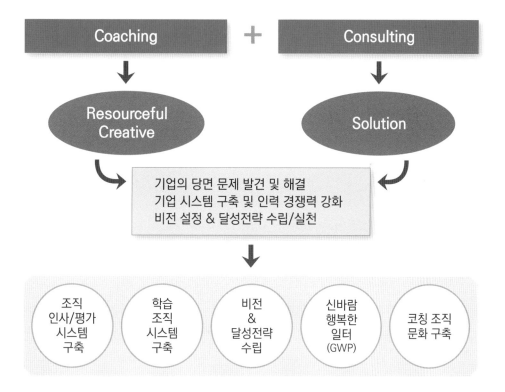

3. CCPI 코칭 & 컨설팅의 필요성과 기대효과

1) 경영 컨설팅 측면에서의 필요성

경영 컨설팅(이하 컨설팅)을 의뢰한 조직의 상태는 다음 3가지 중 하나이다.
1. 문제가 무엇인지도 전혀 모르는 상태
2. 문제가 무엇인지는 알고 있으나 해결 방법을 모르는 상태
3. 문제도 알고 있고 해결 방법도 알고 있으나 실천하지 못하는 상태

위의 3가지 중 어떤 상태이던지 컨설팅의 주요 프로세스는 컨설팅을 의뢰한 조직에 대한 진단과 분석을 통해 적절한 해결 방법(Solution)을 도출하고, 이를 실행하게 하여 소기의 성과를 거두는 활동이다.

아무리 좋은 해결방법(Solution)을 도출했다고 하더라도 이를 해당 조직에서 효과적으로 실행해야만 성과가 창출된다. 물론 이 과정(실행과 정착)에서 일정 기간 동안은 내부 실행조직과 외부 컨설팅 팀이 상호 합동으로 진행하는 것도 바람직하다.

그러나 궁극적으로 조직에 지속적으로 성과를 내고 정착을 시키는 주체는 경영 컨설턴트(이하 컨설턴트)가 아닌 내부 구성원들이다. **즉 실천 주체가 내부 구성원이 되는 것이다.**

우리는 컨설팅 현장에서 컨설턴트가 없는 곳에서 내부 조직원들이 다음과 같이 하는 이야기들을 여러 경로를 통해 종종 들을 수 있다. "컨설턴트들은 실상(實像)을 잘 몰라, 현장감각이 없어", "컨설팅에서 제시한 전략이 과연 현실성이 있나, 단지 이론일 뿐이야", "해결 방안이라고 발표한 것들이 내 생각과는 달라", "위에서 실행하라면 하겠지만 결과는 뻔해."

또한 내부 조직원들의 특성 상 경영진의 명령과 관심이 집중되어 있을 때는 하

는 척 하지만, 경영진의 관심이 없어지기 시작하면 이내 그 열기는 사라지고 형식적인 수행에 치우치는 경우가 다반사이다. **즉 컨설팅이 실패할 수 밖에 없는 현상들이다.**

왜 내부구성원들에게서 이런 말들과 행동들이 나오는 걸까? 그것은 컨설팅에서 나온 해결방법들이 결코 자기들의 것이 아니기 때문이다. **즉 자기의 생각과 의지 그리고 혼(魂)과 열정(熱情)이 반영이 안 되어 있기 때문이다.**

'경영의 神'이라고 불리었던 마쓰시타 고노스케(1894 ~ 1989, 일본의 대표적 기업인)에게 기자들이 경영 성공의 비결을 묻자 "직원들이 자기가 회사의 주인이라고 여기도록 하는 것 입니다"라는 말을 하였다. 인간의 본성(本性)은 하고 있는 일이 자기 것이라고 생각할 때와 누가 시켜서 마지 못해 하는 것과의 효과 차이는 강조하지 않아도 잘 알 것이다. 당연히 인간은 자기의 것을 할 때가 가장 에너지가 높다.

그러므로 컨설팅의 모든 프로세스에 향후에 도출된 전략들을 조직내부에서 직접 실천할 실천 주체자들을 참여시켜 그들의 의견을 존중하고 반영하는 "소통"과 "공감"의 시간과 방법들을 적용하여야 한다.

때로는 이 과정에서 실천 주체자들과 컨설턴트들과의 치열한 논쟁이 벌어질 수도 있다. 그러나 이 과정 자체가 향후 "실천 주체자"들에게는 실행전략들을 진정으로 자기 것으로 받아들이는 데 필수 불가결한 과정인 것이다.

따라서 **성과창출이 보장된 컨설팅을 하기 위해서는 그 실행주체들이 자기 것이라는 생각을 갖도록 하는 것을 컨설팅 모든 프로세스에 걸쳐서 진행이 되어야 한다.**

그러면 자기 것으로 만들게 하는 방법은 무얼까? 바로 '코칭'이다. 코칭의 바탕에는 "내부 구성원들이 문제를 가장 잘 알고 있을 뿐만 아니라 해답도 그들에게 있다"는 철학을 가지고 있으며, 그것을 코칭 커뮤니케이션 스킬을 활용하여 이끌어 내는 것이다. 코치의 역할은 내부 구성원들에게 스스로 문제를 직시하여 문제를 해결할 수 있는 해답을 찾도록 자극하고 실행할 수 있도록 에너지를 공급해 주는 것이다.

　　따라서 컨설팅의 각 단계를 진행할 때 컨설팅 본연의 기법 사용과 병행하여 코칭 스킬을 적절하게 병행하여 사용하는 것이 바람직하다 할 것이다.

2) 비즈니스 코칭 측면에서의 필요성

　　비즈니스 코칭(이하 코칭)측면에서의 필요성은 코칭 고객들이 비즈니스 코치(이하 코치)에게 기대하고 있는 역할에 부응하기 위해서이다. 국제코치연맹(ICF:International Coach Federation) 이 실시한 아래의 조사 결과와 같이 고객들은 코치에게 코칭 고유의 역할인 "성장을 돕는 지지자", "동기 유발자", "친구"의 역할도 기대하고 있지만, 동시에 "비즈니스 컨설턴트"와 "교사"로서의 역할도 함께 기대하고 있다는 것이다.

고객들이 코치들에게 바라는 역할 (ICF 여론조사 결과 / 복수 응답)

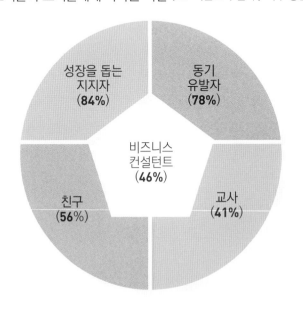

코칭이나 컨설팅 모두 고객이 없으면 존재할 수가 없다. 그러므로 고객이 원하는 바를 파악하여 적절히 대응하는 것은 당연하다 하겠다.

따라서 **코치는 기업 경영 전반의 구조와 전략 수립의 프로세스를 이해하고 적절한 진단방법을 활용하여 가장 효과적인 솔루션을 제공할 수 있는 컨설팅 기능을 갖추어야 한다.** 물론 고객에게 주도권을 주어 자발적인 행동을 유도하는 코칭의 특성 상 솔루션을 제공하는 과정에서의 적절한 스킬은 필요하다. 예를 들어 지금 고객이 고민하는 유사한 상황에서의 성공, 실패 사례를 간접적으로 제공하거나 필요한 조사나 진단 방법 등을 제시하거나 또는 필요한 자료를 제공함으로써 **고객 스스로 깨달을 수 있도록 하는 방법을 사용하는 것이다. 이 때 피드백은 필수이다.**

3) CCPI 코칭 & 컨설팅 측면에서의 필요성

앞장에서는 컨설팅과 코칭의 각각의 측면에서 CCPI 코칭 & 컨설팅(이하 CCPI)의 필요성에 대해서 살펴보았다.

이번에는 처음부터 코칭과 컨설팅을 결합하여 하나의 상품으로 디자인하여 제공하는 방법에서의 필요성이다.

특히 이 CCPI상품은 대기업이 아닌 중견, 중소기업에서 효율적인 적용과 활용 측면이 높다. 대기업은 경영 요소들이 모두 전문화, 분업화가 잘 되어 있어 경영 컨설팅과 비즈니스 코칭을 함께 받기 보다는 각각 따로 접목을 하여 전문성을 최대한 활용을 하는 것이 자체 시스템으로 잘 구축되어 있다. 즉, 경영컨설팅은 컨설팅 사안 및 유형 별로 각각 해당 부문에서 도입하고 있고, 비즈니스 코칭은 주로 임원 및 팀장급의 리더에게 리더십 향상의 일환으로 주로 인사(HRD)부문에서 비즈니스 코칭을 운영하고 있다.

그러나 중견, 중소기업 같은 경우는 경영 요소들이 대기업처럼 전문화, 분업화가 되어 있지 못하고 경영컨설팅과 비즈니스 코칭을 각각 따로 따로 받을 만큼 비용 측면이나 필요성에 대해 정확한 정보가 있지 못한 것이 현실이다. **따라서 중견, 중소기업 같은 경우에는 경영 컨설팅과 비즈니스 코칭의 장점들을 결합하여 기업의 경영 요소들을 종합적으로 진행하는 것이 더욱 더 효과적이고 효율적인 접근 방법이 된다.**

코칭 & 컨설팅프로세스 융합 전개

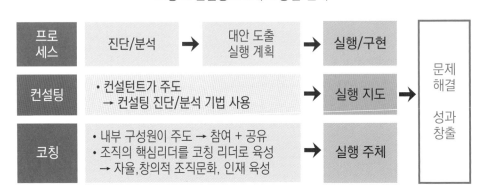

4) CCPI 코칭 & 컨설팅 기대효과

대기업에서 통상 진행하고 있는 경영자 코칭은 보통 4 ~6개월의 기간에 10세션 정도로 진행이 되며 주로 리더십에 초점을 맞추어 진행이 된다. 그러나 중소기업의 CCPI 코칭 & 컨설팅은 해당 기업의 전 임직원이 참여하여 열정과 도전정신으로 도출한 "기업의 바람직한 미래 모습(비전)"을 설정한 후 그 비전을 달성하기 위한 사업 전략과 기능별 전략을 수립한다. 이 과정에서 코칭의 철학과 커뮤니케이션 스킬이 접목된다. **따라서 기업의 임직원들이 철저하게 주도권을 가지게 됨으로써 실천 단계에 가서도 직원들이 주인의식을 가지고 열정적으로 실천하는 효과를 가진다.**

CCPI는 기업의 중·장기 비전과 비즈니스 도메인의 수립 및 재정립, 비전 달성을 위한 전략 수립은 물론 전략을 실천하는 단계에서도 함께 한다. 따라서, 10회 세션으로 단 기간에 끝나는 대기업의 경영자 코칭과는 다르게 비전 달성을 위한 전략 수립은 물론 전략을 실천하는 단계, 그리고 CEO에 대한 지속적인 코칭으로 보통 1~2년 이상의 기간을 가지고 상호 안정적으로 진행을 한다.

또한 내부 시스템, 즉 평가 보상 시스템 및 학습 시스템 등을 구축하여 실질적으로 회사의 성장전략의 기반을 구축한다. 또한 기업의 핵심 리더의 육성을 통한 자율적이고 창의적인 코칭 조직문화를 형성하여 "신바람 나는 일터(GWP, Great Work Place)"도 함께 진행됨으로 실질적인 효과를 거둘 수 있을 뿐만 아니라, **고객사의 성장을 함께 지켜볼 수 있어 매우 보람도 느낄 수 있는 혁신적인 기법이라 할 수 있다.**

CCPI
Through coaching and consulting
to the performance creation and innovation

코칭과 컨설팅이 갖고 있는 각각의 장점들을 결합시켜
기업의 비전 달성을 위한 성과를 창출하는 혁신 기법

4. CCPI 코치 & 컨설턴트가 갖추어야 할 역량

코칭과 컨설팅을 결합하기

조직과 리더의 변화를 창조하는 방법은 수 없이 많다. 시애틀 리더십 연구소 컨설팅 사에서는 코칭과 컨설팅을 결합하는 방법을 활용하고 있는데, 그 기초가 되는 다섯 가지 원칙을 소개하면 다음과 같다.

1. 비즈니스 결과와 인간적 관계를 연계시킨다.
2. 기업 리더와 업무 그룹 사이에 강력한 관계를 맺도록 독려하고 자극한다. 생산적인 갈등을 다루는 능력도 여기에 포함된다.
3. 기업 리더의 리더십 역량을 개발한다. 특히 자신의 위치를 분명히 인식하고(신념,信念),그룹과 강력한 관계를 유지하도록 한다(열정,熱情)
4. 업무 그룹 내의 개인들이 자신의 리더십을 발휘하도록 한다. 특히 생산적인 협력과 새로운 시도에 적극성을 갖도록 여건을 조성한다.
5. 팀에서 업무를 수행하고 있는 현장에 긍정적으로 개입한다.

기업 리더와 업무 그룹 사이에 이러한 원칙을 부여하면 개인적인 발전과 행동 변화의 다양한 순간들은 팀이 업무 효율을 극대화할 수 있는 가능성을 만들어 준다.

코칭 + 프로젝트 매니저 + 트레이너 + 퍼실리테이터 역할

CCPI 코치 & 컨설턴트에게 필요한 능력들

구 분	세부 내용
전략적 사고	• 프로젝트 전체의 관점에서 통찰력을 가지고 복잡한 기능을 분석한다. • 조직의 생산성과 결과에 영향을 미치는 내부와 외부의 요인을 평가한다. • 비즈니스와 조직의 프로세스와 운영방식을 이해한다.
비 전	• 자신과 조직을 이해하여 명확한 비전을 수립한다.. • 비전을 성취하기 위한 구체적이고 측정 가능한 목표(도전의식과 활력, 긴장감을 부여)를 확인하고, 비전과 목표를 효과적으로 알린다. • 대화의 구성원들이 비전을 심화시키고 보다 더 명확하게 인식함으로써 조직에 대한 헌신과 열정을 가질 수 있게 한다.
코 칭	• 조직 내의 모든 리더를 대상으로 리더십과 진취적인 정신을 북돋운다. • 다른 사람들에게 그들의 강점과 약점에 대해 구체적인 피드백을 전달하고 그들의 능력과 열정적인 자세를 키우도록 도와준다. • 사람들이 자신의 지위를 명확히 깨닫게 하는 것은 물론 그들이 업무관계를 계속해서 유지하도록 돕는다.
트레이닝	• 조직의 전략적 목표와 연결된 교육프로그램을 만들어서 제공한다. • 교육 참여자를 모으고 의도된 트레이닝 목표를 달성한다. • 지식이나 태도, 기술 트레이닝을 촉진시키고 명확한 이론을 제시한다.
시스템적 기능	• 당면한 문제에 의식을 확장하여 　1. 작용 중인 시스템의 패턴　　2. 조직에서 하부 구조의 기능 　3. 조직의 문제에 내재하는 감정적인 문제 　4. 조직을 떠받치고 있는 더 큰 사회에 대해서까지 다룬다. • 상호작용의 상호적 관계 안에 자신을 포함시킨다. • 지식이나 태도, 기술 트레이닝을 촉진시키고 명확한 이론을 제시한다.
회의를 촉진하는 퍼실리테이터 역할	• 회의를 효과적으로 이끈다. • 의제 준비 및 우선순위를 정한다. • 논의를 촉진하여 참석자들의 참여를 최대한 이끌어낸다. • 팀의 구성원들이 행동을 위한 핵심적인 요구 사항, 아이디어, 계획을 확인하도록 돕는다. • 팀의 그룹 활동을 촉진하여 효과적인 참여를 유도하고, 시너지 효과를 높여 생산적인 결과가 나오도록 한다.
프로젝트 관리	• 기업 리더가 　– 구체적인 방향을 제시하면서, 핵심적인 역할과 책임, 스케줄을 확인하고 　– 각 프로젝트의 필요한 곳에 사람들을 할당, 배치하고 　– 결정권자를 확인하고 각 프로젝트에 한 명의 관리자를 둔다. 　– 프로젝트를 수행하도록 교육시키고 코칭한다. • 특정 프로젝트에서 단 한 사람의 관리자처럼 행동하여 과정을 점검함으로써 기업 리더가 통합적인 주도자가 되게 한다.

구 분	세부 내용
프로젝트 주도자로서 역할 강화	• 주도자로서의 역할을 발휘할 수 있는 차원에서 기업 리더를 교육시키고 코칭한다. • 주도자와 변화 관리자 사이에 역할의 차이를 확인시킨다. • 어떤 의무가 주도자와 실행자가 서로에 대해서 가지고 있어야 할 신뢰와 책임을 훼손할 경우에는 그 임무를 거절한다.
의사 결정	• 결정권자가 누구인지 분명히 해야 하는 책임이 있다. • 몇 가지 결정 방식을 효과적으로 활용한다. 예를 들어 자문을 구하거나 위임하거나 합의를 도출하는 방식이 있다. • "예" 혹은 "아니오"라고 분명히 말하고 계속 대화할 수 있는 자세를 유지한다.
대화 조성	• 효율성을 최대화하기 위해 논의의 한계를 정한다. • 각자 상대에게 직접 얘기하면서 모든 사람이 들을 수 있게 한다. • 정보를 끌어내고 습관적인 사고방식을 없애도록 노력한다. • 내재된 문제를 다루는 것은 물론 어려운 쟁점에 관해 말한다. • 대화에서 배우려는 자세를 취한다. • 변화 관리자 역할에 직원을 활용한다. • 변화 관리자 역할을 맡은 직원이 우선순위가 높은 비즈니스 문제에 관심을 기울이도록 한다. • 주도자의 지지자가 변화 관리자들을 적극적으로 활용할 수 있게 한다. • 변화 관리자들이 경계를 넘어서지 않고 관리자의 역할에 머물게 한다.
옹호	• 자기 자신의 아이디어나 조직의 어느 한쪽을 효과적으로 옹호한다. • 옹호자로서 전체 조직의 전략적 비전을 강화한다. 옹호할 때는 보다 큰 목표에 대한 이해와 열의가 전달되도록 한다.
고객 육성	• 고객 – 벤더 – 내부 고객(직원) – 사회 관계를 상호 보완적인 관계로 인식하고 강화한다. 그리고 이러한 관계를 뒷받침하기 위해 불필요한 과정을 제거하여 단순화한다.

출처 : "Executive Coaching Backbone and Heart." Mary Beth O.'Neill

프로패셔널 CCPI 코치 & 컨설턴트로 성공하기 위한 조건

1 가장 먼저, 파워 브랜드를 만들어라

마케팅 격언에 "브랜드는 신앙이다", "브랜드 만들기가 마케팅의 최대의 과제이다", "마케팅의 가장 큰 선물은 브랜드 가치이다"라는 말들이 있다. 그 만큼 브랜드의 중요성을 강조하고 있다고 할 수 있겠다. **CCPI 코치 & 컨설턴트에게도 자신만의 차별화된 브랜드가 있어야 거기에 합당한 가치와 대우를 받을 수 있다.**

1) 어떤 이미지를 각인시킬 것인가?

자기만의 강력한 브랜드를 만들기 위한 첫 단계는 구매자들에게 어떤 이미지를 일관되게 각인시킬 것인가이다. 즉, CCPI 코칭 & 컨설팅을 필요로 하는 구매자들의 가슴속에 어떤 이미지를 떠오르게 함으로서 나를 찾게 만들고, 거기에 걸맞는 대우를 하게 만들 것인가이다. 이러한 각인되는 이미지를 마케팅에서는 브랜드 아이덴티티(Brand Identity)라고 하며 구매자들의 마음속에 심어주고자 하는 바람직한 연상으로써 궁극적으로 구매와 연결되도록 하는 것이 매우 중요하다. 그래서 마케팅을 **"인식의 싸움터"라고 부른다.** 그러면 브랜드 아이덴티티를 어떻게 만들어야 할까? 먼저 CCPI 코칭 & 컨설팅 시장의 흐름(Trend)을 파악하는 것이 중요하다. 즉 과거나 현재 보다는 **미래에 각광을 받을 수 있는 영역을 예측하여 선점하는 것이 필요하다.**

두 번째는 선점하고자 하는 영역에서 통할 수 있는 충분한 실력과 경쟁력을 갖추었는가? 실력과 경쟁력을 갖추기 위해서는 앞으로 무엇을 준비하여야 하는가? 다른 코치나 컨설턴트들과의 차별성(USP : Unique Selling Point, 꼭 나여야만 하는 이유)은 무엇인가? 그리고, 고객들이 원하는 것은 어떠한 것들일까? 나 다운 것은 무엇일까? 이러한 것들에 대한 스스로의 질문을 통해 몇 가지 단어를 추출해 본다.

추출된 단어 중 소비자 입장에서 가장 구매하고 싶은 매력적인 문구(Communication Copy)를 만들어 주변 사람들의 반응을 참조하여 결정한다.

나의 브랜드 아이덴티티 & 슬로건(Tag-line) 만들기

나의 아이덴티티(Identity : 나를 떠오르게 하는 긍정적인 이미지) 만들기

↓

나에게 항상 꼬리표(Tag-line)처럼 따라다니면서 나의 이미지를 표현하는 문구

2) 아이덴티티에 걸맞는 상품을 개발하여 알려라!

가장 먼저 해야 할 일은 미래 각광이 예상되고 경쟁력과 차별성을 갖춘 나 만의 상품을 개발하는 것이다. 선점하고자 하는 CCPI 코칭 & 컨설팅의 영역을 선정한 후 지속적으로 자료를 모으고 연구하여 책을 출간하거나 경영 컨설팅이나 비즈니스 코칭 관련 매체(코치, 컨설턴트나 구매자들이 보는)에 지속적으로 테마를 기고하거나 논문을 발표하는 것이 좋다. 아울러 강좌(특강이나 강의 프로그램)를 개발하여 관련 기관이나 세미나(협회, 교육기관, 박람회 및 세미나 등)에서 발표하는 것도 좋은 방법이다.

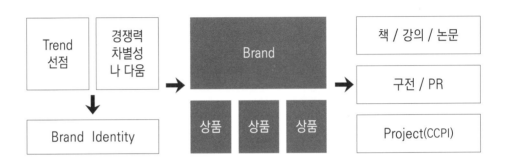

3) 어떻게 떠 오르게 할 것인가?

"마케팅 사관학교"라고 불리우는 P&G(Proctor & Gamble)의 브랜드 정책은 다음 3가지이다. 첫 번째 일관성(Consistency), 두 번째도 일관성(Consistency), 마지막 세 번째도 일관성(Consistency)이다. 그 만큼 한번 정해진 아이덴티티를 일관되게 전달하여야 함의 중요성을 강조한 것이다. 그러면 어떠한 방법으로 전달할 것인가. 먼저 본인을 알릴 수 있는 모든 홍보물(명함, 책, 홈페이지, 강의, 프로젝트 등)에 꼬리표처럼 따라 붙는 문구[Tag-line: "비즈니스 코칭의 아버지", "코치의 코치", "관점 디자이너", "재미있는 마케터", "CCPI 코칭 & 컨설팅의 선구자", "고향의 맛"(다시다), "혁신"(애플)]를 개발하여 일관되게 사용하는 것이다. 이와 같이 나를 알리는 모든 홍보물을 통합하여 일관되게 사용하다 보면 아래와 같이 인지 단계(Awareness)를 지나 전달하고자 하는 아이덴티티를 명확하게 인식(Association)하게 된다.

BRAND EQUITY 구축 FLOW

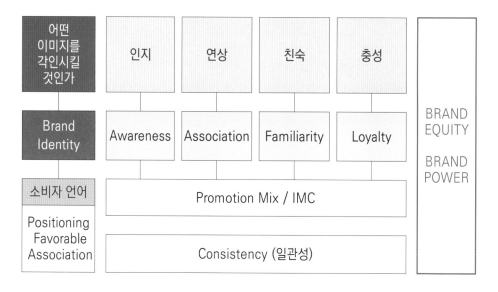

4) 파워 브랜드(Power Brand)를 만들고 지속적으로 경쟁력을 높여라!

브랜드 아이덴티티(Brand Identity)를 일관되게 알려 구매가 이루어지면서부터는 고객의 기대치에 부응하는 고객만족을 통해 지속적인 구매가 일어나도록 해야 한다. 따라서, 고객의 기대치(니즈)를 잘 파악하여 고객 각각의 니즈에 맞춤으로 대응하는 것이 매우 중요하다. 나의 상품에 고객이 무조건 맞추라고 하는 것은 매우 위험한 발상이다. 각 기업 및 개인별로 각각의 상황과 니즈가 다르기 때문에 나의 상품의 기본적인 틀은 유지하면서 이러한 각각의 상황을 세심하게 배려하여 맞추어 줌으로써 고객이 만족하게 되고 다시 찾게 되는 것이다.

이렇게 함으로써 나의 브랜드와 친숙(Familiarity)하게 되고 특별한 자극이 없는 한 계속 구매해 주는 충성 고객(단골 : Loyalty)이 된다.

이러한 성공 결과들은 그 분야에서 명성(Reference)이 되어 내가 직접 영업을 하지 않아도 고객이 자발적으로 찾아와 주는 "마케팅 선물"을 받게되는 선 순환 고리에 접어들게 된다. 이때부터 상품을 더욱 전문화하거나 다양화를 하게 되고 개인에서 조직으로 사업을 확장하는 등의 비즈니스 포트폴리오(Business Portfolio)를 재구성하는 것이 필요하다.

이와 같이 브랜드의 명성과 사업이 확장되는 중에도 탁월한 CCPI 코치 & 컨설턴트가 되고자 하면 어떠한 상황하에서도 교만하거나 자만해서는 안 되며 항상 초심(初心)으로 돌아가 겸손해야 한다. 아울러 해당 분야의 미래 트렌드에 맞추어 상품과 브랜드를 혁신(R&D)하는 노력을 통해 지속으로 브랜드의 파워(Power)와 브랜드 자산가치(Brand Equity)를 높여야 한다.

The Process for Becoming a Professional Coach & Consultant

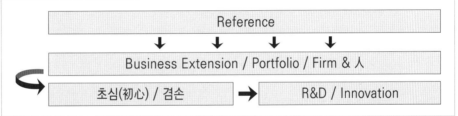

2 "마케팅 성공의 비밀"의 법칙을 활용하라!

　주변의 많은 코치와 컨설턴트들이 준비는 다 되었는데 정작 고객을 만나는 "마케팅이 어려워", "마케팅을 어떻게 하여야 하지?"라는 고민을 서로 토로하고 배우려고 하는 것을 자주 보았다. 한국코치협회에서 코치를 대상으로 하는 조사에서도 코치들의 애로사항의 1위로 꼽힌 것도 마케팅이었다. 어떻게 하면 마케팅을 잘 할 수 있을까?. 마케팅에서 성공 할 수 있는 비밀은 무엇일까?

1) 고객, 고객의 이름으로…

　마케팅은 나와 고객 그리고 경쟁자가 상호 긴밀하게 작용하면서 진행하는 게임이다. 즉 고객에게 가치를 제공할 수 있는 상품이 나에게 있어야 하며, 그 상품은 경쟁자보다 우위에 있어야 한다는 것이다. 따라서 **마케팅의 출발은 고객에게 어떤 가치를 제공할 수 있느냐를 파악하는 것이다.** 마케팅을 성공시키기 위해서는 **고객의 입장과 관점에서 시작하는 것이다.**

　마케팅 관련된 격언들을 소개하면 다음과 같다.

> 마케팅 진리 : "기업은 **고객**에 의해 생명이 보전되고 있다"
> 마케팅 사고 : 마케팅이 끝나는 마지막 순간까지 오직 **고객만을** 생각하는 사고와 행동
> 마케팅 철학 : **고객으로부터** 만족을 획득한 기업을 "마케팅 기업"이라 부른다.
> 　　　　　　 **고객에 대해** 충분히 알고 있지 못하면 마케팅에 임할 자격조차 없다.

　이는 마케팅의 출발이자 마지막의 중심에는 항상 **"고객"**이 있다는 것이다. 따라서 **마케팅을 성공시키고 싶다면 나의 입장과 관점이 아니라 항상 고객의 입장과 관점에서 바라보아야 한다.**

2) 고객 만들기 6단계

마케팅에서는 고객을 6단계로 나눈다. 1단계 고객은 **불특정 다수인 컨슈머 (Consumer)**이다. 모든 사람이 고객이 될 수 있다라는 것이다. 이는 "어둠 속에서 키스한다"라는 것처럼 비효율적이고 성과를 창출하기 어렵다.

두 번째 단계의 고객은 잠재 고객(Suspect)으로 불특정 다수 중에서 나의 상품이나 용역을 구매할 능력이 있는 모든 기업 및 사람을 포함한다.

세 번째 단계는 가능 고객(Prospect)으로 잠재 고객들 중에서도 나의 상품이나 용역에 대해 1번 이상의 접촉을 통해 구매할 가능성이 높은 고객을 의미한다. 그러나 가능성이 높다고 해서 무조건 나의 고객이 되는 것은 아니다. 따라서 마지막 구매의 순간까지 가망고객의 니즈를 고객의 입장과 관점에서 철저하게 파악하여 맞춤으로 대응하는 노력이 필요하다.

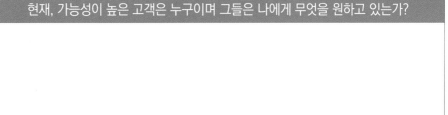

현재, 가능성이 높은 고객은 누구이며 그들은 나에게 무엇을 원하고 있는가?

네 번째 단계의 고객은 최초 구매 고객(First Time Customer)인데, 나의 상품이나 용역을 처음 구매한 고객으로 고객(Customer)이란 단어 안에 1회성이 아닌 지속적인 구매를 한다는 뜻이 내포되어 있다. 고객과의 관계 관리를 통한 마케팅을 의미하는 CRM(Customer Relationship Management)도 바로 나의 상품을 처음 구매한 고객과의 관계를 각별히 잘 관리하여 충성고객을 만들라는 것이다. 잘못된 마케팅 중 하나가 가망고객들에게는 정성을 다하다가, 일단 구매고객이 되면 그 정성을 한 단계 낮추거나 또는 생략하는 경우를 흔히 볼 수 있다. 이는 만족한 고객으로부터 선물을 받지 못하고 계속 새로운 고객을 찾아 헤매는 악순환에 빠지는 결정적인 원인이 된다.

나의 상품을 처음 구매한 고객들이 계속 구매하게 하기 위해 나는 무엇을 할 것인가?

다섯 번째 단계의 고객은 반복 구매 고객 및 단골 (Repeat Customer / Client)로서 나의 상품을 반복 구매하여 주는 고객이며, 경쟁자의 특별한 자극이 없는 한 계속 구매하는 고객으로 충성 고객(loyalty Customer)이라고도 한다. 또한 지속적이고 강한 유대관계와 신뢰를 통해 나의 다른 상품도 구매할 가능성이 높아 부가가치(Value added)도 높다.

마지막 6 단계의 고객은 **지지 고객(Advocate)**으로 단골고객(Clint) 중에서도 주변 사람들에게 **자발적으로 나의 상품을 구매하도록 추천 및 권유하는 고객이다.** 평범한 세일즈맨이었던 죠 지라드는 만족한 고객 한명이 250명까지 확산이 가능하다는 "죠 지라드 법칙"을 발견한 후 영업의 신화를 남기게 된다. 기업 입장에서 보면 우리 상품에 대한 홍보와 영업을 대신해 주기 때문에 가장 효율적이고 효과적인 마케팅 활동이 된다.

고객 6 단계

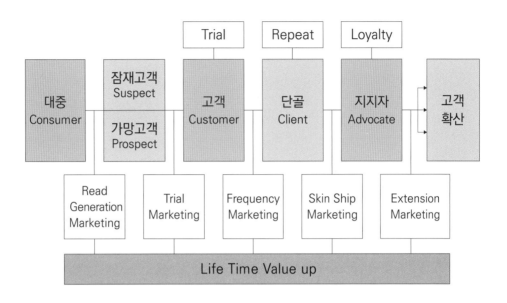

3) 고객이 상품을 구매하는 순위

고객이 상품이나 매장을 선택하는 순위를 보면 회사에서 돈을 많이 들여 하는 광고나 홍보는 4위에 불과하고, 영업사원들의 현란한 화술은 5위이다. 그러면 1~ 3위는 무엇 일까? 3위는 제 3자의 권유(사용 후기 등)이며 2위는 간접체험(무료 시음 등)으로 나타났다. 결국, 고객이 상품을 구매하는 1순위는 본인이 "직접 체험"하여 만족하는 것이다. 그로 인해 본인의 지속적인 재구매는 물론 2위인 간접 체험과 3위인 3자의 권유에도 결정적인 영향을 미치는 주체가 되는 것이다, 즉, **마케팅에서 가장 강력한 무기는 만족한 고객들이 자발적으로 하는 "구전(口傳, WOM: Word of Mouth)"이다.**

따라서 **"마케팅의 성공 비밀"**은 **"만족한 고객이 되돌려 준 선물"**이고, 우리는 바로 지금 내 앞에 있는 고객을 어떻게 만족시켜 만족한 고객이 자발적으로 구전할 수 있게 할 것인가가 마케팅의 최대 지향점이 되어야 할 것이다.

고객이 상품을 구매하는 순위

1위. 직접 체험	
2위. 간접 체험	
3위. 제 3자의 권유	
4위. 회사의 홍보/ 광고	
5위. 영업사원의 화술	

4) "열렬한 지지자"를 만들어라!

6 단계의 고객인 지지 고객(Advocate)의 가치는 기업의 미래를 긍정적으로 예측할 수 있는 지표로서 그 중요성은 매우 크다고 할 수 있다. 그러면 "열렬한 지지자"는 어떻게 만들 수 있을까?

가. 판매현장에서 고객이 떠나는 이유 순위

판매현장에서 고객이 떠나는 이유의 순위를 보면 상품에 대한 불만족(14%)보다 오너나 종업원의 무관심한 태도가 68%로서 사소한 것에 더 큰 반응을 보이는 것을 알 수 있다.

Lucas Customer Service

사망하는 경우	(1%)
고객이 이사가는 경우	(3%)
주변 사람의 영향력 때문	(5%)
라이벌 회사의 영향력 때문	(9%)
상품에 불만족한 경우	(14%)
종업원, 오너의 무시/무관심한 태도 때문	**(68%)**

나. 정말 작은 것에 감동하는 고객

다음은 저자의 제자 사례이다. 미국의 호텔 체인에서 수년간 근무한 그는 한국에 오자마자 "행운 flow"사장님께 달려가 감사의 큰 절을 드렸다고 한다. 꽃을 무척이나 좋아하는 홀어머니께서 "행운 flow"꽃집 사장님이 마치 친어머니처럼 정성을 다해 주어 항상 고마운 분이라고 입이 닳도록 칭찬을 했기 때문이다.

이후 제자는 어머니 생신을 앞두고 "행운 Flow"로부터 한 통의 편지를 받았다. 의례적인 DM이겠거니 하며 무심히 뜯었으나 내용을 읽고는 깜짝 놀랐다.

> OOO씨께 …... 안녕하셨습니까? 귀하의 어머니 생신이 2주 정도 남았습니다.
> 재작년 OOO 씨가 보내신 꽃은 장미 76송이였으며, 작년에는 노란 튤립을 보내셨습니다. 올해는 어머니께서 매우 좋아하시는 호접란을 보내시는게 어떨까요? 매년 저희를 이용해주셔서 감사하는 마음으로 15만원 상당의 호접란을 10만원에 배달해 드리겠습니다.

"행운 flow"는 꽃을 주문하는 모든 손님의 이름, 연락처, 배달 대상, 배달 이유 등을 기록해 놓고, 그 손님이 꽃을 주문할 만한 시기가 되었다고 판단되면 DM(Direct mail)을 통해 주문을 받아왔던 것이다. 단순히 꽃을 팔기 위한 사무적인 편지가 아니라 고객을 기억하고 배려하는 정성어린 편지를 발송해 고객을 감동시켰던 것이다.

> 누군가 진심으로 당신을 배려하고 있다면
> 당신은 그와 오래도록 친분을 쌓고 싶어할 것이다.
> **고객만족은 고객을 진심으로 배려하는 마음에서부터 시작해야 한다**
> 지금 이 순간 고객을 진심으로 배려할 것이 무엇인지를 찾아 보는 것이 어떨까?

다. 제발 나에게 상품만을 팔지 말아라.

즐겨가는 레스토랑이 있다. 그곳에 가면 음식 맛도 일품이지만 무엇보다 마음이 평화로워진다. 치열한 비즈니스 현장에서 잠깐 벗어나고 싶을 때 찾게 되는 그 레스토랑은 평화로운 안식과 함께 아름다운 꿈을 꾸게 하는 위력이 있다. 이럴 때 그 레스토랑은 단순히 음식을 제공하는 장소가 아니라 여러 가지 삶의 선물을 안겨주는 특별한 공간이 되는 것이다.

구체적으로 나열해 보면

첫째, 그 레스토랑에 가는 밤이면 요리와 설거지를 하지 않아도 되는 안락한 밤이 된다.
둘째, 맛있는 메뉴를 선택해 미각부터 오감이 다 행복해진다.
셋째, 친구나 지인들과 함께 로멘틱한 시간을 즐긴다.
넷째, 지금 이 순간 평화에 감사하는 마음이 생긴다.
다섯째, 오늘보다 더 나은 내일을 꿈꾸게 된다.

레스토랑에서 한 끼 식사가 주는 행복과 평화가 이렇게 크다는 걸 깨닫게 되면서부터 고객의 마음을 더 헤아리기 시작했다. 단순히 좋은 제품을 만드는 것에 그치는 것이 아니라 정말 고객에게 평화와 꿈을 선물해주고 싶어졌다.

나에게 옷을 팔지 말고 → 멋진 모습과 스타일 그리고 매력을 팔아라!

나에게 보험을 팔지 말고 → 편안한 마음과 나와 내 가족의 밝은 미래를 팔아라.

나에게 책을 팔지 말고 → 꿈을 꾸는 즐거운 시간과 간접체험의 혜택을 팔아라.

코칭 & 컨설팅만을 팔지 않고 고객에게 어떤 가치를 팔고 싶은가?

5) 열렬한 지지자를 만드는 구체적인 방법

열렬한 지지자란 이성을 뛰어넘은 충성심을 발휘하는 헌신적인 고객으로 단순한 단골을 넘어선 고객이며, 자발적으로 선호하는 기업이나 브랜드를 홍보하는 홍보맨과 타인에게 구매를 적극 유도하는 영업맨의 역할을 자발적으로 하는 고객을 말한다. 열렬한 지지자를 만드는 구체적인 방법은 다음과 같다.

가. 고객을 분류하라

모든 고객을 전략전개의 대상으로 하는 것은 전략부재이다, 즉 로열티가 높은 고객을 집중 관리함으로써 우량고객 중심의 사업구조를 유지하는 것이다. 마케팅의 목표를 단순한 양이 아닌 질적 가치로 변화시키는 것이다. 즉, 실제로 수익에 공헌하는 고객만을 대상으로 한다. 따라서 지지자를 만들기 위한 첫 번째 순서는 우량고객을 중심으로 고객을 분류하는 것이다.

나. 평소에도 고객과의 지속적인 관계(Relationship)를 나누어라

판매가 필요할 때만 고객을 찾는다면 고객의 입장에서는 상품의 필요성과 구매 시 제공하는 혜택에 의하여 구매는 하겠지만, 자발적이고 역동적으로 상품을 홍보하거나 구매를 유도하는 지지자를 만들기에는 한계가 있다. 따라서 평소에도 고객의 사소한 관심사와 기념일 등을 데이터화하여 배려하는 관계의 질을 높이는 것을 시스템화 해야 한다.

다. 지지자로 인식하기 위한 계기(契機)를 만들어라.

우수고객으로의 인정과 고마움을 표시하는 특별한 계기를 만들어 우수고객으로서의 차별화된 혜택은 기본이고 타사가 제공할 수 없는 다양한 프로그램을 제공하여 "나를 특별히 대우해 주는구나"라는 느낌을 갖게 해 줌으로써 브랜드에 대한 자긍심을 갖도록 해야 한다.

라. 감동(感動)을 주어라!

고객들이 감동하는 요소들을 살펴보면

첫째, 사소한 것을 섬세하게 배려할 때이다.

둘째, 예상치 못했을 때이다. 아무리 감동적이어도 단순히 반복될 경우에는 더 이상 감동이 되지 않는다. 따라서 끊임없이 변화를 모색하여 고객의 예측을 벗어나야 한다.

셋째, 진정성이 있는 마음이 담겨야 하며, 마치 1대1의 관계처럼 느끼도록 해야 한다.

마. "특별한 체험", "특별한 추억"의 이벤트를 통해 우수고객과 특별한 관계를 지속해야 한다.

우수 고객을 위한 특별한 체험과 추억을 느낄 수 있는 특별한 이벤트를 정기적으로 꾸준히 함으로써 우수고객과의 특별한 관계(Special Relationship)를 지속하여야 한다.

이제는 고객 관리도 단순한 CRM(Customer Relationship Management)을 넘어선

고객과의 실질적인 체험을 중시하는 CEM(Customer Experience Management)이 중시 되고 있는 것이다. 아울러 우수고객의 전용 창구를 만들어 상시 귀를 기울여주고, 제안된 사항은 바로 반영해 주는 커뮤니티를 만들어 상호 교류가 가능하도록 지원해 주는 것도 좋은 방법이다.

바. 팔고 난 이후 더욱 더 특별한 배려를 하라.

많은 마케터들이 하는 커다란 실수는 한번 구매한 고객에 대한 배려(After Marketing)보다는 항상 새로운 고객을 창출하는데 많은 시간과 비용을 지불하고 있는 것이다.

그러나 신규고객을 창출하여 구매로 연결시키는 데 소요되는 시간과 비용이 기존고객을 잘 관리해서 재구매를 창출하는 것보다 8 배 이상 소요된다는 사실을 간과하고 있는 것이다.

따라서 기존고객을 관리하는데 정성을 쏟아야 하며 더 나아가 우수고객이 고객을 추천했을 경우 추천 받은 고객과 추천해 준 고객 모두에게 진정한 감사 표시와 혜택을 푸짐하게 정성을 다하여 제공하여야 한다. 특히 우수고객들에겐 상업적인 냄새가 조금 덜 나도록 하면서도 고객추천에 관한 혜택을 명확하게 사전에 제시하고 충분히 알려야 한다.

사. 고객이 불평할 때가 "열렬한 지지자"를 만들기 위한 최대의 기회다.

일본의 유통업체 이또요까도는 고객이 클레임할 경우 일단 고객의 요구가 무엇이든간에 현장에서 바로 들어 줌은 물론(환불에 대한 부담을 느낄 수 있으나 실제 환불율은 아주 미미하기 때문에, 오히려 만족에 의한 "열렬한 지지자"로서의 기대효과가 더욱 큼) 점장이 직접 사과 및 상담(고객의 자긍심 고취)을 하고 교통비와 기념품 등을 전달함으로써 지지자로 변화할 수 있는 계기의 장을 만드는 데 많은 비중을 두고 있다.

따라서 고객이 불평할 때가 지지자를 만들 수 있는 철호의 찬스인 것이다.

"와서 PT 만 해 주시면 됩니다!"

우리나라 모 대기업의 컨설팅 프리젠테이션과 실시 이후 진행되었던 사례이다. 모 기업의 전문 경영인으로 새로 취임 한 사장은 영업 부문의 전반적인 변화를 위한 컨설팅의 필요성을 느끼고 국내 및 글로벌 컨설팅 3개 회사에 제안서 PT를 해 달라고 요청을 하였다.

이후 3개 회사의 경쟁 PT가 진행 되었다. 그러나 오너 회장님의 평소 생각은 외부의 컨설팅을 받는 것에 대해 부정적인 생각을 갖고 있었고 당연히 회장님 최종 결재가 나지 않았다.

이후 회사측에서 위와 같은 사정 이야기를 하면서 죄송하다는 연락이 왔다. 여러분 같으면 어떻게 하겠는가? 우리나라에서는 대부분 리젝트 피가 없기 때문에 컨설팅 회사에서는 많은 시간과 비용 소요에 따른 피해가 막대하다.

이 전화를 받은 저자는 PT 당시 참여하였던 대표이사를 포함한 임원들과 실무자들 모두 (PT 장소에서 사전에 명함 교환)에게 직접 전화를 걸어 진정성을 담아 "PT 기회를 주셔서 진심으로 감사했다"라고 통화를 하였다. 그리고 이 일은 이내 저자의 뇌리에서 잊혀졌다.

한 달 후 담당 임원으로부터 다음과 같은 내용의 전화가 왔다. "저희가 회장님을 설득하였습니다. 경쟁 PT가 아니고 단독 PT이니 와서 PT만 해 주시면 됩니다"

본인들의 내부사정으로 인해 중지 되었던 것에 미안한 마음을 갖고 있었는데 다른 회사들과 달리 진정성으로 감사의 전화를 받은 후 감동을 받은 임원들이 이 컨설팅 회사에 맡기는 게 좋겠다라는 공감대가 형성하여 회장님을 강력하게 설득하였다는 것이다. 이후 이 대기업과 7년 동안 컨설팅이 지속되었다.

지금 구매해 준 고객만이 고객이 아니다. 오히려 구매해주지 않았을 때 행동(After Marketing) 또한 매우 중요하다는 것을 일깨워 주는 사례이다.

"단골"과 "열렬한 지지자"를 만드는 셀프 질문 사례

"육일 약국 갑시다"의 저자는

나는 약국을 찾는 이들을 보며
다음과 같이 스스로에게
끊임없이 질문 합니다.

1. "지금 저 사람들에게 필요한 것은 **무엇일까?**" → **"상품 개발"**

나가는 손님 뒷모습을 보면서 스스로에게 다음과 같이 질문을 합니다.

2. 오늘 저 사람이 나를 통해서 **만족했을까?** → **"고객 만족"**

3. 저 사람이 다음에 **다시 올까?** → **"단골"**

4. 저 사람이 다음에 올 때 다른 사람까지 **데리고 올까?** → **"열렬한 지지자"**

"성과를 올리는 인간형"은

따로 존재하는 것이 아니라

"끊임없이 노력하는 사람" 이다.

- 피터 드러커 -

3 어떻게 알리고 영업할 것인가?

마케팅이란 결국 나의 상품을 구매해 줄 고객을 찾아, 그 고객에게 가치(혜택)를 제공하고 대가를 받는 것이다.

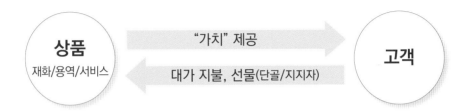

1) 상품의 가치를 창출하라!

나의 상품을 구매할 고객에게 어떤 가치(value)를 제공할 것인가? 이것이 첫 번째 과제이다. 이 가치는 고객에게는 상품을 구입하여 사용함으로써 얻는 혜택(Benefit)이 된다. 나의 상품이 고객에게 제공하는 가치는 상품이 제공하는 본질적인 기능인 품질의 핵심 가치(Core Value)와 상품 구입 후 고객 관리 및 사후 관리를 위한 서비스 제공 등의 부가적 가치(Additional Value)로 나눈다.

마케팅은 나와 고객 그리고 경쟁자가 함께 하는 것이기 때문에, 나의 상품은 경쟁자보다 더 나은 점이 있어야 한다. 다음 표를 채우면서 자기의 상품을 점검해 본다.

구 분		내 용
제공 "가치"	핵심 혜택 (본질적 기능. 품질)	
	부가 혜택 (고객관리/서비스 등)	
경쟁 우위	차별화 혜택 (USP) Unique Selling Point	

2) 고객은 누구이고 무엇을 요구하는가?

고객을 조금 더 들여다 보자. 나의 상품을 구매하는 고객(Buyer), 나의 상품을 직접 사용하는 고객(User), 비용을 지불하는 고객(Payer), 그리고 나의 상품이 구매되도록 영향을 주는 고객(Influencer)으로 나눌 수 있다.

구매자, 사용자, 지불자, 영향자가 모두 한 명일 수도 있고 모두 다를 수도 있다. 특히 비즈니스 코칭의 경우에는 사용자는 기업의 CEO, 임원 등 리더가 되지만, 상품을 구매하는 구매자는 주로 인사 및 교육 담당자가 많은 비중을 차지하고 있다.

또한 경영 컨설팅이나 비즈니스 코칭의 비용을 지불하는 지불 고객은 기업이고, 구매하도록 구매자에게 영향을 주는 고객은 CEO, 임원 등 내부 인력 및 외부의 다양한 인력과 정보가 될 수 있다.

따라서 CCPI 코치 & 컨설턴트들은 아래와 같이 고객을 유형별로 나누어 각각의 특징과 요구사항을 분석하여 적절히 대응하는 것이 필요하다.

고객 유형 분류 별 대응 전략

구 분	누 구	특징/니즈	대응 전략
Buyer			
Payer			
User			
Influencer			

고객은 누구이며 무엇을 요구하고 있고 이에 어떻게 대응해야 하는가?

나의 상품을 구매할 고객은 누구인가? 또한 그들의 특징(Profile)은 어떠한가? 고객의 구매 동기는 무엇이고 어떠한 의사결정 경로를 통해 구매를 결정하는가? 또한 구매 시 어떠한 행동 특성이 있는가? 등을 파악하여 적절하게 대응하는 것은 CCPI 코칭 & 컨설팅을 마케팅하는 데 있어 무엇보다 중요한 활동이다.

항 목		내 용	활용/공략방안
고객 확인	고객은 누구인가? [고객유형분류/대응]		
	언제/어디서 어떻게 구매하는가?		
	거래의사 결정 과정 및 형태는?		
	거래의사 결정시 참여(영향)자는?		
구매 동기	왜 구매하는가? [구매욕구?]		
	정보탐색 형태		
	거래영향요소		
고객 행동 특성	Complain요소		
	무엇을 바라고 있는가? 개선사항 [New-Needs] =>틈새시장 발견		
	누가 내 상품의 구매자가 될 수 있는가? [잠재/가망고객]		

3) 어떻게 알리고 영업을 할 것인가?

상품을 만들고 고객을 파악했으면 이제는 고객에게 나의 상품에 대한 정보를 어떻게 알릴 것인가? 더 나아가 매력적인 상품으로 알림으로써 구매하게 할 것인가? 등이 풀어야 할 과제이다.

고객에게 알리는 방법으로는 TV, 신문, 라디오, 잡지 등 4대 매스 미디어를 이용하여 알리는 ATL(Above the line)과 4대 매체가 아닌 모든 방법을 사용하여 알리는 것으로 New Media, PR(publicity), Sales Promotion 등을 활용하여 알리는 BTL(Below the line)로 나눌 수 있다.

물론 경영 컨설턴트나 비즈니스 코치는 개인으로 활동할 것인가와 회사를 만들어 활동할 것 인가에 따라 방법은 달라질 수 있다. 그러나 처음부터 회사를 만들어 활동하는 것 보다는 개인이 컨설팅이나 코칭 회사에 속하거나 또는 개인이 직접 상품을 알리고 영업하면서 경험을 충분히 쌓아 실력은 물론 거래처도 확보 한 후 개업을 하는 것이 바람직하다 할 것이다. 따라서 이 책에서는 개인 차원의 영업과 홍보활동을 주 내용으로 다룬다.

구 분	사용 도구	선택/표현 전략
ATL (Above the line)	TV, 신문, 잡지, 라디오	
BTL (Below the line)	• New Media – 인터넷 활용 (홈 페이지, 블로거, 동호회 등) – 모바일 활용 (트위터, 카톡, 메신져 등) – SNS 활용 (페이스 북, 트위터, 카톡 등) • PR (Publicity) – 신문, 코칭 전문지, 협회 등 홍보 기사 활용 • Sales Promotion – 교육 기관 강의, 코칭 세미나 개최 및 참여 – 책 저술 (책,CD), 교수/동기생 활용 – 회사 활용, 팜플렛, 제안서, 소개/추천 – 이메일, 전화, 직접 방문하여 대면 홍보	

어떻게 직접 영업을 할 것인가?

경영컨설턴트나 비즈니스 코치가 직접 영업를 하는 루트는 소속 및 프리랜서로 활동할 수 있는 컨설팅/코칭 회사와 경영 컨설팅이나 비즈니스 코칭의 고객인 기업이 될 수 있다. 먼저, 컨설팅이나 코칭 회사인 경우에는 회사에서 하는 교육에 참가하여 친분 관계를 맺고 활동을 하는 방법이 자연스러울 수 있다.

또한 기업을 대상으로 직접 영업을 하는 경우에는 다음과 같은 신규 개척의 방법 중 선택하여 영업을 한다.

신규 개척의 방법

구 분	방 법
연고 개척	평소 가까운 지인들로부터 자신의 상품을 필요로 하고 있는 고객을 찾아내는 방법 - 가족 관계, 가족의 지인, 주변 사람, 동창생, 선.후배, 전직 관련자, 고향 사람 , 코칭 교육 동기생, 취미 관계, 종교 관계, 사제 관계 등
명부 개척	여러 가지 종류의 고객명부를 이용하여 신규고객을 찾아내는 방법 - 각 단체의 회원 명부, 상공회의소 명부, 졸업생 명부, 리더십 ,컨설팅/ 코칭관련 세미나, 교육, 동호회 명부, HRD 인사 관련 명부
연쇄 소개	이미 고객이 된 사람, 혹은 지인으로부터 잇따라 연쇄적으로 소개를 받는 방법
돌입 개척	고객(기업체)을 직접 찾아가 방문하여 신규고객을 개척 하는 방법 - Door to Door 방문
단체 개척	단체(회사, 협회, 동호회 등)의 양해를 받아 설명회 등을 개최하여 단체를 고객으로 개척하는 방법
유력자 활용	유력자를 설득하고 유력자의 영향력을 활용하여 고객을 개척하는 방법 - 매우 효율적인 방법으로 평소 유력자에 대한 인맥 관리가 관건이다.
연결 판매	한번 관계를 맺어 신뢰를 쌓은 고객에게 다른 신상품(CCPI 코칭 & 컨설팅 등)을 권유하여 판매하는 방법
DM 개척	미지의 고객을 대상으로 DM(이메일, DM, 전화) 등을 발송한 후 직접 방문하는 방법

4) 거래처(고객) 공략 Personal Work-sheet

여러 가지 경로를 통해 직접 고객을 방문하여 상담 후 바로 구매가 결정될 수도 있다. 하지만 대부분의 영업 프로세스에서는 고객들이 컨설턴트나 코치와 일단 상견례를 하고 나면 이번에 수행할 컨설팅이나 코칭 프로젝트에 대한 기업의 요구사항에 대해 설명을 하게 된다. 또는 경쟁사들이 있음을 밝힌다. 따라서, 이후 고객의 니즈를 잘 분석하여 수 차례 만나고 제안을 하는 과정이 있게 마련이다. 다음은 고객과 만남 이후 전개되는 영업 프로세스 과정에서 참고할 사항 들이다. 더 나아가서 꾸준한 고객관리까지도 포함한다.

거래처(고객) 공략 Personal Work-sheet

접촉 거래처(단체)명						
접촉 거래처(담당) 특징 - 접촉동기/관계 정도 - 규모/전망 등						
직접 접촉 중인 고객			**영향력 고객**			
이름	부서/직위	관심사항	이름	부서/직위	관심사항	
실질적 구매자는 누구인가?	그 조직 중에서의 위치 정도					
	이 구매자가 진정 Final 인가					
	이번 건에 대한 구매자의 입장은					
	구매자가 제시하는 조건은					
어떻게 고객을 커버할 것인가?	나 자신이 최상의 방법인가 아니면, 누구 (본사/타 코치 차원)					
	직접돌파?/우회전략?					
본 제안에 대한 구매자의 수용 상황은	• 매우 긍정 ( ) • 강력한 지원 ( ) • 지지하는 편 ( ) • 약간 관심 표명 ( ) • 좀 더 두고 본다는 정도 ( )			• 극렬 반대 ( ) • 경쟁사 선호 ( ) • 다소 부정적 ( ) • 관심이 거의 없다 ( ) • 반대까지는 않는다 ( )		
본 제안에 대한 구매자의 수용 상황은	구분	누구,특징	관심사항	공략포인트[전략/판촉]		
	Core Target [주공략 고객]					
	전략적 활용층 [영향 고객]					
장기적인 고객관리 방안 제안 수용여부와 관계없이 고객관계 유지 방안						

4 상담 요령

컨설턴트나 코치가 직접 잠재 고객 및 가능고객을 발굴하든, 또는 가망고객으로부터 상담의뢰가 오든 컨설팅이나 코칭 프로젝트 수주가 이루어지기 위한 첫 번째는 고객과의 프로젝트에 대한 상담이다.

1) 상담 전 준비 사항

가. 가장 먼저 하여야 할 일은 가망고객 **대상 기업에 대한 정보 파악**으로 홈 페이지 서칭을 통해 회사의 비전과 연혁, CEO의 경영철학, 전반적인 조직문화 및 이 회사만의 독특한 조직문화 유무, 조직도 파악을 통한 핵심 리더(비즈니스 코칭 대상인 임원 및 팀장의 규모 파악), 취급 제품 및 시장에서의 위치, 매출 규모, 고객과의 소통 및 서비스의 질 등을 개략적으로 파악한다.

나. **상담자에 대한 정보 파악**으로 상담자가 실무자가 될 수도 있고, 바로 의사 결정을 하는 CEO나 임원이 될 수도 있다. 따라서 상담자의 유형에 따라 상담 시 준비하여야 할 자료가 달라야 한다. 또한 상담자와의 관계(소개를 받았거나 또는 초면인지)여부에 따라 **상황에 맞게 준비를 한다.**

다. 회사의 상황(사전 전화나 이메일 내용에 따라 사전 파악)에 따라 단순히 컨설팅이나 코칭에 대한 호기심을 갖는 단계에서부터 컨설팅이나 코칭 프로젝트를 많이 실시를 해 본 회사로서 회사의 특별한 니즈가 있어 컨설턴트나 코치와 함께 새로운 컨설팅이나 코칭프로그램을 구상하는 단계까지 다양하다. 따라서 이에 대한 상담 시 준비하여야 할 자료 및 상담 내용을 달리 해야 한다.

라. 상담 시 질문하여야 할 내용으로 이는 추후 컨설팅 & **코칭 제안서를 작성하기 위해 필요한 정보로 질문 리스트를 만들어야 한다.**

상담 시 질문 리스트

1. 경영컨설팅 / 비즈니스 코칭 **도입 배경 및 필요성**
2. 이번 경영컨설팅 / 비즈니스 코칭을 통해 얻고자 하는 **목표 및 기대효과**
3. 경영컨설팅 / 비즈니스 **코칭 대상 규모 및 대상자들의 특징**(Profile)
4. 경영컨설팅 / 비즈니스 코칭 **실시 시기 및 기간**
5. 경영컨설팅 / 비즈니스 코칭 **횟수 및 진행 프로세스**
6. 제안서 **제출 시기**(상담 후 1주일 후 정도가 적당함)
7. **제안 방법** [제안서 제출로 갈음 & 프리젠테이션(실무자 대상 및 경영진 대상)]
8. 원하는 컨설턴트 / 코치 스타일 유형
9. 원하는 프로젝트 비용 수준 및 예산 규모 등
10. 기타 특이 사항 유무

2) 상담 중 유의 사항

가. 첫 만남에서 가장 중요한 것은 **라포**(Rapport : 상호간에 신뢰하며, 감정적으로 친근감으로 느끼는 관계)를 형성하는 것으로, 만나서 **"최초 3분간의 첫 인상"**이 이를 결정한다.

나. 첫 인상에 영향을 주는 요인으로는 말하는 내용 그 자체는 7%이고, 나머지 93%가 몸짓(시각적 신호)이 55% 그리고 말하는 방법이 38%로 말하는 내용보다 말하는 방법인 **신체언어**가 더 중요하다. 따라서 무엇을 말하느냐(What to Say) 보다 어떻게 말 하느냐(How to Say)가 중요하다.

다. **신체언어**로는 얼굴 표정, 시선, 몸짓, 손짓, 자세, 태도, 복장, 헤어스타일, 엑세서리 등 시각적 요소 및 청각(말투, 말의 속도 등), 후각을 모두 포함한다. 따라서, 최대한 깔끔하고 예의를 갖춘 복장을 입고 고객에게 환한 미소와 함께 시선을 집중하고 고객에게 향하는 자세를 취하는 것은 기본이 된다.

라. 사람은 자기와 비슷한 사람을 좋아한다고 한다. 따라서 첫 만남에서 고객이 눈치채지 못하도록 자연스럽게 고객의 행동 특징(말하는 톤과 속도, 자주 사용하는 단어, 제스쳐)을 따라함으로써 고객이 편안하게 느끼게 하는 것도 라포를 형성하는데 좋은 방법이다.

마. 라포를 형성하는 방법으로 아래와 같이 칭찬하기, 선물 증정(컨설팅 /코칭 관련 책이나 자료), 소개자와의 관계를 화제로 대화, 비주얼 자료 제시(상담 주제와 연관된 임팩트 〈Impact〉있고 트랜디〈Trendy〉한 자료), 고객의 관심사나 고민 사항에 대한 아이디어 제시, 질문하고 경청하기, 다양한 서비스를 제공하는 것 등이 있다.

라포(Rapport)형성 방법

Rapport 형성 방법	칭찬(근거 있는/직관적 관찰)을 하라!	1. 안면을 익히고
	선물을 증정한다.	
	소개자를 활용한다.	2. 편안한 관계 형성
	무엇인가를 보여준다.	
	아이디어를 제공한다.	3. 친밀한 분위기 형성
	질문을 하고 경청을 한다.	
	서비스를 제공한다.	

바. 상담의 중요한 목표 중의 하나는 신뢰감(일을 맡겨도 되겠다는) 부여이다. 이는 고객이 사전 컨설턴트/코치(컨설팅/코칭 회사)에 대해 알고 있는 또는 기대하고 있

는 바를 확인하고 충족시켜 줄 때 가능하다. 두 가지 방법이 있는데, 첫 번째는 **과거의 성공 사례들을 자료로 보여 주는 것**으로 사전에 준비를 하여야 한다.

두 번째는 대화 중에 **고객의 질문에 답변을 할 때 신뢰감을 줄 수 있는 것**으로, 이는 다양한 경험과 훈련으로 가능하며 현장에서 상황에 따라 대처하는 임기응변이 매우 중요하다.

사. 상담의 가장 중요한 목표는 결국 고객의 니즈를 명확히 파악하여 제안을 하기 위함이다. 따라서, 준비해 간 질문을 하면서 충분히 듣고 니즈를 명확하게 파악을 하여야 한다. 상대방 중심의 경청(傾聽)과 직관적 관찰(觀察)을 하면서 고객의 숨은 의도까지도 파악하는 지혜가 필요하다. 이때 고객의 요구사항에 대해 애매하게 넘기지 말고 본인이 충분히 이해가 갈 때 까지 질문을 반복하여야 한다. 또한 이번 컨설팅/코칭 프로젝트의 핵심과제에 대해서는 고객과 함께 복명복창(復命復唱,이해관계자 상호간 내용을 되풀이 말하는 것)함으로써 상호 명확하게 공유하는 것도 필수적이다.

아. 상담 중 고객이 관심을 갖고 있는 부문에 대해 신선한 아이디어(다양한 경험을 통해 성공사례를 제시)를 제안하면서 반응을 살펴 보면서 추후 제안에 대해 기대감을 갖게 하는 것도 좋은 방법이다.

자. 추후 제안 일정(보통 1주일 ~ 2주일 사이가 적정하나 고객의 요구하는 일정의 근사치로 맞추어 주는 것도 바람직하다)에 대해 협의한다.

차. 제안 방법(제안서 제출로 갈음하거나 의사결정자를 모시고 정식으로 프리젠테이션을 할 것인지)에 대해 협의하며, 사전에 발표할 프리젠테이션 내용을 내부 상황을 잘 아는 실무자에게 보내 주어 내용 수정 및 첨가(무조건적인 수용이 아닌 실무자의 의견을 참조하여 결정)를 하여 성공확률을 높이는 노력도 필요하다.

3) 상담 후 조치 사항

가. 다시금 제안의 기회를 준 것에 대해 감사의 표시(문자나 전화)를 한다.

나. 제안서 작성에 필요한 내부자료를 요청한다.(정보보안에 대해 철저히 준수)

다. 제안서 작성 중 필요한 내용에 대해 질문한다.

라. 제안서 작성과 발표 준비에 최선을 다하고 있음을 어필한다.

마. 제안서 발표 일정과 장소 및 참석자를 최종 확인한다.

상담 프로세스 별 유의 사항

상담 前 준비사항	• 대상 기업에 대한 정보 파악 • 상담 대상자에 대한 정보 및 관계 파악 • 컨설팅/코칭 프로젝트 도입 배경 파악 • 컨설팅/ 코칭 니즈 및 기대효과 파악	관계 형성 고객 니즈 파악 제대로 된 제안서 작성을 위한 제반 사항 수집
상담 中 유의사항	• 라포 형성(첫 만남) • 충분히 들어라. • 적절한 질문을 하라. • 상대방의 명확한 니즈를 최종 반복 확인하라. • 제안의 성공을 위한 필요사항에 대한 힌트를 캐치하라. • 추후 일정과 제안 방법에 대해 결정하라.	제안 성공을 위한 정보 획득
상담 後 처리사항	• 다시금 제안의 기회를 준 것에 대해 감사 표시를 하라. • 제안서 작성에 필요한 자료를 요청하라. • 제안서 작성에 필요한 질문을 하라. • 제안에 대한 관심과 최선을 다하는 것을 어필하라. • 제안서 발표일정과 장소 및 참석자를 확인하라.	감사 표시 최선의 파트너임을 각인

상담 시 필수 사항

• 관계 형성
• 고객 니즈와 기대치 파악
• 제안 성공을 위한 정보 획득
• 최선의 파트너임을 각인

• 신뢰감과 기대감 부여
• 제대로 된 제안서 작성을 위한 제반 사항 수집
• 감사 표시

5 제안서 작성은 이렇게 하라!

제안서 작성에 정답은 없다. 고객의 상황과 니즈를 맞춤으로 잘 반영하여 수주에 성공한 제안서가 정답이라고 할 수 있다. 그러나, 각각의 상황에 맞추기 위해서는 최소한의 기본을 알아야 하며 그러한 기본 위에 다양한 상황을 응용할 때 가능한 것이다.

1) 제안서 작성 필수 사항(목차)

제안서 작성 시 필수적으로 작성할 사항(목차)

가. 표지

나. 회사 소개

다. 프로젝트 도입 배경 및 필요성

라. 프로젝트 기대효과

마. 프로젝트 목표(Goal) 및 범위(Work Scope)

바. 프로젝트 전개 체계(Frame) 및 프로세스(Process)

사. 프로젝트 전개 일정 및 소요 비용

아. 프로젝트 참여 인력 프로필

자. 상호 역할

차. 별첨

2) 제안서 작성 지침 및 사례

가. 표지

제안서의 첫 얼굴로서 당사의 이미지를 결정짓는 아주 중요한 영역이다. 마케팅에는 "첫 인상 효과(First Impression Effect)"라는 것이 있다. 그 만큼 첫 인상이 중요하다는 것이다. 따라서, 개인이나 회사 차원의 제안서는 자기만의 차별화된 제안서 표지의 이미지를 갖고 있는 것이 좋고 이를 일관 되게 활용하는 것도 바람직하다.

나. 회사 소개

회사 소개에 들어 갈 내용으로서는 회사가 추구하는 비전 및 철학, 회사의 연혁, 회사의 실적 과 성과(객관적 성공 사례 및 포상 등).차별적이고 경쟁력 있는 상품 소개, 조직도, 주요 고객사 소개 등을 포함한다.

다. 프로젝트 도입 배경 및 필요성

제안의 첫 출발은 고객사에서 이번 프로젝트를 도입하는 배경과 필요성에 대해 컨설턴트/코치와 상호 명확하게 공감하는 것에서부터 출발 한다. 따라서, 상담 시에 고객사의 니즈에 대해 명확히 공유를 하고 제대로 파악하고 있는지를 다시 물어 확인할 필요도 있다. 아울러 이면에 숨어 있는 진정한 필요성까지도 파악하는 노력이 필요하다.

라. 프로젝트 기대효과

프로젝트를 수행함으로써 고객사에서 얻을 수 있는 기대효과를 명확하게 하는 것은 프로젝트를 수주하는데 결정적인 역할을 한다. 아울러 수주 후 프로젝트를 수행하는 데 있어서도, 수행 후 결과를 평가하는데도 프로젝트의 방향이 되어 준다. 따라서 프로젝트 기대효과에 대해 일관되게 고객사와 상호 명확히 공유하여야 한다.

마. 프로젝트 목표(Goal) 및 범위(Work Scope)

프로젝트 수행을 통해서 기대하는 기대효과를 정량적, 정성적으로 표기하는 것이 목표가 된다. 정량적인 목표는 성과 측정이 수치로 표시되지만 정성적인 목표에 대해서도 충분히 평가가 가능한 객관적인 방법을 사용하여 프로젝트 목표에 대해 평가가 가능하도록 제안 단계에서부터 평가방법을 연계시켜야 한다. 목표를 달성하기 위해 진행되는 프로젝트 범위를 명확히 하여야 하고 이에 대해 고객사와 상호 공유하여야 한다.

이는 프로젝트 진행 단계 및 결과 평가 단계 및 예산 책정에도 모두 영향을 미침으로 명확히 작성하여야 한다.

바. 프로젝트 전개 체계(Frame) 및 프로세스(Process)

프로젝트를 진행하는 전개 체계 및 순서와 절차를 의미한다. 이 또한 프로젝트의 목표를 달성하는데 있어서의 가장 효과적이고 효율적인 전개 체계와 순서를 제시하는 것이 중요하다.

사. 프로젝트 전개 일정 및 소요 비용

프로젝트가 소요되는 일정에 대해 앞의 전개 체계 및 프로세스와 연계하여 제시한다.

이 때 다음 프로젝트와 연계되는 1단계 프로젝트 성격이 있을 때는 같이 표시를 해 줌으로써 다음 프로젝트와의 연관성을 설득하는 것도 좋은 방법이다.

프로젝트 소요 비용에 대해서는 사전에 고객사의 내부 담당자와 어느 정도 공감대를 가진 후 제시하는 것이 바람직하고, 제안 단계에서 어느 정도의 할인 폭을 갖고 제안하는 것도 고객의 요구에 유연성 있게 대처할 수 있다.

아. 프로젝트 참여인력 프로필

이번 프로젝트에 어떤 사람이 컨설턴트/코치로 투입되는가는 의사 결정에 매우 중요한 항목이다. 따라서, 고객사와 상담 시 요구하는 인력 위주로 구성하는 것이 바람직하다.

자. 상호 역할

고객사의 내부 담당 부서 또는 담당과 프로젝트 수행 팀과의 상호 역할에 대해 사전에 명확히 하고 공유하는 것은 프로젝트를 효율적으로 진행하는 데 있어 필수적이다.

차. 별 첨

마지막으로 별첨에서는 제안을 하기에는 시간 관계상 다 설명 할 수는 없지만 본 프로젝트를 수주 하는 데 있어 도움을 줄 수 있는 모든 것을 전략적으로 첨부를 하는 것으로 경쟁사와 차별화를 할 수 있는 요소가 될 수 있다.

3) 제안서 작성 성공 포인트

성공한 제안서란 곧 수주에 성공한 제안서를 의미한다. 제안서를 성공시킬 수 있는 포인트는 아래와 같다.

제안서 작성 성공 포인트
1. 고객 상황과 니즈에 적합(맞춤)하여야 한다. 2. 혼과 열정을 담아야 한다. 3. 컨설팅/코칭 프로젝트 수행을 통해 이루고자 하는 기대효과는 물론 더 나아가 고객사에서 궁극적으로 얻고자 하는 본질적인 기대효과까지도 연계되어 있음을 부각하고 설득하라. 4. 목표 및 업무 범위를 명확히 하고 공유하여야 한다. 5. 전개 체계 및 프로세스가 효과적이고 효율적이어야 한다. 6. 일정 및 비용이 적정하여야 한다. 7. 회사와 참여 코치의 레퍼런스(Reference :성공실적 및 명성 등)를 최대한 부각하라. 8. 프로젝트를 수행하는 내부에 자체 PM(Project Management)을 두어 전체를 조율하라.

6 성공확률을 높이는 프리젠테이션 스킬

1) 프리젠테이션이란?

이제, 고객의 니즈에 맞추어 제안서를 작성하고 의사결정을 이끌어내는 프리젠테이션(Presentation)을 해야 한다. 저자는 프리젠테이션을 배울 때는 물론, 지금 학생들에게 가르칠 때도 동일하게 "100점"과 "0"점으로만 나뉘어서 평가한다. 즉, 의사결정을 이끌어 내지 못하여 채택이 되지 않는 2등과 3등은 전혀 의미가 없다는 것이다.

그러면 프리젠테이션은 무엇일까? 프리젠테이션이란 "정해진 시간 안에 의사결정을 이끌어 내는 커뮤니케이션 스킬(Communication Skill)이다"라고 정의 한다.

프리젠테이션이란?
정해진 시간 안에 의사결정을 이끌어 내는 커뮤니케이션 스킬 로서 → 의사결정자에게 알리고 싶은 것을 → 의사결정자가 알고 싶어하는 것을 → 의사결정자에게 알기 쉬운 형태로 제공하는 것이다.

2) 프리젠테이션 구성 3요소

따라서 프리젠테이션을 성공하기 위해서는 의사결정자의 존재 파악과 의사결정자가 요구하는 것을 정확히 파악하는 것으로부터 시작해야 한다. 그리고 나서는 프리젠이션을 구성해야 하는데, 과연 프리젠테이션을 구성하고 있는 것은 무얼까?

첫 번째는 **컨텐츠**(Contents)이다.

의사결정자에게 알려야 할 것, 의사결정자가 알고 싶어하는 것들에 대한 내용을 쉽고, 명확하고, 재미있게 만들어야 한다. 즉, 스토리 라인(Story line)을 만드는 것으로 의사결정자에게 전달할 "메시지"를 명확히 한 뒤, 이 메시지를 논리적으로 증명하는 것이다. 이 때 논리성을 갖고 의사결정자가 중요시하는 부분에 초점을 맞추면서 이해하기 쉽도록 스토리를 전개해 가야 한다. 즉 키 메시지가 명확할 것, 주장에 대해 근거(논리적)가 있을 것, 그리고 이해가 쉽도록 만들어야 한다.

두 번째는 컨텐츠를 잘 표현하는 **비주얼 에이드**(Visual Aid)이다.

비주얼은 기본적으로 말하고 싶은 것을 확실하게 전달하기 위한 보조적 도구이다.

그 챠트에 전달하고자 하는 내용을 잘 전달하기 위해 데이터를 그래프로 만들거나 개념적인 그림을 덧붙이거나 만화를 넣는다. 그러나 한 장, 한 장의 비주얼 자료는 전체적으로 하나의 메시지를 전달하는 데 도움이 되어야 하므로 이들 자료를 통해 전달 포인트가 상대의 머리 속에 선명하게 남도록 하여야 한다.

세 번째는 내용을 전달하는 **딜리버리**(Delivery)이다.

딜리버리는 대부분 시간 제한이 있다. 따라서 일정 시간 내에 컨텐츠를 이해시키고 메시지를 정확히 전달하는 게 중요하다. 그러나 나의 입장에서 준비한 것만 일방적으로 나열하는 것은 매우 위험하다. 즉 의사결정자와 참석자들의 반응과 이해하는 정도를 파악하면서 대응하는 임기응변이 필수적이며, 이는 많은 실전 경험을 통한 훈련이 필요하다. 또한 발표자의 말하는 태도나 목소리 크기와 높낮이 등도 영향을 미친다.

아울러 프리젠테이션 말미에 질의 응답시간이 있고 이 시간이 최종 의사결정에 가장 결정적인 영향을 미친다. 즉 의사결정자가 최종 결정을 하기 전에 꼭 알고 싶은 내용에 대한 질의가 대부분이기 때문이다. 또한 이후 프로젝트가 진행될 때 만나는 업무상 중요한 사람을 만날 기회도 되므로 추후 만남이나 업무까지도 염두에 두고 임하는 것이 바람직하다.

프리젠테이션을 구성하는 세가지 요소	
컨텐츠 (Contents)	키 메시지가 명확할 것
	주장에 대한 근거가 있을 것(논리적)
	이해하기 쉽도록 할 것
비주얼 에이드 (Visual Aid)	메시지가 눈에 잘 들어오도록 할 것
	의사결정의 이해를 돕도록 할 것
	전달 포인트가 인상에 남도록 할 것
딜리버리 (Delivery)	의사결정자의 관심, 이해도에 맞추어 설명할 것
	주제를 중심으로 논의가 활발해지도록 할 것
	PT 이후의 논의의 동기가 되도록 할 것

3) 프리젠테이션 성공 사례

프리젠테이션에 따로 정답은 없다. 지금 내게 주어진 시간 안에 내가 원하는 의사결정을 의사결정자에게 이끌어내는 프리젠테이션이 바로 정답이다. 그럼에도 불구하고 많은 성공사례들의 공통점은 주변의 프리젠테이션의 성공 사례들을 참조로 하여 자기 것으로 만드는 노력의 결과임을 잊지 말아야 한다. 애플의 안티팬들까지도 인정한다는 스티브 잡스의 프리젠테이션을 보면 청중을 너무 자연스럽고도 쉽게 설득시키는 것처럼 보인다. 그 이유를 살펴보면 첫 번째, 슬라이드 구성이 매우 파격적으로 전달하고 싶은 주제 한 가지만 슬라이드로 표현한다. 즉 군더더기가 전혀 없는 것이다.

두 번째, 드라마틱하게 짜여진 각본처럼 전체 흐름을 서사식으로 꾸민다. 마치 한편의 뮤지컬을 보는 것처럼 몰입의 미학이 느껴진다.

세 번째, 절제되어진 행동으로 청중의 시선을 유도하여 프리젠테이션의 목적을 달성한다.

스티브 잡스 프리젠테이션 성공 10계명

1. 명확한 주제를 정하여 일관성 있게 유지하라!
   (Set the Theme & Deliver Consistent)

2. 발표 내용에 대한 열정을 나타내라! (Demonstrate Enthusiasm)

3. 프리젠테이션의 전체적인 윤곽을 제시하라! (Provide an Outline)

4. 숫자에 의미를 부여하라! (Make Numbers Meaningful)

5. 청중이 잊지 못할 순간을 연출하라! (Try for an Unforgettable moment)

6. 슬라이드를 눈에 띄게 시각화하라! (Create Visual slides)

7. 멀티미디어를 활용하여 "쇼"를 하라! (Give them a Show)

8. 작은 실수를 지혜롭게 대처하라! (Do not Sweat the small stuff)

9. 제품의 이득(혜택)을 강조하여 홍보하라! (Sell the benefit)

10. 연습하고 연습하고 또 연습하라! (Rehearse, Rehearse, Rehearse)

4) 프리젠테이션 성공 프로세스

가. 프리젠테이션 전략 단계

가) 프리젠테이션 전에 의사결정자가 누구이고 어떤 것에 흥미를 갖고 있는지 반드시 조사하거나 적어도 자가 나름의 가설을 세운다.
나) 프리젠테이션이 끝났을 때 의사결정자의 심리가 어떤 상태가 되기를 원하는지 목표를 정해 둔다.
다) 프리젠테이션에 와야 할 중요한 사람이 꼭 오도록 사전에 철저히 점검한다.

나. 청중을 자기 페이스로 끌어들여 주의력 집중하게 하는 단계

가) 프리젠테이션을 시작할 때 적절한 화제를 꺼내거나 조크를 하여 먼저 분위기를 부드럽게 할 수 있도록 준비를 철저히 한다.
나) 프리젠테이션을 시작할 때 간결하게 전체의 내용과 시간 배분을 설명한다.
다) 프리젠테이션을 하는 동안 아이 컨택으로 청중의 반응을 관찰한다.
라) 청중의 이해도나 관심도에 맞게 임기응변으로 적절하게 대응한다.
마) 원고가 없어도 원래의 내용을 말할 수 있을 정도로 내용을 숙지한다.
바) 호감도를 높일 수 있는 마무리 멘트를 사전에 준비하거나 또는 상황에 따라 임기응변으로 대처한다.

다. 전달할 컨텐츠에 대해 강한 인상을 주어 설득시키는 단계

가) 주장하는 내용에 관해서 반드시 자료를 통해 명확한 근거를 제시한다.
나) 원 챠트, 원 메시지(One Chart One Message)원칙의 중요성을 이해하고 있으며, 한 장, 한 장의 챠트마다 반드시 메시지가 있도록 자료를 작성한다.
다) 프리젠테이션의 자료에 강한 인상을 줄 만한 내용(충격적인)의 챠트가 적어도 1 ~ 2장 정도는 들어있게 구성한다.

라) 가장 강조하여야 할 정점(Climax)를 극대화 하도록 연출한다.

마) 프리젠테이션의 주제와 관련된 그 동안의 이루었던 성과(Reference)를 소리 없이 최대한 부각한다.

바) 경쟁자와 차별화된 컨텐츠와 지금까지와는 다른 무언가는 신선한 (Something New) 부분을 발굴하여 강조한다.

라. 프리젠테이션에 임하는 기본 자세

가) 프리젠테이션은 일방통행이 아니라 상호작용의 장(場)이라는 것을 명심하여 청중의 니즈 파악을 통한 사전 준비와 프리젠테이션 중의 반응에 적절하게 대처한다.

나) 본인 스스로는 물론 청중에게도 전달되도록 혼과 열정을 담아 준비하고 실행한다.

다) 프리젠테이션의 극적인 연출도 중요하지만 궁극적으로는 컨텐츠의 질(質)로 승부하여야 한다. 즉 고객에게 본질적이고 지속적인 만족을 주어야만 반복 구매하는 단골 고객으로의 "마케팅 선물"을 받을 수 있다.

라) 어떠한 상황하에서도 교만하거나 거만하지 않아야 하며 항상 겸손한 자세를 유지하되 프로젝트 실행에 관해서는 프로다운 자심감을 표출한다.

마) 프리젠테이션이 끝난 뒤 어떤 질문이 나올 지 반드시 예측하고 답을 준비한다. 질의 응답하는 결과에 따라 확고한 의사결정으로 유도하거나, 부족한 프리젠테이션을 반전시킬 수 있는 기회로 활용할 수 있다.

바) 프리젠테이션을 수주하기 위해 순간적으로 거짓말을 하는 경우가 간혹 발생할 수 있는데, 어떠한 경우에도 유혹을 벗어나 솔직하여야 한다.(잘 모르면 잘 모른다고 하는 것, 할 수 없는 것은 할 수 없다고 하는 것이 바람직하다)

사) 연습하라! 연습하라! 연습하라! 연습 만이 프리젠테이션에 대한 자신감이 배양되고 이러한 자신감이 프리젠테이션의 성공확률을 높이는 가장 중요한 기반이 된다.

7 계약서 작성 및 사후관리

    성공적인 제안서 작성과 프리젠테이션으로 수주가 확정되면 이제 계약을 하여야 하고 계약서를 작성하여야 한다. 계약서 형태는 고객 사 자체의 계약서의 유형을 반드시 사용해야 하는 경우가 있고, 계약서를 작성하여 고객 사에게 제시하는 형태로 나눌 수가 있다. 기본적인 계약서를 작성하여 상호 수정하여 최종 결정을 하고 날인 함으로써 계약은 완성된다.

1) 계약서 작성 시 필수 사항

보통 계약서에 들어가는 필수 사항은 다음과 같다.

1. 개요
2. 프로젝트 목표
3. 프로젝트 업무 범위
4. 일정 (시작 및 보고, 종결 등)
5. 프로젝트 소요 금액
6. 지급 일정과 방법
7. 비밀 준수 규정
8. 상호 성실의 의무
9. 귀책 시 처리 조항 (분쟁 해결)
10. 계약일 , 계약 주체 날인

2) 계약서 작성 시 지침 및 작성 사례(비즈니스 코칭)

가. 계약 개요

본 계약의 상호 주체 및 계약 의미와 내용에 대해 계략적으로 표기한다.
"㈜ ○○○ 대표이사 김○○(이하 "갑"이라 칭한다)와 ㈜ ○○○(이하 "을"이라 칭한다)은 "갑"의 핵심 리더 역량 강화를 통한 코칭 문화 정착을 위한 코칭 용역 제공에 대하여 다음과 같이 합의하고 본 계약을 체결한다".

나. 계약의 목적

본 계약을 체결하는 목적에 대하여 명확하게 표기한다.

제 1조 (계약의 목적)

본 계약은 "갑"의 핵심리더에 대한 코칭을 위한 용역계약을 체결하고 동 계약 내용을 성실히 이행하는 것을 목적으로 한다.

다. 용역의 범위

본 프로젝트의 용역의 범위에 대해 표기 하고 자세한 내용은 별첨으로 제안서를 첨부하는 것이 좋다.

제 2조 (용역의 범위 : 별첨 제안서 참조)

"을"이 "갑"에게 제공하는 자문의 목적과 용역의 범위는 아래와 같이 한다.
▶ 혁신 및 지속성장 전략 수립 및 실행 코칭 및 자문 (대표이사)
  가. 대표이사 코칭 (월 2회 × 12 월) 총 24회
▶ ㈜ 000 핵심 리더 전체 [본부(임원/각 팀장)별] 코칭 및 자문
  가. 영업 본부 코칭 [본부장 (3회) + 팀장 (각9회)] & 피드백
     & 2개월 후 Flow-up 코칭 1회 실시
  나. 품질 본부 코칭 [본부장 (3회) + 팀장 (각9회)] & 피드백
  다. 관리 본부 코칭 [본부장 (3회) + 팀장 (각 9회)] & 피드백

라. 생산 본부 코칭 [본부장 (3회) + 팀장 (각 9회)] & 피드백

마. 연구소 및 기타, 필요한 임원 및 팀장 코칭(협의)

▶ ㈜ OOO 경영 및 마케팅 관련 제언 및 강의

▶ 기타, ㈜OOO 발전을 위해 상호 협의 한 안건에 대한 자문

라. 용역 수행 기간

프로젝트 수행 기간을 표기 함. 아울러 기간 연장 및 다음 프로젝트와의 연계성에 대해 상호 협의에 의해 조정될 수 있음을 표기함으로써 계약의 연속성을 위해서 바람직한 표기 방법이다.

제 3조 (용역 수행 기간)

"상기 용역에 대한 활동 지도를 0000년 0월 0일부터 0000년 0월 0일 까지 00개월 간 수행하며, 이후 추가적인 프로젝트 실행 필요 시 일정은 "갑"과 "을"의 협의 하에 진행함을 원칙으로 하며 상호 협의에 의하여 조정할 수 있다.

마. 용역 금액

프로젝트를 수행함으로써 받는 대가를 표기한다. 전체 금액에 대해 표기 하며 산출 방법에 대한 자세한 내용은 제안서를 별첨하여 참조하게 한다.

제 4조 (코칭 및 자문료 : 별첨 제안서 참조)

"갑"은 "을"에게 코칭 및 자문료로 일금 00000000원(₩ 00,000,000)을 제5조에 따라 지급한다. (OOO만원/월 × 12개월, 교통비 포함).

바. 지불 방법

대금을 지불하는 시기와 방법에 대해 표기하며, 지급 받는 통장 계좌 번호를 부기한다.

제 5조 (대금지불 방법)

"갑"은 제4조1항의 자문료를 "을"에게 매월 25일에 일금 000만원 (₩0,000,000)을 아래의 통장계좌로 현금으로 지급한다. (00 은행 000 - 00 - 0000000)

사. 비밀 유지

고객사가 제공한 제반 자료 및 코칭 중에 나온 대화 내용에 대해 외부로 유출하지 않겠다는 내용에 대해 표기한다.

제 6조 (비밀유지)

본 계약에 의거 "갑"이 "을"에게 제공한 제반 자료 및 코칭 중에 나온 대화 내용에 관한 비밀에 대해 "을"은 철저하게 유지한다.

아. 쌍방의 의무

프로젝트가 원할하게 진행하여 소기의 성과를 거둘 수 있도록 갑과 을이 하여야 할 역할과 협조 방안에 대해 표기한다.

제 7조 (쌍방의 의무)

"을"은 전문적인 지식과 경험을 최대한 활용하여 성실과 신의로써 코칭 및 자문 용역을 수행한다. "갑"은 "을"이 각 단계별로 업무를 추진함에 있어 일정에 차질이 없도록 업무진행에 적극 협조한다.

자. 분쟁 해결

프로젝트 진행 시 분쟁 또는 이견이 발생 할 경우 상호 협의하여 원만히 해결하는 것을 원칙으로 하나 안 될 경우에 처리 기관에 대해 명시한다.

제 8조 (분쟁해결)

본 계약과 관련하여 분쟁 또는 이견이 발생하는 경우 "갑"과 "을"이 상호협의 하여 원만히 해결토록 함을 원칙으로 하고, 이를 원만히 해결할 수 없을 시에는 "갑"의 관할 소재지 법원의 결정에 따른다.

차. 계약서 보관 및 효력 발생
계약서 보관 방법 및 본 계약의 효력 발생일에 대해 표기한다.

제 9조 (계약서 보관 및 효력발생)
"갑"과 "을"은 상기 사항을 성실히 수행할 것을 다짐하고, 이를 증명하기 위하여 계약서 2부를 작성하여 기명날인 후 각각 1부씩 보관하며, 본 계약의 효력발생 시점은 계약체결 일자로 한다.

카. 상호 표기 및 날인
계약 당사자의 상호, 주소, 대표이사 명에 대해 명기를 하고 날인을 한다, 날인은 도장(법인인 경우 법인 도장)이나 대표 이사의 싸인으로 갈음한다.

"갑"	"을"
○○도 ○○시 ○○군 ○○○면 ○○○ - ○○ ㈜ ○○○○○○○ 대표이사 ○○○	○○시 ○○구 ○○동 ○○○ - ○○ ㈜ ○○○ ○○○ 대표이사 ○○○

3) 계약서 체결 및 사후 관리

- 계약서 2부를 작성한다.
- 법인 사용인감 날인 후 각자 1부씩 보관한다.
- 그 동안 수고한 고객 사 담당자에게 감사 인사(식사)를 한다.
- 향후 비용 청구 시 세금계산서 발행과 지급 근거로 계약서 사본을 첨부하여 제출한다.

경영 Consulting
에   센   스

1 경영 컨설팅이란?

컨설팅 분야는 시대적 상황과 요구에 따라 매우 광범위하게 발전되어 왔다. 전통적인 기업 조직(공조직 포함)을 대상으로하는 경영(비즈니스) 컨설팅을 포함하여 최근에는 창업 컨설팅, 부동산 컨설팅, 웨딩 컨설팅, 여행 컨설팅, 진학 컨설팅, 금융 컨설팅 등 모든 사업 영역이 컨설팅 서비스 분야로 적용(컨설팅 서비스 분야 분류 참조)되고 있다.

이 책에서는 기업 조직을 대상으로 하는 경영 컨설팅과 비즈니스 코칭으로 한정하여 범위를 다룬다. 경영 컨설팅의 범위는 기업 경영과 관련된 모든 분야를 다루는 '종합 컨설팅'과 각 부문별로 세부적인 영역을 다루는 '부문 컨설팅'으로 나눌 수 있다.

경영 컨설팅이란 "전문적인 지식과 기술을 가진 자가 의뢰자인 고객(기업)의 문제를 해결해 주는 것이다"라고 간단하게 정의할 수 있다. 다음은 국제적인 컨설팅 전문기관들이 정리한 경영컨설팅에 대한 정의들이다.

경영 컨설팅 정의

"특별히 훈련을 받고 경험을 쌓은 사람들이 기업 경영상의 여러 가지 문제점을 규명하고 해결할 수 있도록 실질적인 해결방안을 제시하고 적기에 실시될 수 있도록 도와주기 위한 전문적 서비스를 제공하는 것"

– 미국 경영 컨설팅 엔지니어협회 –

"경영과 사업의 문제들을 해결하고 새로운 기회를 발견하여 이를 활용하고 학습의 기회를 넓히고 변화를 실행함으로써 경영자의 조직이 추구하는 목적을 달성할 수 있도록 도와주는 독립적인 프로패셔널 어드바이스 서비스"

– 국제노동위원회 (ILO) –

"특별한 분야의 전문성을 가진 전문가들이 자기들의 지식과 경험을 활용하여 경영 문제를 해결하고 객관적이고 전반적인 시각에서 기업의 경영과정을 지원하는 것"

– 미국회계사회 –

2 경영 컨설팅의 역사

"과학적 관리의 아버지"라고 불리워지는 프레데릭 테일러(F.W.Taylor)가 1983
년에 최초로 "능률기사(能率技師: Consulting Efficiency Engineer)"라는 칭호를 가지고
개인 사무실을 열어 경영컨설팅을 시작했다. 경영 컨설팅 이론(異論)이 있을 수 있
겠지만 공식적으로 이 때를 경영 컨설팅의 역사가 시작된 해로 삼는다.

테일러에 의해 처음으로 컨설팅 엔지니어(Consulting Engineer)라는 말이 보급되
기 시작하였으며, 같은 의미에서 비즈니스 컨설턴트(Business Consultant), 비즈니
스 닥터(Business Doctor), 매니지먼트 엔지니어(Management Engineer)라는 이름의
새로운 직업들이 속속 등장하기 시작하였다.

길브레스 부부(F.B.Gilbreth & Lillian Evelyn Gilbreth,작업시간과 작업능률의 상관관계를
조사하는 시간동작연구 방법을 개발)나 에머슨(Emerson), 또는 간트(H.L.Gantt)와 같은 과
학적 관리법(科學的 管理法,Scientific Management Method,생산능률을 향상시키기 위해 작
업 과정에서 시간연구와 동작연구를 행하여 과업의 표준량을 정하고, 그 작업량에 따라 임금을 지
급함으로써 조직적인 태업(怠業)을 방지하며 생산성을 향상시키려는 관리방식)의 후계자들도
이른바 능률기사(Consulting Efficiency Engineer)라는 이름으로 컨설팅 업무를 직업
으로 개척해 온 분들이다,

독일에서 말하는 경영고문(Wirtschafts Berater)도 그 맥락은 마찬가지이며, 산업
의 발전만큼이나 그 역사도 오래되었다.

일본 역시 1922년 "능률운동의 아버지"로 일컬어지는 우에노 요이치(上野場一)
가 현재 일본능률협회의 전신인 상업능률연구소를 설립해서 운영하기 시작한 것
이 경영 컨설팅의 시작이다.

우리나라의 경우 본격적인 컨설팅 업무의 시작은 한국생산성본부(KPC)이고, 이
후 한국능률협회(KMA)와 한국표준협회(KSA) 등의 활동이 본격화 되었다. 또한 중

소기업 진단사 제도를 도입하여 경영지도사를 비롯한 각종 기술사의 자격증을 제도화하여 발행을 하면서 발전하여 왔다. 이 외에도 넓은 의미에서 공인회계사, 세무사, 변리사, 변호사 등도 이 범주에 속한다고 할 수 있다.

3 경영 컨설팅 서비스 분야의 범위

1) 서비스 유형에 따른 컨설팅 범위

컨설팅 영역은 서비스 유형에 따라 전략 컨설팅, 운영 컨설팅, IT 컨설팅으로 나눌 수 있다.

서비스 유형에 따른 컨설팅 범위

구 분	내 용	주요 서비스	주요 업체
전 략 컨설팅	기업 경영의 전반에 영향을 주는 의사 결정을 가장 효과적으로 내릴 수 있도록 경영진을 서포트 하는 것	• Vision & Business 전략 • Brand & Marketing 전략 • Product Portfolio 전략 • 전략적 Sourcing • 주주 Value Creation • 구조 조정 • 조직 및 관리 전략	• McKinsey • BCG • Bain & Company • AT Kearney • Arthur D. Little
운 영 컨설팅	기업의 운영에 대한 생산성 이슈를 다루며 기업 내 관리 측면의 문제점 진단과 프로세스 혁신(PI: Process Innovation)을 통한 해결 방안을 제시함	• Operation Strategy • Business Process • Reengineering • Restructuring & Downsizing • Operation Assessment • Outsourcing • Change Management	• Accenture • Deloitte • PwC • KPMG • CGE & Y • Enture
IT 컨설팅	고객의 비즈니스 상황에 적합한 IT Solution을 제공함	• IT Strategy Plan • IT Evaluation • Package Solution • ERP • SCM/CRM/KM • Security	• SAP • Oracle • IBM GS • HP

자료 : Enture Consulting Partners

2) 경영 컨설팅 범위

이 책에서는 기업 조직을 대상으로 하는 경영 컨설팅과 비즈니스 코칭으로 한 정하여 범위를 다룬다. 경영 컨설팅의 범위는 기업 경영과 관련된 모든 분야를 다루는 '종합 컨설팅'과 각 부문별로 세부적인 영역을 다루는 '부문 컨설팅'으로 나눌 수 있다.

구 분	분 야	내 용
경 영 컨설팅	경영 (사업) 전략	기업이념, 경영철학, 비전, 비즈니스 도메인 , 사업(기존/신) 전략 비즈니스 포트폴리오 전략, 구조조정, M&A 전략, 경영종합진단 경영혁신, 중장기 사업전략 수립, e-비즈니스 전략
	인사 조직 전략	인력 계획, 인사 방침, 조직전략, 평가제도, 노사관계, 상벌제도 임금체계 구축 및 개선, 승급제도, 인센티브제도, 직무능력강화 직급별 교육 훈련 체계 구축, 후계자 양성, 인력관리 및 처우
	재무 전략	중장기 재무전략, 자금 조달/운영 전략, MBO, 수익성 계획 검토 예산관리 시스템 구축, 자본/자산 관리, 투자전략
	마케팅 영업 전략	신제품 개발, 신제품 런칭 전략, 브랜드 개발 및 운영 전략, 시장조사, 유통 채널 전략, 광고 전략, 프로모션 전략, 가격 전략, 매출 활성화 전략, 신 시장개척, 영업 전략, 영업인력 교육 훈련, CEM
	정보 기술 전략	정보기술 관리체계 진단, 정보기술 조직진단, 정보기술 네트워크 진단 및 설계, 데이터 모델링, 정보기술 표준화, 정보기술 체계 수립, 정보 시스템 분석 및 평가, 정보 시스템 구축 설계, ERP 구축
	생산 및 기술	생산계획, 공정혁신, 생산성 향상, 제품 검사, 품질 혁신, 디자인 포장, 품질 인증, 특허, 생산 계획, 자동화, 정보화, 환경, 안전, CAD, CAM, 신기술, 부품소재 개발, 기계 제작, 시제품, PPM

3) 컨설팅 프로세스에서 본 경영 컨설팅 범위

컨설팅이 진행되는 프로세스에서의 '종합 컨설팅'과 '각 부문 컨설팅'의 범위를 알 수 있다.

컨설팅 프로세스에서 본 경영컨설팅 범위

예비조사	클라이언트가 속한 산업, 시장, 업계 현황 파악, 기업의 개요, 경영방침, 조직구조, 경영효율, 3개년 매출,이익, 경영 각 부문의 실태 파악
본 조 사	예비조사에서 파악한 기업 개요, 경영 제반 활동의 개요, 경영성적과 경영효율의 측정, 경영환경과 경영 요소를 입체적으로 파악하여 컨설팅 목표 설정 및 컨설팅 전략과제와 범위(Work Scope)를 체계화 한다.
경영기본 검 토 부문 적용	컨설팅 중점 파악에서 나온 문제점을 다시 경영의 기본 방침과 관련성을 검토하고, 도출된 문제점을 재무, 마케팅, 인사/조직, 생산/기술, 구매 등 경영 제 활동의 각 관리부문별로 전개해서 거기에 잠재되어 있는 경영의 불합리성을 부문별로 검토함과 동시에 각 부문간의 관련 문제도 동시에 진행
종합조정	경영부문에서 도출된 개별사항에 대한 개선안 등을 종합해서 조정한다.

출처 : 中谷到達, 〈企業診斷〉

4 경영 컨설턴트란?

  탁월한 경영 컨설턴트인 윌리엄 코헨(William A. Cohen) 교수는 "컨설턴트란 쉽게 말하면 전문적이거나 다소 전문적(Semi-Professional)인 일을 수행해 주고 그 대가를 보수로 받는 사람이다."라고 하였다. 즉 경영컨설턴트는 선입견이 없는 객관적인 눈으로 경영관리의 현상을 관찰.분석하고 문제점을 조기에 지적하며 또한 넓은 경험을 바탕으로 적절한 해결방안을 조언하는 역할을 수행하여야 한다.

  고객이 바라는 컨설턴트의 역할은 내부인력과의 차별성이다. 즉 기업의 똑같은 현상을 놓고 내부인원들이 볼 수 없는 객관적이며 다양성과 차별화 된 시각에서의 접근을 통한 대안(Solution)을 제시해 주길 바라고 있다.
  따라서 경영컨설턴트는 고객의 문제를 해결할 수 있는 전문적인 지식과 기술을 반드시 갖추고 있어야 한다.

즐거움과 두려움 사이에서 춤추는 컨설턴트

컨설턴트는 고객의 문제 해결에 대한 요청으로 인한 즐거움, 또 한편으로는 그 문제 해결 방법을 거절 당할 수도 있다는 두려움 사이에서 춤을 추는 전문가이다.
또한 고객은 비언어적으로 이렇게 말할지도 모른다. "나는 당신(컨설턴트)이 필요하다. 그러나 나는 나의 단점에 대한 추궁보다는 나의 자존심을 상하게 하지 않으면서 나를 도와 줄 방법을 찾아달라."
따라서 현명한 컨설턴트라면 고객의 자존심을 상하지 않게 하면서 문제를 해결하는 춤을 잘 추는 방법을 모색한다.

---

5 경영 컨설턴트가 갖추어야 할 기본 역량

딕 브로도브(Dick Brodlorb, Decision Planning,Inc. CEO)는 경영컨설턴트가 갖추어야 할 기본 역량을 다음과 같이 두 그룹으로 나누어 설명하였다.

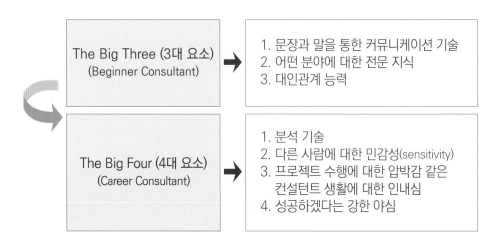

컨설팅을 수행하는 데 있어 반드시 갖추어야 할 4대 기본 역량은 '효과적 인터뷰', '문제 해결력', '논리적 글쓰기', '프리젠테이션 역량'이다.

컨설팅 수행 4대 기본역량

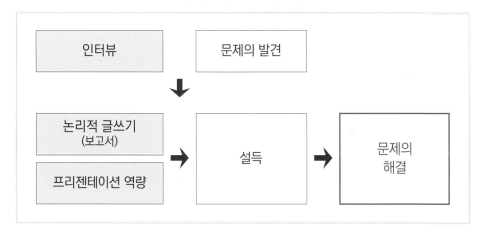

인터뷰 프로세스

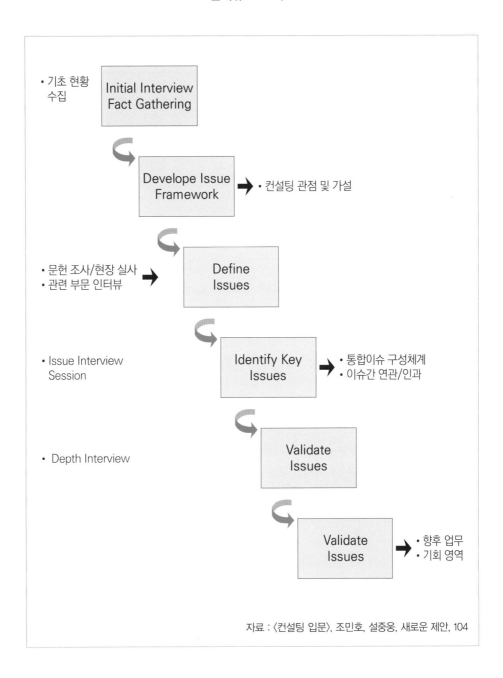

자료 : 〈컨설팅 입문〉, 조민호, 설중웅, 새로운 제안, 104

6 성공한 경영 컨설턴트가 되기 위한 7가지 조건

단순히 경영 컨설턴트가 된다고 하는 것과 성공한 경영 컨설턴트가 된다고 하는 것은 많은 차이가 있다. 윌리엄 코헨(William A. Cohen)교수가 많은 성공한 경영 컨설턴트를 분석하여 제시하는 성공한 경영 컨설턴트가 되기 위한 7가지 조건은 다음과 같다.

1) 사람과의 관계 능력

이것은 컨설턴트가 고객(Client)과 관계를 맺고 유지하는 능력을 말한다. 의료지식은 풍부하나 환자와 관계하는 능력이 떨어지는 의사들은 환자들이 기술은 다소 떨어지더라도 환자를 보다 편하게 해 주는 의사들을 선호한다는 것을 알게 될 때가 종종 있다. 컨설팅은 눈에 보이지 않는 무형적인 상품을 파는 것이다. 따라서 고객들이 컨설턴트가 말하는 것에 신뢰와 친밀성을 가질 수 있도록 대인 관계 능력을 키우는 것은 기술적 지식을 늘리는 것 이상으로 중요하다.

2) 문제를 발견하는 능력

문제를 정확히 파악할 수 있다는 것은 그 만큼 해결방안을 도출하는 데 결정적이다. 반대로 문제 파악이 미흡했을 때의 결과는 혼란과 효율성 저하만 초래할 뿐이다. 따라서 문제를 정확히 집어 낼 수 있는 능력은 매우 중요하며 이것이 훌륭한 컨설턴트를 구별해 주는 가장 중요한 평가기준의 하나가 된다.

3) 해결책을 찾는 능력

일단 문제를 정확히 파악했으면 가장 적절하고 효과적인 해결방안을 찾아 제시하는 능력은 컨설팅 수행의 핵심이다. 이 때 컨설턴트는 아무리 좋은 해결책이라 하더라도 고객의 상황에 가장 적절한 해결방안으로 편집하여 제시하는 능력이 매우 필요하다.

4) 기술적인 전문지식과 식견

전문 지식은 경영컨설턴트가 되기 위하여 갖추어야 할 가장 기본적이고 당연히 갖추어야 할 능력이다. 어떤 분야에 대한 지속적인 관심과 학습 그리고 경험 등이 어우려져 하나의 전문 기술이 된다. 따라서 끊임없는 학습과 노력하는 자세가 매우 중요하다.

5) 커뮤니케이션 능력

보스턴 컨설팅 그룹(BCG)출신인 찰스 캐빈(Charles Garvin)은 30년이 넘는 컨설팅 경험을 바탕으로 성공한 컨설턴트가 반드시 갖추어야 할 세가지 중요한 자질을 밝힌 적이 있는데 첫 번째가 커뮤니케이션 능력이라는 것이다. 두 번째는 분석 능력, 그리고 세 번째는 중압감 밑에서 일할 수 있는 능력으로 꼽았다. 문제의 발견이나 해결 방안의 도출 과정에서 또는 제안하는 과정에서의 고객을 설득하는 컨설턴트의 커뮤니케이션의 능력은 컨설팅의 성과와 직결되는 요소로서 매우 중요하다.

6) 마케팅 및 영업 능력

경영 컨설턴트들은 컨설팅 서비스라는 무형의 상품을 팔아야 한다. 따라서 눈에 보이는 상품을 파는 것보다 더 양질의 마케팅 및 영업 능력을 갖추어야 한다. 가장 효과적인 마케팅은 자신이 이루어 낸 컨설팅의 성공 사례(reference)이다. 따라서 성공시킨 컨설팅 사례가 지속적인 고객과의 연결로 이어지는 중요한 마케팅 도구가 된다고 할 수 있다.

7) 경영 능력

마지막으로 기업을 경영하는 능력, 프로젝트를 운영하는 능력이다. 탁월한 컨설턴트는 물론 훌륭한 경영자이어야 한다. 경영자는 누구보다 더 비즈니스 핵심을 꿰뚫고 있어야 한다. 이는 단순한 이론의 숙지 뿐만 아니라 경영 현장에서의 수 많은 시행착오 속에서 터득한 내공이 쌓여야 가능한 영역이다. 따라서 탁월한 컨설턴트이자 경영자가 되기 위해서는 끊임없는 학습과 실전 경험들을 쌓는 노력과 열정이 필요하다.

Part
03-Ⅱ

경영 Consulting Process & Tool

1 경영 컨설팅 수행 모델 및 절차

1) 밀란(ILO) 모델

  '밀란(Miian) 모형'은 국제노동기구(ILO) 주관으로 정리된 컨설팅 수행절차이다. 제반 컨설팅 수행절차에 관한 이론들을 포괄적으로 정리한 것으로 착수(Entry), 진단(Diagnosis), 실행계획 수립(Action Planning), 구현(Implementation), 종료(Termination)의 5단계로 나누어져 있다.

밀란 모델

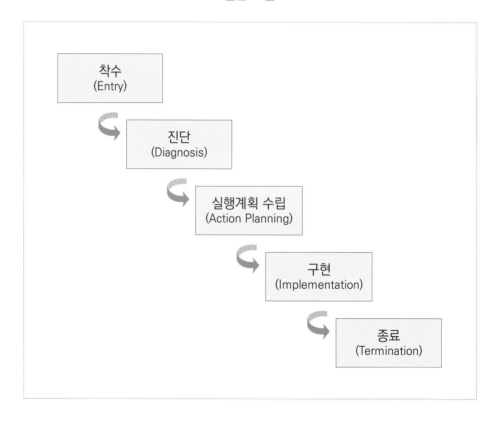

2) 매거리슨의 12단계 컨설팅 수행 모델

매거리슨(Margerison)은 그의 저서에서 컨설팅의 수행 과정을 도입, 접근, 적용의 3단계로 구분하였다. 다시 이를 도입 단계는 접촉(Contact), 준비(Preparation), 계약(Contracting), 계약을 위한 협상(Contract Negotiation) 그리고 접근 단계는 자료 수집(Data Collection), 자료 분석 및 진단(Data analysis & Diagnosis), 분석 자료의 피드백(Data Feedback), 분석 자료에 대한 토의(Data Discussion), 마지막으로 적용 단계에서는 권고 및 제안(Recommendation), 최고경영층의 판단(Executive Decisions), 의사 결정(Implementation of the Decision), 검토와 평가(Review)의 12가지로 세분화 하였다.

매거리슨 컨설팅 수행 모형

도입 (Entry)	(1) 접촉 (Contact) (2) 준비 (Preparation) (3) 계약 (Contracting) (4) 계약을 위한 협상 (Contract Negotiation)
접근 (Approach)	(5) 자료 수집 (Data Collection) (6) 자료 분석 및 진단 (Data analysis & Diagnosis) (7) 분석자료의 피드백 (Data Feedback) (8) 분석 자료에 대한 토의 (Data Discussion)
적용 (Application)	(9) 권고, 제안 (Recommendation) (10) 최고경영층의 판단 (Executive Decisions) (11) 의사결정 (Implementation of the Decision) (12) 검토와 평가 (Review)

3) 컨설팅 수행 절차

(1) 도입(Entry)

컨설팅의 의뢰인과 컨설턴트와의 만남과 의뢰인의 컨설팅에 대한 오리엔테이션이 실시된다. 이를 통해 컨설팅의 니즈를 파악하여 사전 예비진단과 조사를 실시한다. 이 때 의뢰인의 협조를 통해 자료를 요청한다. 컨설팅 수행 계획(안)을 만들어 의뢰인에게 제안을 한다. 이후 컨설팅 계약을 체결한다.

가. 최초의 접촉과 만남

컨설팅은 대부분 의뢰인이 직면한 문제를 해결하는 데 있어 내부 역량만으로는 한계가 있을 때와 새로운 목표를 설정하여 보다 더 나은 상태로 전환하기 위해 외부 전문가의 힘을 빌리고자 할 때 이루어진다. 보통 의뢰인은 컨설팅 회사나 컨설턴트에 대한 명성이나 실적(Reference), 내부 또는 외부의 소개 등을 통해 최초의 접촉을 갖는다.

물론 반대의 경우도 종종 있을 수 있다. 즉 검증된 컨설팅 모델을 갖고 있는 컨설팅 회사가 잠재/가망 고객이라고 판단되는 기업에 컨설팅 프로그램을 소개하거나 프리젠테이션을 하여 새로운 니즈를 이끌어내는 경우이다. 같은 맥락으로 이러한 컨설팅 프로그램을 소개하는 설명회에 참가한 경영진의 요청에 의해 접촉이 이루어지는 경우도 빈번하다.

의뢰인의 요청이 있는 경우에는 설득을 하는 데 큰 어려움이 없으나 의뢰인 스스로가 문제의식이 없을 경우에는 설득을 통해 컨설팅의 필요성을 깨닫게 하는 데는 상당한 시간과 각고의 노력이 필요하다. 이 때 의뢰인의 회사와 유사한 상황에서 컨설팅을 적용하여 성공한 사례(Case Reference)를 제시하는 것이 가장 효과적이다.

나. 오리엔테이션 실시

컨설턴트와 의뢰인과의 상견례가 끝나면 의뢰인이 주관하여 컨설팅의 배경과 필요성 즉 의뢰인이 처한 상황과 해결하고자 하는 문제점 그리고 컨설팅을 통해 달성하고자 하는 목표 등에 대한 오리엔테이션이 진행된다. 의뢰인은 컨설팅 회사나 컨설턴트가 오리엔테이션을 통해 의뢰인이 처한 상황과 문제에 대한 충분한 인식과 이를 해결할 수 있는 역량을 갖고 있는지에 대해 알고 싶어한다. 컨설턴트는 다양하고 적절한 질문을 통해 이면에 깔려있는 것까지를 포함한 의뢰인의 니즈를 파악하여야 한다. 그리고 의뢰인의 니즈에 충분한 공감을 표시하고 이를 충분히 해결할 수 있다는 신뢰감과 믿음을 주어야 한다.

또한 컨설팅 전반적인 진행 프로세스를 제시하여 이후 진행되는 절차(사전 예비 진단 및 제안서 제출)에 대해 설명을 하고 협조를 구한다.

다. 사전 예비 진단

사전 예비진단을 하는 목적은 컨설팅 제안서를 작성하기 위함이다. 컨설팅이 성과를 거두기 위해서는 의뢰인이 처한 현상에 대한 명확한 이해와 이를 해결하기 위한 최적의 프로그램을 디자인하여야 한다. 즉 컨설팅을 통해 달성하고자 하는 목표와 컨설팅의 범위와 프로세스(일정과 절차) 그리고 이에 사용되는 컨설팅 방법과 도구 사용들이 적절하여야 한다. 따라서 의뢰인이 제시하는 오리엔테이션을 근거로 하여 추가적인 정보와 조사를 통해 제안서를 작성한다.

예비진단의 규모와 절차는 사안에 따라 다르나 특정 상세기법을 이용하여 조사하거나 해결대안을 제시하는 것은 이 범위에서 벗어난다.

물론 의뢰인이 컨설팅을 의뢰한 목적이 명확한 경우에는 예비진단 과정이 없이 곧바로 제안서를 제출하고 프로젝트에 착수할 수도 있다. 그러나 컨설팅에 대한 의뢰인의 필요성이나 목적의식이 명확하지 않거나 컨설팅에 대한 방향성이 분명하지 않은 경우에는 반드시 사전 예비진단을 실시하여야 한다.

라. 제안서 작성과 프리젠테이션

컨설팅 제안서는 컨설팅회사가 의뢰인으로 요청받은 프로젝트를 어떻게 수행하여 소기의 목적을 달성할 것인지에 대한 내용을 포괄적으로 제시하는 문서라고 할 수 있다. 여기에는 의뢰인이 알려준 오리엔테이션 내용과 사전 예비진단의 결과를 근거로 하여 작성을 한다. 제안서에는 컨설팅의 배경, 컨설팅의 목표, 컨설팅의 범위, 진행 방식과 사용 기법, 소요 비용과 일정 그리고 참여 컨설턴트 프로필 등이 포함된다.

특히 경쟁 프리젠테이션인 경우 우리나라는 대부분 리젝트 피(Reject Fee:프리젠테이션에서 탈락하였을 경우 그 동안 소요된 비용을 보전해 주는 금액)가 없기 때문에 컨설팅 회사 입장에서는 기회비용 손실이 막대하다. 따라서 제안서 작성과 프리젠테이션은 의뢰인에게 깊은 인상을 주어 프로젝트 수주와 직결되는 과정이니만큼 혼(魂)을 담아 최선을 다하여야 한다.

마. 계약 체결

제안서 작성과 프리젠테이션이 성공적으로 마무리되면 컨설팅 프로젝트 계약을 체결하게 된다. 계약서는 계약 당사자간의 상호평등의 원칙하에 작성하여야 하며 컨설팅 회사와 의뢰인 상호간에 역할과 책임 그리고 컨설팅 진행에 관한 제반 세부 내용 등을 포함해 작성하여 기명 날인 후 상호 보관한다. 계약 체결이 완료가 되면 이제 본격적으로 컨설팅 프로젝트에 착수하여 일을 진행하게 된다.

(2) 진단 (Diagnosis)

의뢰인이 직면한 문제를 해결하거나 컨설팅의 목표를 달성하기 위해 필요하다고 판단되는 모든 사안에 대해 자료 열람, 인터뷰, 집단 회의, 설문지, 현장 실사, 리서치 등의 적절한 방법들을 이용하여 정보를 수집 하고 이를 다양하고 적절한 분석 도구를 활 용하여 문제의 원인을 규명한다. 이 때 의뢰인에게 구두 혹은 서면으로 분석 결과를 공유 한다. 이 과정은 그 동안 진행해 온 활발한 컨설팅 진행에 대하여 의뢰인으로부터 확인과 검증을 받는 과정이기도 하며 의뢰인과 컨설턴트간의 문제 해결을 위한 원인 규명에 대한 시각 차를 좁히고 일치시키는데 중요한 단계가 된다.

이와 같이 진단을 통해 분석된 내용(Data)은 컨설팅의 대안(Solution)을 도출하는 객관적인 소스(Source)가 될 뿐만 아니라 의뢰인을 설득하는데 있어서도 중요한 역할을 한다.

가. 문제의 진단

문제를 진단하고 해결해나가는 과정은 문제의 성격과 사안에 따라 다양하겠지만, 대부분 다음과 같은 순서에 따른다.

- 컨설팅을 통해 달성하고자 하는 목적과 방향 설정
- 문제 자체가 갖고 있는 본질과 특성 규명
- 문제 원인 도출 및 규정
- 문제와 해결 방안과의 의미 있는 연관관계 파악
- 해결안 도출 및 공유(내부 실천 주체자)
- 내부 실천자들에 대한 문제 해결 역량 강화 훈련
- 액션 플랜 및 사후 관리 방향 제시

나. 자료 수집 및 실사

진단 과정에서의 가장 중요한 것은 문제를 해결하기 위한 컨설팅의 접근 관점과 핵심 가설을 검증하기 위한 자료를 어떻게 확보하느냐에 달려 있다. 여기에 따라 자료의 종류 및 항목, 자료의 범위와 양, 자료의 질(質) 정도, 자료 수집 방법(내/외부, 자체/외부 용역 등)이 달라진다.

- 필요한 자료의 종류 및 항목의 결정
- 수집하고자 하는 자료의 범위와 양, 질 정도 결정
- 수집 방법(내부/외부, 자체/외부 용역 등) 결정 및 일정 결정
- 수집된 자료를 사전에 정한 기준에 의거 분류한다.

자료 유형으로는

- 레코드(Record) : 공식적인 1차 자료

- 백서(White Paper) : 공공기관의 보고서

- 메모리(Memories) : 정성적 자료

자료 수집 및 획득 방법으로는

- 문헌 조사

- 설문 조사

- 면담 및 인터뷰

- 집단 토론

- 실사 및 관찰

- 추정 등이 있다.

다. 자료 분석

먼저 수집된 자료들에 대한 정확성과 적합성에 대한 판단을 한다. 잘못된 오류 정보가 들어오면 분석과 해결 방안 모두가 잘못되기 때문이다. 이와 같이 수집된 자료들은 조작, 분류 작업을 한 후 본격적인 분석 작업에 들어간다.

자료를 분석하는 방법으로는

- 비율 분석 : 비율을 한 계정 또는 각 항목의 비율로 나눔으로써 계산되는 백분율

- 인과 분석 : 각 요인들이 종속변수(요인)에 어떤 영향을 미치는지 파악

- 비교 분석 : 주제의 현상과 특징들을 비교하기 위해 질적, 양적 방법 사용하는 것으로 사례적 비교(Illustrative comparison), 전사적 비교(Complete or Universe comparison), 표본적 비교(Sampled comparison) 등이 있다.

이 때 컨설턴트는 어떠한 특정한 이론을 도출함에 있어서 일반적인 사실들로부터 추론해가는 "연역적(演繹)적 방법"과 도출하고자 하는 결론을 특정한 이론이나 사실로부터 역으로 추론해가는 "귀납(歸納)적 방법"을 채택할 수도 있다. 이와

같이 분류된 자료를 분석하는 방법 및 기법 등은 컨설팅 상황에 가장 적합하도록 컨설턴트가 판단을 잘 하여 실시해야 한다.

자료 분석 과정

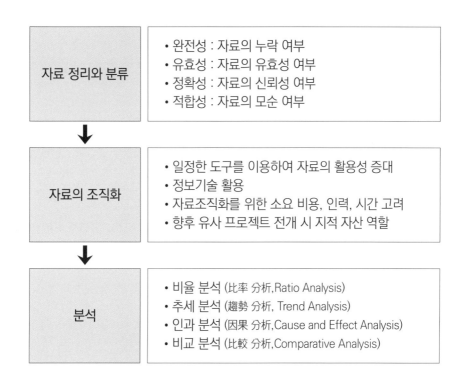

자료 정리와 분류	• 완전성 : 자료의 누락 여부 • 유효성 : 자료의 유효성 여부 • 정확성 : 자료의 신뢰성 여부 • 적합성 : 자료의 모순 여부
자료의 조직화	• 일정한 도구를 이용하여 자료의 활용성 증대 • 정보기술 활용 • 자료조직화를 위한 소요 비용, 인력, 시간 고려 • 향후 유사 프로젝트 전개 시 지적 자산 역할
분석	• 비율 분석 (比率 分析,Ratio Analysis) • 추세 분석 (趨勢 分析, Trend Analysis) • 인과 분석 (因果 分析,Cause and Effect Analysis) • 비교 분석 (比較 分析,Comparative Analysis)

라. 분석 결과 피드백 및 공유

피드백에서는 지금까지 진행된 컨설팅에 대한 적절성과 논리성에 대한 검증을 실시한다.

이때 의뢰인에게 지금까지의 진행된 모든 결과에 대하여 수집되어 정리된 자료와 이를 분석한 내용에 대하여 제시하여 공감대를 형성한다. 분석결과에 대한 의뢰인의 의견을 경청하고 반영할 필요가 있다고 판단되는 것은 추가로 반영한다. 의뢰인과 피드백에서의 공감대 형성은 이후 진행하는 컨설팅 프로세스에 있어서 지대한 영향을 미친다.

(3) 실행계획 수립(Diagnosis)

진단 단계를 통해 문제의 정확한 원인을 규명하고 가장 적절한 대안을 도출하여 이를 바탕으로 세부 실행계획을 수립한다. 진단 단계와의 연관성이 필수적이며 분석적인 접근보다는 혁신과 창의성을 활용하는 것이 좋다. 따라서 이 과정에서 의뢰인이 고려할 수 있는 모든 대안들을 포함시켜야 하며 의뢰인과 다른 시각에서의 접근을 통한 모든 창조적인 발상을 동원할 기회요인들을 제공하여야 한다.

가. 해결 대안(솔루션) 개발을 위한 아이디어 발상

진단 단계의 분석과정을 통해 도출 된 문제점을 해결하기 위해서는

- 문제의 본질에 접근
- 기술적 특성(기능 영역, 변화유도 방법 및 기술)
- 문제의 복잡성(경영기법, 재무, 조직 내 중요도, 요구되는 기술 표준 등)

   등을 고려하여 최적 안을 탐색한다.

나. 대안의 개발과 평가

- 가능한 한 다양하고 많은 대안을 도출한다.
- 의뢰인에게 해결 대안 제시
- 선정된 대안의 구체화
- 최적의 대안의 결정 및 실행 계획 수립

> • 최적의 대안 선정 시 검토 사항
>
>   가) 경제성 평가 : ROI, 손익분기점 분석, 총자본 수익률, 원가 효익 분석 등
>   나) 타당성 평가 : 기술적 타당성, 운영 타당성, 계획 타당성, 법적 타당성 등

- 대안을 구체화시키는 데 포함되는 요소

    가) 조직 : 조직도, 조직 별 역할의 정의, 위원회 조직
    나) 자원 : 프로젝트 실행에 필요한 인적/물적 자원
    다) 실행 상세 : 전체 작업 공정의 정의, 세부작업 내용 정의
    라) 일정 : 전체작업 일정 및 주요 작업 별 이정표 설정
    마) 전체 공정도 : 일정, 자원, 조직, 실행세부 작업을 일목요연하게 표시
                      프로젝트 참여 요원들과의 적절한 공유

다. 결정된 대안의 공유

컨설턴트와 의뢰인은 프로젝트와 연관된 내/외부의 다양한 이해관계자들과 결정된 대안에 대하여 공유를 한 후 단계별로 구체화시킨다. 실행계획을 구체화시키는 절차는 다음과 같다.

- 실행 프로젝트의 목적과 범위 정의
- 수행할 프로젝트 작업단위의 정의
- 작업단위를 완수할 수 있는 기술수준의 정의
- 작업단위를 완수할 수 있는 필요시간의 산정
- 타임 스케쥴 (Time Schedule) 설정
- 실행 계획의 상세내용 개발
- 실행 계획의 검토 및 검증

(4) 구현(Implementation)

　도출된 대안들에 대한 실행 계획을 현장에 적용시켜 성과를 창출하는 단계이다. 이 때 현장의 실천 주체자들에 대한 자발적 참여를 유도하는 프로그램이 매우 중요하다.

　　- 실천주체자들에 대한 자발적 참여 유도 프로그램 실행
　　- 실행 및 실행 지원
　　- 해결 대안의 조정
　　- 교육·훈련 실시

(5) 종료(Termination)

　도출된 대안의 구현결과를 평가하여 컨설팅 프로젝트에 대한 완료를 하고 그 결과를 보고한다. 이 평가 결과에 따라 이후 컨설팅 프로젝트를 지속적으로 진행할 것인지에 대한 여부가 결정이 된다.

　　- 구현 결과 평가 실시
　　- 최종 보고서 작성
　　- 최종 완료 보고 및 승인
　　- 사후 관리 및 차후 용역 협의
　　- 철수

2 경영 컨설팅의 기본 프로세스

경영 컨설팅을 하기 위한 기본 프로세스에 대한 이해가 필요하다. 다음은 통상 기업의 비전 도출과 비전 달성에 필요한 전략 수립을 위한 경영컨설팅의 기본 프로세스이다.

경영 컨설팅의 기본 프로세스

3 컨설팅 단계별 사용 도구

1) 진단 단계

진단 단계는 컨설팅 프로세스 중 문제의 실태를 정확하게 파악하여 해결 방안을 도출하게 하는 브릿지(Bridge) 역할을 하는 중요한 단계이다. 당연히 필요한 정보의 수집과 정확하고 객관적인 분석 그리고 논리적인 전개가 필수적이다. 또한 의미 있는 시사점 발굴을 위한 창조적 사고와 시스템적 사고들을 촉진하는 기법들이 적용된다.

진단 단계에서의 컨설팅 기법(사용 도구)

현 전략 이해	• 기업 사명(Corporate Identity/Concept)의 이해 • 기업 비전(Business/Process Vision)의 이해 • 기업 전략(Corporate Strategy)의 이해 • 전략적 위치(Strategic Positioning)의 파악 • 전략적 옵션(Strategic Options) 도출 및 평가 → 전략분석 계획의 수립	창조적 / 시스템적 사고기법 / Facilitation 기법
현 업무 이해	• 가치사슬분석(Value Chain Analysis)의 이해 • 업무 프로세스 분석(Business Process Analysis)의 이해 • 업무 기능별 분석(Work Functional Analysis)의 이해	
기업 역량 분석	• SWOT Analysis • Value Development Tree Analysis • Core Competency Analysis • Potential Competency Assessment • Portfolio Analysis(BCG Matrix/ GE Matrix) • Five Force Model Analysis • Channel Effectiveness Analysis	
조직역량 분석	• Organizational Behavior Analysis • Organizational Structure Analysis • Business Activity Analysis • 7'S Analysis • RAEW(Responsibility, Authority, Expertise, Work) Analysis	
고객 분석	• Pareto Analysis • Customer Segmentation Analysis • STP Strategy • VOC(Voice of Customer) Analysis • Customer Value Deriver Analysis	
취약점 분석	• Bench marking • Process Bench marking • Issue Tree Analysis	

자료 : 〈컨설팅 프랙티스〉, 조민호, 설중웅, 새로운 제안, 99P

(1) 기업 역량 분석

가. STOW Matrix분석

경영전략 기법 중 가장 일반적으로 활용되고 있는 SWOT 분석은 기업 내부의 강점(Strength)과 약점(Weakness), 그리고 외부 환경의 기회(Opportunity)와 위협(Threat) 요소를 매트릭스(Matrix)화 하여 분석하는 것이다. 즉 기업의 외부와 내부 상황을 분석하여 기회를 활용하여 강점을 이용하고, 위협에 대항하여 약점을 방어하기 위한 방법과 대안을 찾는 사고를 갖게 한다.

SWOT 분석의 가장 큰 장점은 내부와 외부의 상황들을 동시에 판단할 수 있다는 데 있다. 이와 같이 외부와 내부를 동시에 파악이 가능하기 때문에 통합적이고 입체적인 안목에서도 유리하며, 간단명료하게 전략의 핵심을 파악할 수 있다.

SWOT 분석은 다음 4가지 질문으로부터 출발한다.
1. 우리 회사를 둘러싸고 있는 외부 환경에서 얻을 수 있는 기회는 어떤 것인가?
2. 우리 회사를 둘러싸고 있는 외부 환경이 주는 위협은 어떤 것인가?
3. 우리 회사의 강점이나 경쟁력은 어떤 것인가?
4. 우리 회사의 약점이나 보완하여야 할 점은 어떤 것인가?

이상을 통해 분석된 결과는 다음 표와 같은 형식으로 요약될 수 있다.

내부 환경 / 외부 환경	강점(S)	약점(W)
기회(O)	SO전략	WO전략
위협(T)	ST전략	WT전략

- SO 전략 : 기회의 이익을 얻기 위해 강점이 이용되는 전략
- ST 전략 : 위협을 회피하기 위해 강점을 이용하는 전략
- WO전략 : 약점을 극복함으로써 기회를 활용하는 전략
- WT 전략 : 위협을 회피하고 약점을 최소화하기 위한 전략

SWOT Matrix & KFS 양식

		강점(S)	약점(W)
내부 요인 외부 요인			
기회(O)		SO:강점활용/기회도전(중점)	WO:기회에 도전, 약점보완
위협(T)		ST:강점을 살려서 위협에 대응	WT:위협을 초래하는 약점보완

↓

K F S (Key Factor For Success)

나. Value Chain Analysis (가치 사슬 분석)

가치 사슬(Value Chain)이란 고객에게 가치를 제공하여 부가가치 창출을 통해 기업의 이윤을 획득하기 위해 직간접적으로 관련된 일련의 활동, 기능, 프로세스의 연계를 의미한다.

가치 사슬은 기업의 전략적 단위 활동을 구분하여 자사의 강점과 약점을 파악하고, 원가 발생의 원천 및 경쟁 기업과의 현존 또는 잠재적 차별화 원천(가치 창출 원천)을 분석하기 위해 개발된 개념으로, 기업 활동을 본원적 활동과 지원 활동으로 구분하여 분석하는 방법이다.

본원적 활동(Primary activities)은 물류 투입(Inbound Logistics), 운영 및 생산(Operation), 물류 산출(Outbound Logistics), 마케팅 및 영업(Marketing & Sales), 서비스(Services) 등이 포함되며, 제품 및 서비스의 물리적 가치 창출과 관련된 활동들로써 직접적으로 고객들에게 전달되는 가치 창출에 기여하는 활동 등을 의미한다.

지원 활동(Support activities)은 회사 인프라(Firm Infrastructure), 인적 자원관리(HRM: Human Resource Management), 기술 개발(Technology Development), 구매 조달(Procurement)이 포함되며, 본원적 활동이 발생하도록 하는 투입물 및 인프라를 제공한다. 지원 활동은 직접적으로 부가가치를 창출하지는 않지만 이를 창출할 수 있도록 지원하는 활동들을 의미한다.

Value Chain Analysis (가치 사슬 분석)

지원 활동	인프라스트럭처(일반 경영, 회계, 재무, 전략 계획)					이윤
	인적 자원 관리(채용, 교육, 훈련, 개발)					
	기술 개발 (R&D, 제품 및 프로세스 개선)					
	조달 (원자재, 기계, 설비, 공급품 구매)					
본원적 활동	입고 · 원자재 · 창고 관리	생산 · 제조 · 조립 · 테스팅	출고 · 제조 · 창고 · 완제품 분배	마케팅/판매 · 홍보, 촉진 · 가격 · 유통 경로	서비스 · A/S	

다. Value Development Tree Analysis (가치 전개 트리 분석)

가) 목적

조직의 가치(기대 효과)를 발생시키는 각각의 요인들을 하위 수준으로 점진적으로 분해하여 파악한 후 이에 적절한 대안과 실행 계획을 도출한다.

나) 방법

(1) 기대효과, 첫째 요인, 둘째 요인, 셋째 요인 순으로 가치전개 트리를 작성한다.

(2) 셋째 요인부터는 실행이 가능하도록 실행 계획(Action Plan)을 수립한다.

(3) 각 요인 별로 객관적이고 정량적인 분석 정보를 제공한다.

(4) 현재 상태와 향후의 예상되는 달성 추정치를 비교함으로써 개선 가능성을 파악한다.

Value Development Tree Analysis (작성 양식)

기대 효과	첫째 요인	둘째 요인	셋째 요인
매출 증대			
비용 감소			

라. Core Competency Assessment (핵심역량 평가)

가) 목적

핵심역량이란 기업이 지금 선택 집중하여 가장 좋은 성과를 창출할 수 있는 대 경쟁 우위 영역을 의미한다. 핵심역량은 기업의 존재가치이며 지속적인 성과창출을 위해서는 체계적인 관리와 끊임없는 변화와 혁신이 필요하다.

나) 방법

(1) 가치사슬 각 영역별로 기업의 역량을 경쟁자와 비교하여 평가한다.

(2) 내부 인력과 외부 전문가를 대상으로 심층 인터뷰를 실시하여 파악한다.

(3) 가치사슬 영역별로 업무 시스템과 각각의 활동을 정의한다.

(4) 각 활동들이 주요 핵심역량에 해당하는지 아니면 핵심역량을 가능하게 하는 요인인지를 평가한다.

Core Competency Assessment (분석 방법 및 사례)

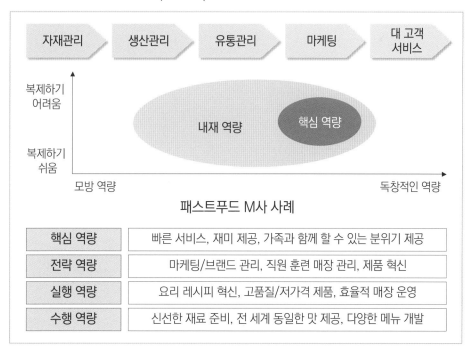

핵심 역량	빠른 서비스, 재미 제공, 가족과 함께 할 수 있는 분위기 제공
전략 역량	마케팅/브랜드 관리, 직원 훈련 매장 관리, 제품 혁신
실행 역량	요리 레시피 혁신, 고품질/저가격 제품, 효율적 매장 운영
수행 역량	신선한 재료 준비, 전 세계 동일한 맛 제공, 다양한 메뉴 개발

자료 : 〈컨설팅 프랙티스〉, 조민호, 설중웅, 새로운 제안, 147P

마. Potential Competency Assessment (잠재 역량 평가)

가) 목적
기업의 잠재역량을 도출하여 기존 사업이나 새로운 사업을 전개하는 데 있어서의 핵심 역량으로 작용되며 특히 새로운 사업영역을 발굴하거나 기존 사업영역을 재조정하는 데 주로 적용된다.

나) 방법
(1) 창의적인 사고의 접근으로 잠재역량을 도출한다.

(2) 역량의 분류는 기존 보유역량을 중심으로 하되 인력, 조직, 기술, 상품 및 서비스, 채널, 조직문화, 리더십 등의 관점에서 도출한다.

(3) 도출된 잠재역량들을 각 영역별로 범주화하여 재구성한다.

(4) 도출된 내용들을 범위와 깊이를 고려하여 보다 구체적인 수준으로까지 상세화 한다.

Potential Competency Assessment (작성 양식)

잠재 역량	업무 관련 핵심 역량	• • •
	성장 가능성	• • •
	특화된 자산	• • •

자료: McKinsey Quarterly, No4, 1996

바. Portfolio 분석 – BCG 매트릭스

Portfolio 란?

Portfolio란 일반적으로는 주식투자에서 위험을 줄이고 투자 수익을 극대화하기 위한 일환으로 여러 종목에서 분산 투자하는 방법을 말한다.

기업에서 활용되는 포트폴리오 분석이란 기업이 여러 사업을 전략적으로 경영하기 위해 사업을 나눌 때 어떤 사업을 유지, 구축해 나가고 어떤 사업을 포기할 것인가를 결정하기 위해 실시하는 분석 방법을 말한다. 분석이 매트릭스를 통해 이루어지므로 '기법'이나 '전략' 대신 '매트릭스'라는 어휘로 사용되기도 한다.

BCG 매트릭스란?

BCG 매트릭스는 미국의 보스턴 컨설팅 그룹(BCG, Boston Consulting Group)에 의해 개발되었다. 회사 내 여러 사업들을 시장 성장률과 시장 점유율이라는 두 변수를 양 축으로 하는 2차원 공간 상에 표시하여 각 사업의 상대적 매력도를 비교할 수 있는 방법이다. 자금의 투입, 산출 측면에서 사업이 현재 처해 있는 상황을 파악하여 상황에 알맞은 처방을 내리기 위한 유용한 분석 도구로서 기본적으로 현금 흐름(cash-flow)을 관리하는 데 중점을 둔 모형이므로 매트릭스 상의 포트폴리오 균형은 현금 흐름의 균형을 의미한다.

상대적 시장 점유율

		고	저
시장성장률	고	Star	?
	저	Cash-Cow	Dog

"자금 젖소(Cash Cow)"

낮은 시장 성장률과 높은 상대적 시장 점유율의 사업 단위를 말한다. 이 사업 단위는 저성장 시장에서 활동하므로 신규 설비투자 등에 많은 비용을 지출할 필요가 없으며 높은 시장점유율로 많은 이익을 벌어들인다. 즉 자금 지출은 별로 없으면서 많은 이익을 얻고 있으므로 기업에 자금을 공급하는 역할을 한다.

"물음표(Question Mark) 혹은 문제아(Problem Child)"

높은 시장 성장률과 낮은 상대적 시장 점유율의 전략 사업단위로 이 사업단위는 시장 점유율을 유지 및 증가시키는 데 많은 현금이 필요하다. 그러므로 경쟁력을 갖춘 사업단위에 대해서는 시장 점유율 증대를 위해 현금을 지원하고, 경쟁력이 낮을 것으로 판단되는 사업 단위는 처분하는 등의 신중한 의사결정이 요구된다.

"개(Dog)"

낮은 시장 성장률과 낮은 상대적 시장점유율을 가진 사업단위로 대체로 수익성이 낮고 시장 전망이 어두우므로 가능한 한 빨리 철수하는 것이 바람직하다.

"별(Star)"

높은 시장 성장률과 높은 상대적 시장 점유율의 전략 사업단위로 자체 사업을 통해 많은 현금을 벌어들이지만, 급속히 성장하는 시장에서 시장 점유율을 유지하거나 증대시키기 위해 계속 많은 자금을 필요로 한다.

분 류	수익성	투자 요구액	순 현금 흐름	전략 방향
Star	높음	높음	전체적으로 균형 또는 약간 마이너스	현재 지위 고수 시장 점유율 증가
Cash Cow	높음	낮음	상당한 플러스	현재 지위 고수
Question Mark	손익분기 적자	아주 높음	상당한 마이너스	시장 점유율 증가
Dog	낮음 적자	투자 회수	플러스	수확 또는 철수

사. Portfolio 분석 – GE 매트릭스

Portfolio 분석 방법의 하나인 GE 모델은 BCG 기법의 문제점과 한계 사항을 극복하기 위해 보다 발전적인 형태로 제시된 포트폴리오 분석 기법이다. GE사가 경영 자문회사인 맥킨지사의 도움으로 개발하여 "GE / 맥킨지 매트릭스"라고도 한다.

GE 매트릭스는 전략적 사업 단위별 산업 내 위치를 파악하고 경쟁우위 확보를 위한 전략적 의사결정의 기본 자료로 활용하거나, 사업 단위경쟁력 경쟁적 위치와 시장/산업 매력도를 통해 회사가 영위하고 있는 사업 단위 위치를 파악하여 각 사업에 대한 자원 배분의 우선순위를 결정하는 데 활용된다.

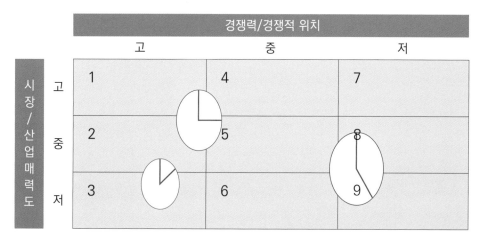

투자/육성	선택적 투자/수익 관리	수확 / 철수
최대한 성장 투자 경쟁 위치 방어	강점 이용 전문화 / 약점 보완 성장 가능성 없으면 철수	저 위험 부문 확장 모색 투자 제한 / 영업 합리화
선도자에 도전 선택적 경쟁력 강화, 취약부분 보완	현 프로그램 보호 고 수익 저 위험 부문에 집중 투자	고 수익 부문 위치 방어 제품 고급화 / 투자 최소화
유망시장 집중 투자 경쟁대응 능력 배양 생산성 향상	단기수익 중심 관리 매력부문에 재 집중 / 현 위치 방어	값이 좋은 경우 매각 조정 / 추가 투자 회피

아. Five Force Model 분석

Five Force Model은 사업의 경쟁강도와 수익성 및 산업의 구조적 매력도를 결정하는 5가지의 경쟁 요인이 현재와 미래에 있어서 그 경쟁 강도가 어떠한가를 분석하고 자사의 전략 방향을 도출하는 분석 방법이다. 하버드 경영대학원 마이클 포터(Michael Porter) 교수에 의해 최초 언급된 것으로 산업 내 경쟁강도를 설명하기 위해서 사용되었다.

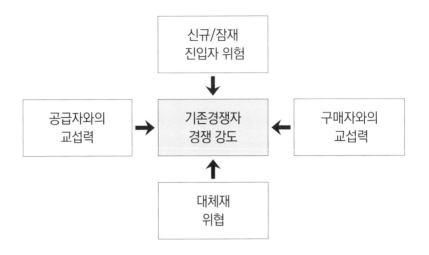

산업에 영향을 주는 핵심 인자	산업에 영향을 주는 정도
잠재적 진출 기업의 위협	가격하락 및 부대비용 상승으로 수익성 악화 / 새로운 경쟁 구도 형성
구매자의 높은 교섭력	가격 인하 요구, 품질 향상과 서비스 증대 요구, 경쟁 조장
공급자의 높은 교섭력	가격인상 요구, 제품 품질 수준 절하 위협, 제품 공급 중단 위협
대체재의 위협	잠재 시장 및 이익 제한 , 가격 최고 한도
기존 산업 내 경쟁 강도	가격 경쟁, 제품 개발, 고객 충성도 요구, 유통 및 서비스 중요도 강조

(2) 조직 역량 분석

가. 7S 분석

조직은 단순히 조직도로만 이해할 것이 아니라 다음과 같은 7가지 요소를 복합적이고 다면적인 평가를 통하여 조직의 효과성을 파악하여 조직설계에 활용하는 기법이다.

Shared Value (공유 가치)	경영이념이나 행동규범과 같이 회사와 구성원이 행동함에 있어 무엇이 옳고 바람직한가에 대하여 공유된 가치
Strategy (전략)	지속적인 경쟁우위를 구축하기 위한 일련의 구체적이고 일관된 행동
Structure (조직 구조)	조직구조나 형태
System (운영 체제)	일상적으로 업무가 이루어 지는 과정과 절차
Staff (인재)	사원들의 인재 특성
Skill (능력/기술)	개인 능력을 포함한 조직의 전체적인 능력과 기술
Style (조직 문화/풍토)	조직이 공통적으로 갖고 있는 행태나 스타일

Strategy	Structure
	Style
	Skill
	Staff
	system
Shared Value	

나. 조직 역량 진단

　조직역량을 진단하는데 있어 다음과 같이 8가지 항목(기업하부 구조, 인적자원/조직, 기술개발, 마케팅, 생산/구매 능력 서비스 활동, 물류 활동, 기타 GWP 활동)을 복합적이고 다면적으로 진단하여 각 항목별로 중점 강화 요소를 발굴한다.

내부 강/약점 진단 요소

항목	진단 & 중점 강화 요소
• 기업 하부 구조 　– 일반관리 및 기획업무 　– 재무 및 회계 관리　– 품질관리 　– 대 정부 관리 –법률문제 관리	
• 인적자원/조직 　– 조직 구조 　– 인사관리(채용,교육,훈련,보상) 　– 노사관계　– 조직문화	
• 기술개발(R&D) 　– 기술개발(제품/공정개선) 　– 기술개발 문서작성 수준 　– 설계(제품/공정설비)　– R&D 투자	
• 마케팅 　– 시장개척, 확대(시장점유율) 　– 경쟁무기 확보(가격경쟁력) 　– 정보/유통/제품/프로모션(광고) 　–영업력/판매조직망	
• 생산, 구매 능력 　– 생산 가동율 / 생산원가 　– 제품라인의 폭/품질 　– 협력업체(외부 하청) 관리	
• 서비스 활동 　– 회사 지원도 　– 대 고객 서비스 　– 서비스의 질(인식도)	
• 물류 활동 　– 원자재/부품 조달력 　– 자재관리　– 유통비용 　– 공장/물류센터 입지	
• 기타 GWP 활동	

다. RAEW 분석

가) 목적

해당 조직을 대상으로 업무활동과 관련된 책임(Responsibility), 권한(Authority), 전문기술(Expertise), 작업 수행(Work)의 현황을 파악하여 개선안을 도출하는 조직 진단/설계 방법으로 이 4가지 요소가 조화롭게 연계되어야 업무가 원활하게 흘러갈 수 있게 된다는 사고에 기초한다.

나) 방법

현재 상태와 향후의 예상되는 추정치를 비교함으로써 개선 가능성을 파악한다. 아래 그림을 보면 RAEW를 적용하여 분석한 탬플릿(Template)을 볼 수 있다. 행으로는 조직 내의 주요 업무를 기술하고, 열 방향으로는 그 업무를 담당하고 있는 직책/부서를 나열한다.

그리고 나서 업무와 직책/부서가 만나는 지점에 대해 "그 업무를 수행하기 위한 RAEW가 어디에 있는가?"의 질문에 대해서 면밀한 인터뷰와 현재의 업무분장 등을 참고해서 체크를 한다. 그렇게 체크를 하다 보면 몇 가지 이슈가 발견될 수 있는데 그 대표적인 것들을 아래 표에서 볼 수 있다. 책임이 아예 없다든지, 여러 가지의 책임이 주어진다든지, 책임은 없는데 권한만 주어진다든지, 전문성이 없는 업무가 이루어지거나 혹은 부조화(mismatch)가 발생한다든지 하는 것이 대표적인 문제점이다.

RAEW 분석을 통해 발견할 수 있는 대표적인 문제점 사례

	No Responsibility
R	Multiple Responsibilities
A	Authority without Responsibility
E	Potential misplaced or untapped expertise
W	Work without expertise / Misplaced

이 문제점을 다시 아래의 차트에 기입해보면 문제가 발생하는 부서가 어디인지, 어떤 업무에서 문제가 발생하는지를 일목요연하게 정리해볼 수 있다. 이 분석을 전체 조직에 걸쳐서 수행을 해보면 조직 상에서 발생하는 이슈가 어떻게 분포되어 있는지 간단히 요약해볼 수도 있고, 이 전체 결과에 따라서 우선적으로 시행해야 하는 중요한 부분이 무엇인지를 가늠해볼 수 있을 것이다. RAEW 분석은 비교적 간단하면서도 강력한 효과가 있는 분석법이다. 업무 프로세스 재설계를 할 필요가 있거나, 조직을 새롭게 재설계해야 하는 상황에서 적용해 보면 도움이 될 것이다.

전체 조직에 대한 RAEW 분석 요약 보고서 사례

| | Activity Category | | | | | | Total | |
| | Sell & Serve Customer | | Market Product | | Manage Inventor | | | |
	#	%	#	%	#	%	#	%
No Responsibility	3	13	5	38	5	36	13	26
Duplicate Responsibility	11	48	5	38	3	21	19	38
Authority without Responsibility	10	43	4	31	10	71	24	48
Work without Expertise	9	39	3	23	4	29	16	32
Misplaced/Untapped Expertise	5	22	5	62	8	57	21	42

출처 : http://andyko.eqloos.com/1658192

(3) 취약점 분석

가. Bench marking

어느 특정 분야에서 우수한 상대를 표적으로 삼아 자기 기업과의 성과 차이를 비교하고, 이를 극복하기 위해 그들의 뛰어난 운영 프로세스를 배우면서 부단히 자기혁신을 추구하는 경영기법이다. 즉 **뛰어난 상대에게서 배울 것을 찾아 배우는 것이다.** 이런 의미에서 벤치마킹은 '적을 알고 나를 알면 백전백승'이라는 손자병법의 말에 비유되기도 한다. 벤치마킹은 원래 토목 분야에서 사용되던 말이었다. 강물 등의 높낮이를 측정하기 위해 설치된 기준점을 벤치마크(benchmark)라고 부르는데, 그것을 세우거나 활용하는 일을 벤치마킹이라고 불렀다. 그 후 컴퓨터 분야에서 각 분야의 성능을 비교하는 용어로 사용되다가 기업 경영에 도입되었다.

벤치마킹의 유형과 발전 단계는 다음과 같다.

1. 벤치마킹의 유형

종 류	벤치마킹 대상	장 점	단 점
내부적 벤치마킹	동일 기업 내 다른 부서, 지역, 사업부문의 활동	• 자료 수집 용이 • 다각화 된 글로벌 우량 기업의 경우 효과가 매우 크게 나타남	• 관점의 제한, 한계성 • 편중되고 협소한 내부 시각에 치우침
경쟁적 벤치마킹	고객을 공유하는 직접적인 경쟁 기업	• 정보 수집의 지속성 • 경영성과 정보 수집 가능 • 비교 가능영역 존재	• 정보수집의 어려움 및 역 정보 오류 • 윤리적 문제 야기 • 적대적 관계 야기
기능적 벤치마킹	제품 및 프로세스 가장 우수한 기업	• 제품 개선 및 획기적인 프로세스 개선 용이	• 벤치마킹 과정에서의 환경차이에 의해 제대로 된 성과 창출 미흡
전략적 벤치마킹	경영전략을 통해 근본적인 혁신을 한 기업	• 근본적인 혁신 가능 • 부문이 아닌 기업의 전반적인 혁신 가능	• 기업 전반에 혁신이 침투되는데 시간이 소요됨

2. 벤치마킹의 발전 단계

제1세대	Product Bench marking	제품 생산에 초점을 두는 것으로 , 분해공작 단계(Reverse Engineering)로부터 시작한다. 벤치마킹 대상 회사의 제품을 분해하여 부품 하나하나를 비교 분석하고 모방한다.
제2세대	Process Bench marking	상품을 만들어 내는 과정을 포함한, 조직의 주요 의사결정 과정을 분석하여 모방하고 개선한다.
제3세대	Best Practice Bench marking	생산은 물론 상대 회사의 경영 전반에 걸친 활동 중 Best Practice를 분석하여 모방하고 개선한다.
제4세대	Strategic Bench marking	변화를 추구하는 몇 개 회사와 연합을 하거나 상호 벤치마킹을 통해서 근본적으로 기업 변신을 추구한다.

벤치마킹을 제대로 활용하기 위해서는 다음의 특징을 잘 이해하여 활용하는 것이 바람직하다.

1. 목표 지향적이다.
    - 벤치마킹은 특정한 주제에 관한 최상의 상대를 목표로 삼아 상대만큼의 성과를 내고자 하는 목표 지향적이다.
2. 지속적인 프로세스이다.
    - 순간적인 유행에 그치거나 단발적인 이벤트적 성격에 그치는 활동이 아니고 장기적이고 지속적인 조직활동과 연계되어 주기적으로 반복 수행되는 연속 사이클(Continuous cycle) 활동이다.
3. 특정한 분야를 포함하여 모든 것이 벤치마킹의 대상이 될 수 있다.
    - 기업활동의 어느 한 부문에만 제한된 것이 아니라 기업 활동의 어떤 분야라도 벤치마킹의 연구 대상이 될 수 있다.
4. 관점의 변화와 학습 과정이다.
    - 그 동안의 내부적인 관점이 아닌 객관적이며 외부적인 관점의 변화가 필요하며 이 모든 과정에서 학습이 일어난다.

5. 비교 분석을 통해 의사 결정을 위한 정보를 제공한다.
- 벤치마킹 결과를 자사와의 비교 분석을 통해 차이점(Gap)을 개선하여 소기의 성과를 달성한다. 또한 이 과정에서 개선을 위한 최종 의사결정을 할 수 있는 정보를 제공한다.
6. 객관적이며 총체적인 시각을 통해 역량을 선택 집중한다.
- 벤치마킹 내용을 분석하고 적용하는 과정에서 객관적이며 총체적인 시각이 필요하다. 그 결과 자사의 이익을 창출할 수 있는 영역을 발견하여 선택 집중함으로써 소기의 성과를 올릴 수 있다.

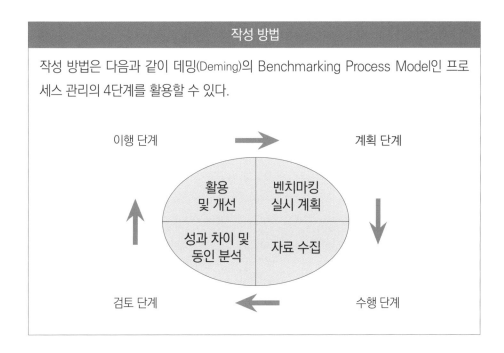

작성 방법

작성 방법은 다음과 같이 데밍(Deming)의 Benchmarking Process Model인 프로세스 관리의 4단계를 활용할 수 있다.

각 단계별 활동은 다음과 같다.

1. 계획 단계
   1) 자사의 핵심 성공 요소(Key Factor for Success), 자사의 전략적 / 핵심 프로세스, 핵심 역량(core competence)을 판단
   2) 벤치마킹 대상 프로세스 결정 및 측정 단위 등 조작적 정의 작성

3) 벤치마킹 대상 회사 선정을 위한 정보 수집

4) 벤치마킹 수행팀 편성

5) 프로세스 흐름 분석 및 성과 측정 단위 설정

2. 자료 수집 단계

1) 자사의 프로세스 정보 수집

2) 벤치마킹이 가능한 대상 회사 리스트 선정

3) 자료 수집 및 문헌 조사

4) 벤치마킹 대상 분석 및 최종 결정

5) 벤치마킹 대상 회사와의 업무 협조 협의

6) 다양한 조사 방법(인터뷰, 설문, 현장 실사, 자료 등) 수행

7) 성과 차이(Gap) 분석

8) 해당 부문 방문 실사 및 검증 실시

3. 분석 단계

1) 성과 차이(Gap)분석을 위한 자료 분석

2) 공통 측정단위를 적용한 객관적 성과 분석

3) 자사의 성과와 벤치마킹 대상 기업과의 성과 비교

4) 차이 분석 및 요인 분석

5) 성과 변화 추세 예측

6) 최상의 프로세스 개발

7) 최상의 프로세스를 이끄는 동인(動因) 추출

8) 자사의 현재 체제에서의 동인 적용 가능성 평가

4. 개선 단계

1) 성과 차이(Gap)를 극복할 수 있는 새로운 목표 설정

2) 최상의 업무 프로세스 수행 방안 및 동인 결정

3) 현재 자사의 체제 및 조직문화에 적합하게 프로세스 동인 변화 개발

4) 개발된 동인을 새로운 프로세스에 접목

5) 개선 업무 실행을 위한 실행계획 수립

벤치마킹의 성공 조건
• 최고경영진의 적극적인 지지와 참여
• 정보 수집 및 조사 기능의 확보
• 분석 및 차이(Gap) 동인 도출 역량 확보
• 새로운 프로세스 동인 발굴 및 실행 역량 확보
• 실행 평가 및 피드백 역량 확보
• 지속적이고 구조적인 적용 역량 확보
• 철저한 학습과 훈련 프로그램 실시

자료 : 〈경영혁신 파워스킬북〉, 김종빈 외, DSRI

나. Issue Tree Analysis (이슈 트리 분석)

가) 목적

복잡한 현안 문제에 대해 객관적이고 논리적인 전개와 완전성 검증을 통한 분할식 접근으로 근본원인을 파악하여 전문적인 해결을 가능하게 한다.

나) 방법

(1) 핵심현안과 그 원인을 정의한다.

(2) 각 레벨(Level)별로 근본원인을 분할하여 확대한다.

(3) 논리적 검증을 위해 MECE(Mutually Exclusive Collectively Exhaustive) 준수 여부를 검증한다.

(4) 도출된 근본원인을 기반으로 가설을 수립하고 대안을 도출한다.

Issue Tree Analysis (작성 양식)

현상/실태	Level 1	Level 2	Level 3	근본 원인
			원인1-1-1	원인1-1-1-1
				원인1-1-1-2
		원인1-1	원인1-1-2	원인1-1-2-1
				원인1-1-2-2
	원인1			
			원인1-1-1	원인1-1-1-1
				원인1-1-1-2
현상/실태		원인1-2	원인1-1-2	원인1-1-2-1
				원인1-1-2-2
			원인1-1-1	원인1-1-1-1
	원인2	원인1-1		원인1-1-1-2
			원인1-1-2	원인1-1-2-1
				원인1-1-2-2

자료 : 〈컨설팅 프랙티스〉, 조민호, 설중웅, 새로운 제안, 217

(4) 시장/고객 분석

가. 3C & FAW 분석

기업 경영에 있어서 가장 중요하게 고려해야 할 요소인 고객, 경쟁사, 자사의 관점과 기업환경에 변화를 일으키는 정치, 경제, 사회 문화 등의 거시적 환경 요인의 관점에서 기업 경영 활동에 영향을 미치는 정황 등을 객관화시켜 기술함으로써 대응 방안을 찾는 분석 방법이다.

기업은 고객에게 최고의 만족과 감동을 제공하기 위해 경쟁사의 동향과 강점, 약점 등을 잘 파악하고 자사의 지속적인 경쟁 우위를 지켜나가고자 끊임없이 노력해야 한다. 이를 위해 고객(Customer), 경쟁사(Competitor), 자사(Company) 등 3가지를 중심으로 현상을 보는 것이 3C 분석이다.

시야를 좀 더 넓혀서 보면 기업 환경에 변화를 일으키는 요소에는 정치, 경제, 사회, 문화 등 거시적 환경 요인들이 있다. 이러한 거시적 환경 요인들을 FAW(Forces At Work)라고 부른다.

작성 가이드

3C 분석 시 각 항목별 평가 요소 및 평가 기준은 다음 표를 참조한다.

3C	평가 요소	평가 기준
고객 (Customer)	시장 규모 시장 성장률	• 해당 세분 시장이 적절한 규모인가? • 성장 가능성이 높은 시장인가? • 각 세분 시장별 잠재 수요는 어느 정도인가?
경쟁사 (Competitor)	현재의 경쟁자 잠재적 경쟁자	• 현재의 경쟁사 대비 차별점과 우위점은? • 새로운 경쟁자 진입 가능성이 높은가?
자사 (Company)	기업 목표, 자원 시너지 효과	• 기업의 목표와 일치하는가? • 인적, 물적, 기술적 자원을 갖추고 있는가? • 기존 브랜드의 마케팅 믹스 요소를 연계하여 　시너지 효과를 가져올 수 있는가?

나. VOC(Voice of Customer) 청취하기

고객의 소리(VOC : Voice of Customer)는 고객의 입장과 관점에서의 중요한 가치와 만족의 요소가 무엇인지를 알기 위해 실시한다. 또한 경쟁사와 비교를 통해 자사의 대 경쟁우위전략을 수립하기 위해서도 필요하다. 이는 시장은 어떻게 변화하고 있고, 고객의 요구는 어떤 것이며 경쟁자들과 비교했을 때 어느 영역에서 비교 열세인지 등에 대해 심층적인 질적 연구 방법 즉 인터뷰, 설문 조사, FGI(Focus Group Interview), 델파이 조사(Delphi Research), 시장 트랜드 분석(Market Trend Analysis, Customer Analysis) 등을 실시한다.

VOC 청취 수집 방법은 다음과 같다.

고객의 소리 정보 소스	고객 조사	Interview
		Focus Group Interview
		Survey
		Monitoring
	고객 접점 수집 자료	Claim
		고객 서비스 담당자
		영업 담당자
	기업 내/외부 데이터 수집	기존 기업 정보
		산업 전문가 (Delphi Techniques)
		Second Data
		경쟁자 자료
	기타	Bench marking
		Market Research
		Field Research

자료: 〈경영혁신 파워스킬북〉, 김종빈 외, DSRI

VOC 청취 프로세스는 다음과 같다.

Step1	핵심고객 선정	• 비즈니스에 대한 고객의 요구에 대한 평가 • 고객 세분화로 핵심 목표 고객 선정

Step2	VOC 청취	• 고객 VOC 청취를 위한 조사방법 결정
		• 고객 요구 사항 청취 실시
		  – 가설적 이슈 및 현상 파악
		  – Monitoring, FGI, Delphi Interview 실시
		  – 고객 접점 요원들을 통한 VOC 청취

Step3	고객의 핵심 요구 사항 파악 ↓ 구조화 ↓ CCR도출	• 고객의 VOC 분석과 이해 • 고객요구를 구조화 하고 그룹핑 – 고객 요구 맵핑, Logic Tree 등을 이용 • 고객의 요구 사항을 만족시키기 위한 특성치 기준(Spec) 설정 • 고객 요구 정보를 고객 핵심 요구 사항(CCR, Critical Customer Requirement)으로 정리 • 고객 핵심 요구 사항의 우선순위 결정
Step 4	CTQ도출 (Critical to Quality)	• 고객 대응 프로세스 도출 • 고객 핵심 요구사항을 구체적인 품질 특성치인 CTQ로 전환
Step 5	실행 & 피드백	• 고객 핵심 요구 사항의 실행 • 기업 내부의 측정지표에 의거 평가 • 지속적인 VOC 평가 및 개선

다. Pareto Chart Analysis (파레토 분석)

1) 목적

이탈리아 경제학자인 빌프레도 파레토(Vilfredo Pareto)에 의해 개발된 분석기법으로 단 시간 내에 대상 집단을 빠르게 이해할 수 있고 다수의 사소한 인자(Trivial Many)에서 소수의 핵심 인자(Vital Few) 또는 핵심 품질 특성(CTQ : Critical to Quality)을 가려낸다. 즉, 소수의 핵심인자인 20%가 다수의 사소한 인자인 80%의 결과에 영향을 준다는 것으로 수익성 높은 구매집단을 파악하기 위해 이용된다.

2) 방법

(1) 분석 목적에 맞도록 대상 집단의 분석기준 도출

(2) 데이터 분류항목의 결정

(3) 기간을 정하여 데이터 수집 및 분류 항목별로 데이터 집계

(4) 그래프의 세로,가로축을 기입해 데이터 눈금 기재

　예를 들어 수익성을 분석하고자 한다면 고객집단 별 연간 수익을, 제품원가를 분석하고자 한다면 원가항목을 기재한다.

(5) 이를 토대로 각 분석 항목의 값과 누적값 등을 도식화하여 그래프에 표시한다.

Pareto Chart Analysis (작성 예)

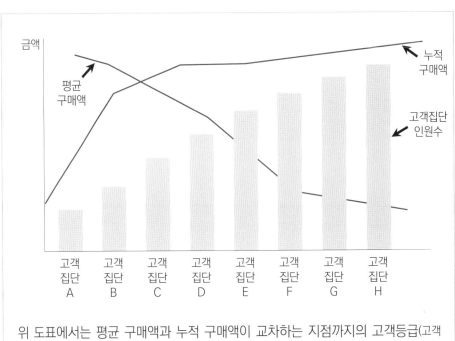

위 도표에서는 평균 구매액과 누적 구매액이 교차하는 지점까지의 고객등급(고객집단 A,B,C)이 가장 기여도가 높은 고객임을 알 수 있다.

자료 : 〈컨설팅 프랙티스〉, 조민호, 설중웅, 새로운 제안, 187

라. STP 전략

1) 목적

마케팅 믹스 전략 수립의 이전 단계로서 시장세분화(Segmentation), 표적시장 설정(Targeting), 포지셔닝(Positioning)을 하는 것으로 이 STP를 바탕으로 하여 제품, 가격,유통,촉진 결정 등의 전술적 마케팅 믹스 전략을 개발하게 된다.

2) 방법(시장 세분화 절차)

(1) 시장의 정의 및 경계 결정

(2) 세분화 할 변수 결정

(3) 세분화하기 위한 데이터 수집 및 분석

(4) 세분화 명세서 개발

(5) 세분화 목표 수립

(6) 세분화 실행(표적 시장 : 지금 집중 공략하여 성과창출이 높은 시장) 전략 수립

시장세분화 방법 및 구성 요소

기술적 개인특성 세분화	• 지리적 /주거 형태 변수
	   – 대도시, 중소도시, 읍,면, 아파트,일반주택
	• 인구통계적 변수
	   – 나이, 성별, 소득, 가족규모, 직업, 교육수준
	• 사회계층,라이프스타일 개선, 종교, 기후 등

편익적 세분화	• 추구하는 편익 • 특정제품(군)의 소비.사용량/ 소비, 사용하는 사람과 상황 • 브랜드 선호도
형태적 세분화	• 기존 고객/신규 고객 여부, 브랜드 로열티, 사회적 지위, 구매력
다차원 세분화	• 다양한 기준을 척도로 하여 시장 세분화 • 연령의 층별화, 군집화, 맛 기준의 합성화, 혼합화 등

3) 시장세분화 전제 조건

(1) 시장이 정의(Define) 되고 측정이 가능(Measurable)한가?

(2) 세분화한 시장의 수익성(Profitability)은 충분한가?

(3) 접근이 가능(Accessible) 한가?

(4) 세분 시장간의 동질성과 이질성이 존재하는가?

(5) 세분화한 시장에서의 고객반응 가능성은 충분한가?

(6) 세분화한 시장의 일정 기간 지속성은 가능한가?

4) 세분 시장 분석 시 고려할 사항

(1) 각 세분시장의 크기, 성장률, 수익성 등 전반적인 매력도 분석

(2) 기업(혹은 사업단위)의 목적 및 자원과 연관지어 평가

STP Strategy

S	Segmentation(시장 세분화) 시장(고객)을 비슷한 속성, 특징 등의 변수를 가진 집단으로 나누는 것
T	Targeting(표적시장) 유사한 특성을 가진 시장들 중 회사가 진입할 시장을 선정하는 것
P	Positioning(시장 위치화) 어떠한 속성, 특성을 강조해서 경쟁사 대비 자사의 위치를 선정하여 고객이 인식하게 하는 것

동질성이 있는 시장의 요구에 맞는 상품과 마케팅 믹스 전략 개발

2) 실행계획 수립 단계

　실행계획 수립 단계에서는 진단 단계에서 분석된 내용을 바탕으로 고객의 문제를 해결하기 위한 구체적이고 실행 가능한 대안을 도출하여 세부적인 실행계획을 수립한다.

　따라서 진단 단계와의 연계성과 연속성이 매우 중요하며 혁신과 창의적 사고에 기초한 접근 자세가 필요하다.

실행계획 수립 단계에서의 컨설팅 기법

전략 수립	• 기업 경영목표의 설정 • SWOT 전략 수립 • 전략적 실행 우선분야 선택 • 시나리오 기반 전략 수립 • 전략적 선택을 위한 레이더 차트 • Balanced Scorecard	아이디어 발상
미래 모델 수립	• 비즈니스 모델 수립 • 프로세스 모델 수립 • 재설계 집중 영역 선정 • 프로세스 모델링 및 문서화 • 조직모델 수립 • 정보기술 모델 수립	대안의 구체화 및 평가
대안 평가	• 원가효익분석 • 비즈니스 사례 분석	
자원계획 수립	• 프로젝트 상세 정의 • Gantt 정의 • 프로젝트 수행 조직 구성	결정된 대안의 권고

자료 : 〈컨설팅 프랙티스〉, 조민호, 설중웅, 새로운 제안, 221

(1) Scenario Technique (시나리오 기법)

가. 목적

미래에 나타날 가능성이 있는 여러 가지 시나리오를 구상해 각각의 전개 과정을 추정하는 기법이다 . 미래의 가상적 상황에 대한 단편적 예측이 아니라 복수의 미래를 예측하고 각각의 시나리오에서 나타날 문제점 등을 예상해 보는 방법이다. 이와 같이 불확실한 시대에 경영환경의 변화에 유연하게 대응하기위한 전략적 선택을 할 때 사용한다.

나. 방법

가) 기업이 처한 경영환경의 내/외생 변수를 정의하고 문제의 범위를 결정한다.

나) 주요 이해관계자의 규명과 기본적인 추세를 규명한다.

다) 핵심이 되는 불확실성의 규정

라) 심리적 한계나 내재적 준거의 한계 극복

마) 가능성에 대한 검증

    - 초기 시나리오 테마의 개념화 및 일관성 검토

    - 학습 시나리오(Learning Scenario)의 복수 개발

바) 시나리오를 기반으로 전략적 기회와 연결

    - 미래를 보는 새로운 시각의 기준 정립(정량화)

    - 의사결정 시나리오(Decision Scenario)로 진화

다. 시나리오 구성의 6 단계

단계 1	단계 2	단계 3	단계 4	단계 5	단계 6
Focus Decision Area	Key Decision Factors	External Focus Drivers	Axes of Uncertainty	Scenarios	Scenario Implications

라. 시나리오 기법의 기대 효과 (Benefit of Scenario Technique)

- 복잡하고 불확실한 현상을 인간의 논리적 추론이 가능한 문제로 구조화시킴
- 극단적인 상황을 예견하고 이것의 인과구조를 인식해봄으로써 다른 상황의 전개에도 논리적 추론 능력이 향상
- 특정한 상황에 대한 고려를 해보았기 때문에 유사한 상황에 대한 대처 역량 강화
- 변화의 인과관계(Dynamics of Change)에 대한 종합적 이해
- 미래 기회 영역 및 위협 요소에 대한 충실한 분석 가능
- 갑작스러운 변화에 대한 대응력 강화
- 전략적 선택 범위의 확장
- 유연하고 탄력적인 전략 대안 가능
- 사업환경의 지속적인 관찰을 위한 기초 자료 제공
- 미래에 대비한 내부 경영학습에 대한 공감대(Consensus)확보

- 불확실성을 근거로 하여 기획의 프로세스를 체계화하고 , 미래 상황에 대처
- 비즈니스에 직면한 기회와 위협의 전체 영역을 인식
- 전략 대안, 자원 배분 그리고 전략의 선택 및 미래사업의 상황을 평가할 수 있는 Test-bad

- 최고경영자의 의사 결정에 절대적으로 필요한 자료 제공
- 조직 책임자 및 스텝(Staff)이 행하는 예측, 기획하는데 필요한 장기적인 정보 및 자료의 제공
- 매니저(Manager)들의 미래 상황과 전략선택에 대한 시야 확대 및 역량 강화

(2) Pugh Matrix (퓨 메트릭스)

1) 개요

미국의 스튜어트 퓨(Stuart Pugh) 교수 등에 의해 개발되었다. 여러 가지 개념 중 가장 나은 개념을 선택하는 데 사용되는 기법으로 디자인 컨셉(Design Concept)을 선정하는 데 유용한 기법이다. 개념의 선택뿐 아니라 선택된 대안이 다른 대안의 많은 장점들을 반영할 수 있도록 도와주며 팀 활동 진행에 따라 개선된 개념들이 재창조 된다는 장점이 있다.

2) 방법

(1) Pugh Matrix 준비

(2) 개념 평가 : 평가 항목별로 기준안(현재 방법)과 각 대안간의 상대 평가 실시

(3) 개념의 우선순위화 : 각 대안의 평가 결과와 중요도를 곱하여 가중 합을 산출한 후, 양수 가중 합과 음수 가중 합을 비교하여 최적 대안 도출

(4) 개념의 결합과 개선

(5) 하나 그 이상의 개념 선택

(6) 최적안이 없을 경우, 각 대안의 장점만을 뽑아 새로운 대안 도출

Pugh matrix 사례(자동차 구입)

2차 Pugh matrix		컨셉 1	컨셉 2	컨셉 3	중요도 가중치
평가	선택 기준				
	Speed of implementation	S	S	−	3
	Cost to implement	S	−	−	2
	Likelihood of meeting revenue goals	S	S	S	5
	Ease of distribution	S	+	+	1
	Match with current competencies	S	+	−	4
	Ability to appeal to new markets	S	+	−	5
1차 평가	Sum of positives	0	3	2	
	Sum of negatives	0	2	5	
	Sum of same	8	3	1	
2차 평가	Weighted sum of positives	0	10	5	
	Weighted sum of negatiives	0	5	17	

자료 : 〈경영혁신 파워스킬북〉, 김종빈 외, DSRI, P 311

(3) 전략적 실행 우선순위 선택

1) 개요
전략의 실행은 기업이 갖고 있는 리소스(Resource,자원)를 중요도와 긴급도를 기준으로 우선순위를 정하여 최적 배분을 하는 것이다. 따라서 전략 실행 성과의 효과를 극대화하기 위하여 자원 투입의 우선순위를 결정한다.

2) 방법
(1) 수립된 다수의 전략을 업무효과와 실현가능성을 기준으로 분석한다.

(2) 업무효과와 실행가능성을 기준으로 구성요소를 도출하고 평가기준을 나열한다.

(3) 구성요소와 구체적인 평가기준을 중요도와 긴급성을 고려하여 MECE (Mutually Exclusive Collectively Exhaustive)의 충족 여부를 점검한다.

(4) 전략적 실행의 우선순위는 기업의 비전과 전략적 방향, 업무효과와 실행가능성 그리고 중요도와 긴급성 등을 고려하여 다음과 같은 '의사결정 그리드'를 활용하여 결정한다.

의사결정 그리드

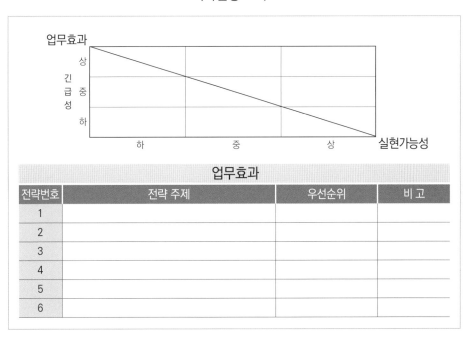

업무효과			
전략번호	전략 주제	우선순위	비 고
1			
2			
3			
4			
5			
6			

(4) Balanced Scorecard

1) 개요

기업의 전략적 목표를 달성하기 위하여 구체화된 성과지표를 설정함으로써 조직의 성과관리의 효과를 강화한다.

2) 방법

(1) 조직의 전략적 목표를 설정한다.

(2) 목표달성을 위한 핵심 성공요인(KFS : Key Factor for Success)을 도출한다.

(3) 각각의 핵심 성공요인의 수행 여부를 평가할 수 있는 성과지표를 개발한다.

(4) 설정된 성과지표에 따라 과거의 실적 데이터를 수집한다.

(5) 성과지표별 미래 목표치를 설정하고 주기별로 성과데이터를 측정하여 평가한다.

Balanced Scorecard 사례

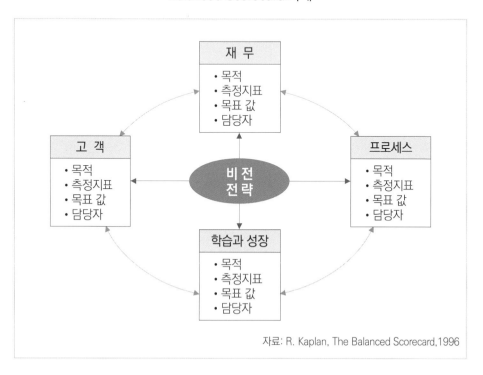

자료: R. Kaplan, The Balanced Scorecard, 1996

(5) Gantt Chart(갠트 챠트)

1) 개요
갠트(H.L. Gantt)가 병기제조의 계획·관리를 목적으로 고안해 낸 도표(圖表)로서 어떤 과업을 단위 활동별로 계획 기간을 막대그림표의 가로로 그리고 작업진행에 따라 그 실적을 표시함으로써 단위 활동별로 추진상황을 육안으로 잘 파악할 수 있도록 해 준다. 이를 통해 요구되는 자원(투입인력, 소요기간 등)을 예측하여 할당한다.

2) 방법
(1) 각 과업단위별 예상 소요기간과 투입인력 규모를 계량화하여 표시한다.
(2) 개별 작업단위별 시작 조건과 종료 기준을 정한다.
(3) 작업단위별 소요 기간과 인력 그리고 산출물 등을 표시한다.
(4) 각 개별 단위의 작업 진행관리는 물론 전체 프로젝트 일정과의 조화를 고려하여 전체 일정에 차질이 없도록 관리한다.

Gantt Chart 사례

Task	Lead-term						Remark
	M1	M2	M3	M4	M5	M6	
Task 1	▨						
Task 2		▨					
Task 3			▨				
Task 4				▨			
Mid-term Evaluation				▲			
Task 5				▨			
Task 6					▨		
Task 7						▨	
The final Evaluation						▲	

3) 실행 및 종결 단계

실행 단계에서는 진단 단계에서 분석된 내용을 바탕으로 고객의 문제를 해결하기 위한 구체적이고 실행 가능한 대안을 도출하여 세부적으로 수립한 실행계획을 실제로 실행하게 된다. 아울러 컨설팅의 최종 과정으로서 컨설팅의 평가, 종료 및 최종보고가 이루어진다. 실행의 결과에 따라 또는 실행하는 전략의 성격에 따라 이후 추가적인 컨설팅이나 자문 계약 등의 지속적인 관계의 여부가 결정이 된다.

실행 및 종결 단계에서의 컨설팅 기법

실행	• 실행 TFT 구성 • 변화 선도를 위한 '불씨'(Change Agent) 조직 구성 및 활동 • 이해 관계자 분석 • 커뮤니케이션 실행 • 자원/인력 배분 • 실행 모니터링
종결	• 실행 결과 평가 보고서 • 철수 및 차후 활동 계약

(1) 실행 TFT 구성 및 활동

실행 TFT(Task Force Team)의 참여 인원은 컨설팅의 시작 단계에서부터 구성한 내부 TFT로 활동한 인원들이 주류를 이루게 된다. 이는 컨설팅의 각 단계(진단 → 분석 → 전략 도출 → 실행 계획 수립)에 직접 참여하여 모든 진행 상황과 실행 계획에 대하여 사전에 충분한 교감이 이루어졌기 때문에 누구보다 더 주인의식을 갖고 책임감 있게 일을 추진할 수 있기 때문이다.

컨설팅에서 도출된 실행계획에는 전사적으로 추진하는 건도 있지만 궁극적으로는 각 부문에서 실질적으로 움직여 주어야 하는 것이 많기 때문에 각 부문장의 추천을 얻어 부문별 간사를 임명하는 것도 좋은 방법이다. 실행 TFT를 구성하는 것에서부터 실질적으로 활동하는 모든 과정에 반드시 최고경영진의 전폭적인 지지와 참여를 이끌어 내는 것도 컨설팅의 성공적인 결과를 얻기 위한 필수적인 조치 중의 하나이다.

실행 협의체(위원회) 구성 및 운영방법(예시)

(2) 변화선도를 위한 '불씨'(Change Agent) 조직 구성 및 활동

컨설팅의 궁극적인 목적 중의 하나는 조직 내부의 인력과 프로세스의 변화로 인해 문제를 해결하고 바람직한 성과를 창출하여 조직의 미래 비전 달성의 기반이 되는 것이다.

따라서 컨설팅의 실행 단계에서 조직의 변화를 선도하는 역할을 할 팀(Change Agent)을 구성하여 활동하는 것도 시기적절한 활동이라 할 수 있다.

이 또한 최고경영자의 전폭적인 관심과 지원이 필요하며 무엇보다 적절한 내부 인원을 선발하는 것이 매우 중요하다. 각 부서별로 추천을 받은 인원 중 직급별, 성(性)비, 그리고 각 인원 별 특성을 고려하여 선발한다. 예를 들어 커뮤니케이션을 잘하는 구성원, 평소 논리적으로 회사의 문제점을 비판하던 구성원, 아이디어가 풍부하고 도전적인 구성원, 리더십이 탁월한 구성원 등을 고르게 선발함으로써 팀 구성의 최적화가 중요하다.

팀 구성의 최적화를 위한 역할 구성 (메러디스 벨빈,Meredith R. Belbin)

Implementer (IM)	실행자 : 실용적 행동이나 구조를 제공
Plant (PL)	창조자 : 창의적인 아이디어 제공,혁신적인 방법으로 난제를 해결
Resource Investigator (RI)	자원탐색자 : 외부에서 자원을 탐색하여 조직에 접목시키는데 탁월
Coordinator (CO)	조정자 : 주로 리더의 역할을 담당하면서 구성원을 통합하며, 구성원들의 특성을 잘 파악하여 각각에 적합한 과업을 배분
Shaper (SH)	추진자 : 조직에 활기를 제공하고 목표에 대해 강한 집념을 보이며 강하고 역동적임
Monitor, Evaluator (ME)	판단자 : 높은 지능과 객관적인 태도를 가지고 팀 내의 상충하는 제안들을 분석하고 판단
Team Builder (TB)	팀 웍 조성자 : 조직의 조화를 중요시하고 구성원들에게 관심 제공, 팀 내 윤활유 역할을 하며 외부에서는 커뮤니케이터로 활약
Completer Finisher (CF)	완결자 : 과업의 완수와 완벽성에 높은 가치를 두고 이를 강하게 추구하는 유형

(3) 이해관계자 분석

가. 개요

컨설팅 결과를 실행하는 데 있어서의 기업 내/외부의 핵심 이해관계자 (Stakeholder)를 찾아내고 그들의 변화에 대한 태도를 분석하여 활용한다.

나. 방법

(1) 컨설팅 실행 프로젝트와 관련된 주요 이해관계자를 찾아낸다.

(2) 매트릭스상에서 변화 영향도와 변화 태도간의 매트릭스를 배치한다.

(3) 분석 결과를 바탕으로 저항을 최소화하고 협조를 유도할 수 있는 방법을 활용한다. 특히 핵심그룹을 대상으로 변화 혁신에 집중하여 주력하는 것이 성과를 단기간에 효과적으로 높일 수 있는 방법이다.

이해 관계자 분석 사례

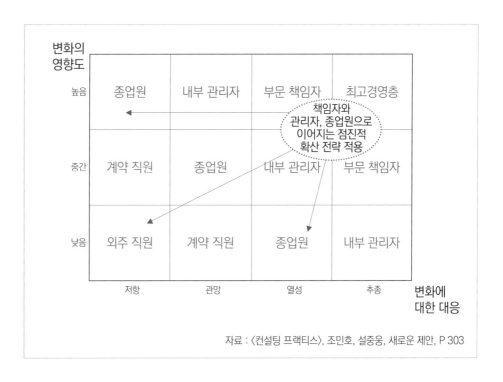

자료 : 〈컨설팅 프랙티스〉, 조민호, 설중웅, 새로운 제안, P 303

(4) 이해관계자와의 커뮤니케이션 실행

가. 개요
기업 내/외부의 핵심 이해관계자(Stakeholder)들과의 시기별, 목적에 맞는 적절한 커뮤니케이션 전략을 수립하여 실행하는 것은 컨설팅의 성공적인 결과를 위해 반드시 필요한 매우 중요한 과정이다.

나. 방법
(1) 대내/외 핵심 이해관계자를 대상으로 선정한다.
(2) 단계별로 적절한 커뮤니케이션 방법을 적용한다.
(3) 각 대상별로 적절한 커뮤니케이션 항목과 방법을 정한다.
(4) 각 단계별로 커뮤니케이션 실시 후 모니터링을 통해 상황에 적합하게 조정한다.

이해 관계자 커뮤니케이션 실행 (양식)

이해 관계자 커뮤니케이션 계획(5W 1H)

목적 Why	대상 Whom	내용 What	시기 When	채널 Where	방법 How	→	커뮤니케이션 목표

대상	단계별 기간 및 커뮤니케이션 내용/방법			
	준비 단계 (~)	시작 단계 (~)	확산 단계 (~)	정착 단계 (~)

(5) 종결 (Termination)

가. 개요

종결 단계는 컨설팅의 완료 단계로 컨설팅의 초기 단계에서 설정한 목표를 달성하여 더 이상 컨설턴트의 도움이 필요로 하지 않는 단계이다. 컨설팅 계약서에 명시된 산출 보고서에 준하여 최종보고서를 작성한다. 이때 계약서에 명시된 보고서에 다음의 내용이 포함될 수 있다.

(1) 컨설팅을 통하여 획득된 이익(단기/중기, 정량/정성적)의 평가보고서

(2) 컨설팅 실시과정에 대한 평가 보고서

(3) 의뢰인에 대한 권고 보고서

(4) 의뢰 고객 내부 보고서

이와 같이 종결 단계는 컨설팅 실행 결과를 평가하여 컨설팅 프로젝트에 대한 완료 결과 보고를 한다. 이 평가 결과에 따라 이후 컨설팅 프로젝트의 지속 여부가 결정이 된다.

나. 방법

(1) 실행 결과에 대한 모니터링 평가 실시

(2) 최종 보고서 작성

(3) 최종 완료 보고 및 승인

(4) 사후 관리

(5) 철수

비 즈 니 스
코칭 에센스

코칭에 대한 기본적 이해

　코칭을 **"인간을 가장 인간답게 다루는 기술"** 이라고 한다. 인간은 어떠할 때 가장 인간 다울까? 다음 아래의 대화는 똑같이 부하가 실적을 내지 못하고 실수를 한 상황하에서 리더가 부하와 나눈 대화의 유형이다.

대화 1
리　더1 : 박 대리. 실적이 이게 뭔가? 박 대리 : 시장 예측을 잘 못한 것 같습니다. 리 더 1 : 자넨 어째서 **매번 똑같은 실수를 반복하나.** 박 대리 : 죄송합니다. 저도 열심히 한다고 했는데… 리　더1 : **이렇게 실적도 부족하고 매번 똑같은 실수만 하는 자네를 믿고 더 이상 　　　　 일을 맡길 수 있겠는가?**

대화 2
리 더 2 : 김 대리 이번 분기 실적이 목표보다 20% 정도 부진하던데, 　　　　　 시장상황이 예상보다 안 좋았던 모양이지? 김 대리 : 네. 시장예측을 잘 못했던 것 같습니다. 리 더 2 : 그렇군, 시장을 좀 더 정확하게 분석하여 영업전략을 수정해 　　　　　 **보면 어떻겠나?** 김 대리 : 예. 저도 그렇게 생각합니다. 리 더 2 : 목표 달성을 위해 그 밖에 더 점검해야 할 것들은 **뭐가 있을까?** 김 대리 : 이번 기회에 영업사원, 대리점 사장님 그리고 현장에서 직접 소비자를 　　　　　 대상으로 신제품 반응을 조사해 보고 전략을 재정립 했으면 합니다. 리 더 2 : **아주 좋은 생각이네. 현장에 해답이 있다고 생각하네.** 　　　　　 **우리 박대리는 분석력과 실천력이 탁월하니 잘 해내리라 믿네.** 　　　　　 자세한 내용이 준비되는 데로 보고해 주게나. 김 대리 : 예. 이번 주까지 보고하겠습니다. 감사합니다.

　박 대리의 경우 자신의 실수에 대한 비난을 듣고 감정적으로 불쾌감에서 벗어나기 어려울 것이다. '내가 왜 그랬을까', '정말 나는 실력이 이것밖에 안 되는 것

일까?'하는 생각에 사로잡히게 된다. 부진한 실적을 만회하기 위한 방법에 대해서 생각도 해 보기 전에 자존감과 용기를 잃어버리게 된다.

그러나 김 대리의 경우 상사와의 대화를 통해 본인이 잘 못한 점에 대해 **스스로 파악**을 함은 물론 목표 달성을 위해 필요한 건설적인 방법에 대해서도 **스스로 발견**함으로써 실천하고자 하는 의지가 나타났음을 알 수 있다. 또한 일정에 대해서도 구체적으로 결정하게 되었다. 아울러, **상사에게서 인정과 믿음을 받음으로 자존감과 자신감이 상승되는 감정을 느낄 수 있었다.**

즉, 상사로부터 인정과 믿음을 받음은 물론 본인이 스스로 주도권을 가지고 문제 파악과 대안을 도출함으로써 구체적인 행동을 할 수 있게 되었다.

따라서, 인간은 남에게서 인정을 받을 때와 스스로 주도권을 가지고 결정을 할 때 비로소 인간다움을 느낄 수 있다.

코칭은 " 인간 그 자체를 존중하고 주도권을 철저하게 고객에게 주고 스스로 장점과 탁월성을 발견할 수 있도록 지원하여 인정함으로써 고객의 자긍심을 높여 최상의 변화와 성장을 이끌어 내는 강력한 협력관계이다."라고 할 수 있다.

코칭의 정의
"코칭은 개인과 조직의 잠재력을 극대화하여 최상의 가치를 실현할 수 있도록 돕는 수평적 관계다" (한국 코치협회) "코칭은 생각하게 하는 창의적인 프로세스 속에서 고객과 함께 하는 협력관계이며 고객이 개인적인 삶과 일에서의 잠재력을 극대화할 수 있도록 고무하는 프로세스이다" (국제 코치연맹) "코칭은 코치와 발전하려고 하는 의지를 가진 개인이 잠재능력을 최대한 계발하고, 발견 프로세스를 통해 목표설정, 전략적인 행동 그리고 매우 뛰어난 결과의 성취를 가능하게 해주는 강력하면서도 협력적인 관계이다" (세계 최대의 글로벌 코치 양성기관 CCU : Corporate Coach University)

따라서 코칭이란 고객이 주도권을 가지고 스스로 답을 찾게 함으로써 성장과 변화를 하게 하는 것이다. 그리고 이와 같이 성장과 변화를 하기 위해서는 누군가의 도움이 필요하다. 바로 그 도움을 주는 지지자가 "코치"인 것이다.

코칭은 상대가 스스로 답을 찾게 한다.

1. 변화나 성장이 일어나기 위해서는 그 사람의 내면의 잠재력과 열정을 일깨워야 한다.
2. 새로운 생각을 하고 새로운 행동을 하여야만 새로운 변화가 이루어진다.
3. 코치란 스스로 문제의 답을 찾도록 자극하고 자신의 꿈과 목표를 향해 지속적으로 실행할 수 있도록 에너지를 공급해주는 사람이다.

성장과 변화를 위해서는 지지자(코치)가 필요하다.

1. 사람들이 변화하기 위해서는 누군가의 도움이 필요하다.
2. 변화를 위해 후원(Support)해 주고 격려(Encourage)해 주고 점검(Accountability)해 줌으로써 지속할 수 있는 에너지를 주는 누군가가 필요한 것이다.
3. 코치가 하는 중요한 일 중 하나가 사람들이 변할 때까지 시간과 에너지를 투자하여 후원해 주고 격려해 주고 점검해 주는 일이다.

코칭이란?	코칭 철학
인간을 가장 인간답게 다루는 기술	인간은 스스로(Wholistic) 답을(Resourceful) 창조(Creative)할 수 있다.

훌륭한 코치란?

모든 사람은 가치 있는 존재이며
위대함에 대한 특별한 재능과 잠재력을 갖고 있다고 믿으며
스스로 답을 찾도록 자극하고 자신의 꿈과 목표를 향해
지속적으로 실행할 수 있도록 에너지를 공급해 주는 코치이다.

코치는 내가 가지고 있음에도 지금껏 한 번도 사용하지 않았던 나의 '능력 버튼'을 보도록 해줍니다. 물론 그는 나의 버튼이 무엇인지 모릅니다.

단지 코칭 질문들을 천천히, 효율적으로 던질 뿐입니다.

나는 그 질문을 따라가며 내 능력의 어두운 부분도 발견하게 됩니다.

여러분께 확실히 말씀드릴 수 있는 것은,

제가 코칭을 경험하면서 감정이 완전히 달라지는 것을 체험했다는 점입니다.

그 동안 내게 문제가 되는 것들 중 한쪽만 빛을 비추었다면,

코치는 내가 다른 편에 서서 새로운 빛으로 볼 수 있도록 해주었습니다.

덕분에 나는 그 문제가 해결됨을 경험했습니다.

코치는 답이나 충고를 주는 사람이 아닙니다.

그들은 "무엇을 해야 한다"고 지시하지 않습니다.

하지만 내가 습관적으로 해왔던 방법에서 나를 빼내줍니다.

코치는 나의 능력을 끄집어내줄 뿐만 아니라, 나의 능력을 스스로 발견할 수 있게 해줍니다.

즉, 코치는 '나만의 탁월성'을 발견하도록 해줍니다.

코치란?

일이나 인생에서 원하는 바를 달성할 수 있도록
헌신적으로 지지하는 누군가가 있다고 생각해 보라.
누군가가 당신 인생의 우선순위와 비전을 이해하고
거기에 **몰입하도록 돕는다**면 어떨지 생각해 보라.
산 정상에서 깃발을 흔들며 어서 올라오라고
격려하는 누군가를 생각해 보라.
실패를 통해 **배움을 얻도록 도와주고**
목표를 이루었을 때
축하해 주는 누군가를 생각해 보라.
기쁠 때나 슬플 때나 당신을 위해
그 자리에 있어 주는 누군가를 생각해 보라.

바로 그 **"누구"**가
관심과 **진정성**으로 당신의 마음을 움직이는
여러분의 "코치 "이다.

코치

2 코칭과 다른 부문과의 비교

코칭을 이해하는 데 있어 유사한 타 부문과의 비교를 하는 것은 도움이 된다. 컨설팅은 기업의 진단과 분석을 통해 대안(Solution)을 제시하는 것이고, 멘토링은 본인의 경험과 노하우를 지도하는 것이며, 티칭은 지식이나 정보를 전달하는 활동이다. 이 세가지 부문의 공통점은 일방적으로 주는 것이라는 점이다. 이에 비해 코칭은 고객이 주도권을 가지고 스스로 해답을 찾고 실천할 수 있도록 이끌어 내는 것이다.

또한 카운셀링은 과거의 상처를 치유하는데 중점을 두지만 코칭은 과거보다는 현재의 문제 해결과 미래의 비전 달성에 초점을 맞추고 있으며, 코칭은 치유하는 것이 아니고 스스로 할 수 있도록 코치가 조력을 하는 것이다.

코칭과 다른 부문과의 비교

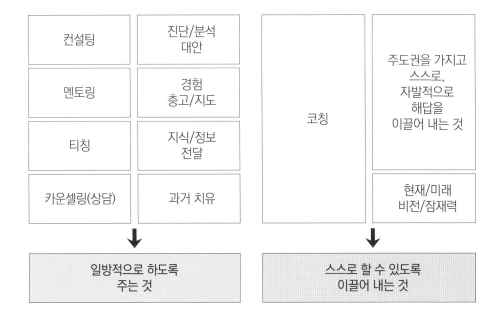

3 비즈니스 코칭이란?

코칭은 다음과 같이 라이프 코칭(Life Coaching)과 비즈니스 코칭(Business Coaching)으로 나눌 수 있으며, 이 책에서는 비즈니스 코칭에 대해 주로 다루게 된다.

Life Coaching	삶에서 일어나는 이슈들, 삶의 균형, 만족감 향상, 인간관계 개선, 개인의 자아발견, 부부관계, 사회적 관계, 육체적 활동, 직장 생활 , 건강 증진과 같은 인생의 의미와 목적 발견 등에 초점을 맞춘 **개인 삶의 모든 부분을** 다루는 코칭.
Business Coaching	비용 지불의 주체가 기업이고, 주로 기업의 리더와 조직의 멤버들을 대상으로 리더십 개발 , 업무 성과 향상 , 조직의 관계 활성화 같은 **비즈니스 이슈들**을 다루는 코칭.

비즈니스 코칭은 코칭의 목적, 대상, 기간 등에 따라 다음과 같이 유형을 분류할 수 있다.

비즈니스 코칭 유형 분류

유형	내용
1:1 경영자 코칭	기업의 경영자들을 대상으로 1:1 로 하는 코칭
그룹 코칭 (팀 코칭)	고객이 1명이 아닌 다수가 참가하는 코칭 (다수가 참가는 하지만 팀원으로 한정하여 진행하는 코칭)
세일즈코칭 (성과 코칭)	세일즈에 종사하는 사람들에게 코칭의 기본 철학과 스킬을 접목하여 세일즈 성과를 창출 하게 하는 코칭
장기(CEO) 코칭	주로 기업의 CEO를 대상으로 최소 1년 이상의 장기적으로 진행 하는 코칭
기타	기간, 대상, 목적에 따라 다양한 분류가 가능.

4 비즈니스 코칭의 필요성 배경

1) "오차장, 키팅 선생 위에 유느님?!"

위 제목은 ≪머니투데이≫ 기사 제목으로 취업 뉴스 사이트 잡드림(www.jobdream.co.kr)이 취업준비생, 직장인 905명을 대상으로 실시한 '직장에서 가장 만나고 싶은 상사 유형' 설문 조사 결과를 나타내는 것이다.

이 조사에서 응답자의 절반 50.28%(455명) 이상이 압도적으로 유재석을 선택했다. 이어 웹툰 "미생"의 오상식차장이 24.31%(220명)으로 2위에, "죽은 시인의 사회" 키팅 선생님이 14.59%(132명)로 3위에 올랐다. 프란치스코 교황(6.41% ,58명)과 스티브 잡스(4.42%, 40명)가 각각 4위와 5위를 차지하였다.

"유재석"을 1위로 뽑은 응답자들은 그의 부드러운 리더십에 표를 던졌다. 한 응답자는 '너무 혼내고 막말하는 상사한테 상처 받은 경험이 있어' 유재석을 뽑았다. 이밖에 무한상사의 유재석 같은 인자하고 포용력 있는 상사라면 직장 생활할 만할 것, "아랫사람 챙기고 윗사람을 위할 줄 아는 유재석이야말로 이 시대의 트랜드인 부드러운 리더" 등의 의견을 보였다.

강함은 남성적인 지도력의 기본이요, 부드러움은 여성적인 지도력의 기본이다. 독일의 문호 괴테가 이르기를 "여성적인 것, 그것이 인류를 구원한다"고 하였다. 옳은 말이다. 권위와 강함을 내용으로 하는 남성적 지도력은 지난 세기의 지도력이다. 그런 지도력이 한계에 이른지는 이미 오래다."땅콩 회항"사건으로 온 국민이 분노하고 있는 것이 그 반증인 것이다. 지금은 부드러움과 포용이 사람들을 움직이는 시대이다. "부드러움과 낮아짐"으로 지도력을 발휘한 대표적인 사례가 마하트마 간디와 이순신의 경우이다. 간디와 이순신은 온유와 겸손의 위대함을 보여 준 사례이다. 최근 로마 교황의 한국방문에서 우리들은 깊은 감명을 받았다. 교황의 "온유와 겸손"의 모습이 수 많은 사람들의 마음을 움직인 강한 리더십의 원천이었던 것이다.

　리더십에 정답은 없다. 그러나 시대가 요구하는 리더십의 정답은 있는 것이다, 이 시대가 요구하는 리더십은 무얼까? 이미 세계적인 500대 기업의 CEO와 핵심 리더들의 약 70%(포춘지)가 상시 코칭 리더십을 적용하고 있으며, 우리나라에서도 본격적으로 "코칭 리더십"을 리더들이 적극 활용하여야 할 시대가 온 것을 위 조사 결과들이 반증해 주고 있는 것이다.

2) 비즈니스 코칭의 필요성 배경

　그 동안 우리는 산업화 시대를 지나면서 성과 창출과 고속 성장을 위해서 획일된 사고의 강요, 인간성의 존중이나 개인적인 삶, 그리고 가족 보다는 회사를 우선시 하는 등의 많은 희생을 요구 당했다. 그리고 그 희생도 어느 정도 사회적으로 용인이 되는 시대를 살아왔다.

　특히, 조직관리에서도 상사의 이론을 바탕으로 상사가 직접 해답을 제시하고, 지시하고 명령하는 일방적인 커뮤니케이션과 부하를 지배하는 수직적인 종속 관계가 주종을 이루었다.

　그러나 현재 시대에는 인권의 강화와 각 개인의 욕구의 다양화에 따라 예전과 같은 일방적인 지시와 질책은 한계에 봉착하게 되었다. 즉 개인 자존감의 저하와 조직분위기의 경직으로 성과 창출도 안 되고 재미도 없는 건조한 조직으로 전락하고 마는 것이다.

　따라서 관리와 통제 중심의 리더십에 한계를 느끼게 되었고 상생과 소통의 새로운 리더십의 필요성이 대두되었다. 바로 상생과 소통의 리더십이 "코칭 리더십"인 것이다. "코칭 리더십"은 부하직원 스스로 해답을 창출하게 하고, 현장 솔류션을 스스로 개발하게 하며, 상사는 부하에게 무한한 신뢰와 후원을 보내주며 상호 책임을 부여해 준다.

또한 수평적 조직 체계로 창조적 자율적 인재를 육성하고, 질문형 의사소통으로 양방향 커뮤니케이션으로 소통을 함으로써 성과 창출은 물론 "신바람 일터"의 기틀을 만든다.

코칭 리더십 대두

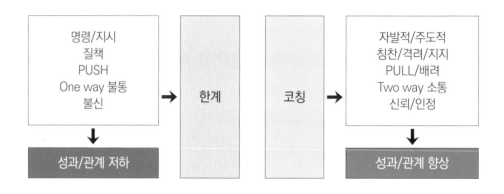

비즈니스 코칭의 효과 및 성공 사례

비즈니스 코칭의 효과로는 리더의 영향력을 강화하고 조직 내 성과 발휘를 가속화하며, 전반적인 직업만족도를 제고하고 이직율을 감소시킨다. 연구조사 (Andrew W. Talkington, Business magazine Chemistry Section)에 따르면 교육만으로도 생산성을 22%를 향상시킬 수 있지만, 교육과 코칭을 함께 활용할 때 생산성이 88%나 제고되었다.

또한 ICF 코칭 리서치 심포지움에서 샤먼(Dr. Sherman Severin)박사는 포춘 100개 기업의 경영자 코칭 적용조사 결과로 비즈니스 코칭의 투자 회수율(ROI : Return on Investment)이 1,825% 가 되었다고 발표를 하였다.

코칭의 효과(생산성 & ROI)

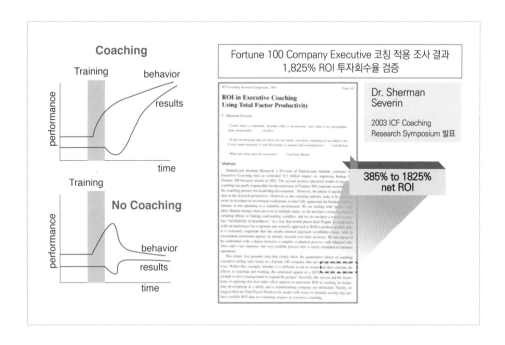

미국에서 경영자 코칭을 제공하는 멘체스터 코칭 펌은 조직에 코칭이 도입되면서 나타나는 성과를 아래와 같이 요약하였다.

회사가 말하는 코칭의 혜택		
1) 생산성(53%)	2) 품질 향상(48%)	3) 조직의 강점 강화(39%)
4) 고객서비스(39%)	5) 고객불평 감소(34%)	6) 인재 보유/유지(32%)
7) 비용 절감(23%)	8) 수익성 증가(22%)	

코칭 받은 직원이 말하는 코칭의 혜택	
1) 직속상관과의 관계 개선(77%)	2) 직속 감독자와의 관계 개선(48%)
3) 팀워크 증진(67%)	4) 동료와의 관계 개선(63%)
5) 직무 만족(61%)	6) 갈등 해소(52%)
7) 조직의 실행 능력 향상(44%)	8) 고객과의 관계 개선(37%)

코칭과 강의훈련 비교

특정한 장소에 일시에 모아 놓고 일방적으로 정보나 지식을 전달하는 기존의 강의 훈련 방식은 "회사가 얼마나 기회를 주는가?"와 "자기개발에 있어서의 실질적인 도움이 되었는가?"의 조사에서 아래 표와 같이 매우 낮게 나온다.

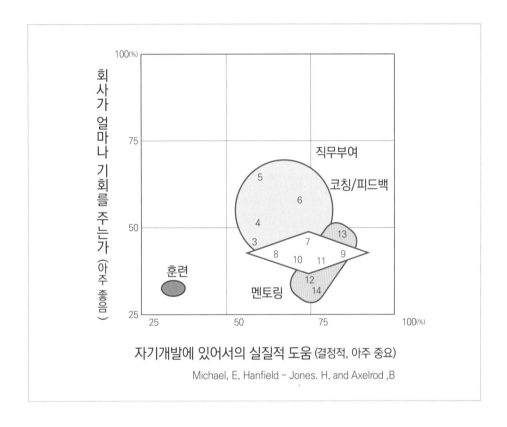

Michael, E, Hanfield – Jones. H, and Axelrod ,B

그러나 코칭의 경우에는 특히 1:1의 경우 회사가 나에게 특별히 기회를 준다고 생각하는 것이 60%정도 되었고, 무엇보다 더 자기개발에 있어 실질적으로 도움이 되었다고 하는 것이 85%로 높은 결과가 나왔다.

따라서, 기업의 핵심 인력의 대상으로는 일시에 한 장소에 모아 놓고 일방적으로 전달하는 훈련 방식을 지양하고 실질적인 도움이 되는 코칭의 비중을 높이는 것이 효과적이라고 할 수 있다.

비즈니스 코칭 성공 사례

나는 CEO가 아니라 코치이다!

코칭 리더란?
"직원들의 창의성과
열정을 살려
생산성을 높이는 사람"

위기	• 6,800억엔 적자 • 관료주의 만연, 패배적 조직 분위기
혁신	• 닛산 리바이벌 플랜(NRP)가동 • 중견 간부 600명 선발 3개월간 1:1 코칭 실시 • 사내 코치 양성 → 잠재력 발휘

도약	• 1년 만에 3조 흑자 • 관료주의 타파, 코칭 리더십 발휘 • 조직 내 신뢰와 소통문화 정착

American Express Financial Services Group

코칭 도입	• 지원자들 대상으로 비즈니스 코칭 프로그램을 1년간 실시 • 격주 1:1 코칭 + 그룹 코칭 실시
주요 이슈	• 고객의 특별한 강점을 발견하고 더욱 강화시켜 업무 성과향상에 기여 • 각각의 전문성과 행동영역을 발견 개발하여 업무성과와 개인이슈 해결 • 조직원들의 스트레스 관리 등 삶의 질 향상을 위한 코칭적 지원

결과	• 25% 매출 상승 효과 • 생산성 효과 400% 향상 • 스트레스 관리로 삶의 질 향상

"부하를 코칭 하지 않으면
임원이 될 자격이 없다"!

"리더의 미래는
코칭 능력과 다른 리더를
성장시키는 능력에
달려있습니다".

- GE 회장 잭 웰치-

6 비즈니스 코칭의 현황과 전망

비즈니스 코칭의 현황

비즈니스 코칭 산업은 세계적으로나 국내적으로 모두 성장과 발전을 거듭해오고 있다. 1994년 ICF가 설립된 이후 현재 120개국에 약 25,000명이 전문 코치로 활동하고 있다. 또 2014년 ICF 조사에 따르면 미국 포춘지 500개 기업 중 73%의 기업이 경영자 코칭을 약 50%의 기업이 CEO 코칭을 받고 있다고 발표를 하였다.

국내의 경우에도 2003년 ㈜한국코치협회가 발족 된 이후 현재 약 1,200명의 코치가 인증을 받고 전문 코치로 활동을 하고 있다.

1990년대 초반에는 주로 라이프 코칭(Life Coaching)에 집중되었다가 IBM, P&G 같은 회사들이 코칭을 도입하면서 리더십 코칭 및 경영자 코칭에 대한 관심이 높아지게 되었다.

2000년대 초 코칭을 도입하기 시작한 한국에서는 대기업을 중심으로 비즈니스 코칭이 활발하게 적용되어 왔고, 최근에는 그룹 코칭이나 코칭 문화 정착의 일환으로 단기 세션이 아닌 1년 ~ 2년의 장기 세션을 진행하는 기업이 늘어나고 있다. 또한 중견기업 및 공공기관에서도 큰 관심을 보이고 있다.

비즈니스 코칭을 실시한 회사 중에는 회사 내에서 코치로 활동하는 사내 코치를 양성하는 회사도 점차 많아지고 있다. 또한 비즈니스 코칭의 가시적인 효과에 대한 관심이 높아지고 있어 효과측정에 대한 자료를 요구하고 있는 추세이다. 아울러 코칭의 이론적인 기반을 구축하기 위한 학문적인 연구와 학위 과정의 개설도 증가되고 있는 추세이다.

비즈니스 코칭의 전망

비즈니스 코칭 산업의 전망은 밝다고 할 수 있다. 이는 앞선 코칭 선진국 들의 사례에서도 보듯이 매년 급속도로 성장하고 있음을 알 수 있다. 비즈니스 코칭이 고위 경영진을 비롯한 리더들의 리더십 역량 개발의 방법으로 각광받는 이유는 자명하다. 일반적인 지식이나 스킬의 전달이 아니라 철저하게 고객의 상황과 성향 및 특성, 니즈에 맞춘 맞춤형 개발 방식이기 때문이다.

기업에 대한 변화의 요구가 요즘보다 더 절실한 적이 없다. 경영 환경은 급변하고 있고 경쟁은 더욱 치열해지고 있다. 기업을 둘러싼 이해관계자의 욕구가 다양해지고 기업의 윤리적.사회적.심리적 변화에 맞춰 기업이 살아 남으려면 근본적인 변화가 필요하다는 사실을 기업은 인식하고 있다.

그렇다면 기업은 무엇을 어떻게 바꿔야 할까? 어떤 변화든 그것은 성과를 극대화할 수 있어야 할 것이다. 동시에 기업의 가장 중요한 자산인 조직원의 잠재력을 일깨워 창조적 열정으로 일할 수 있는 분위기를 조성하여야 한다. 어떤 기업이든 변화하는 환경에서 기업문화를 어떻게 변화시키고 조직원들을 어떤 방법으로 조직에 남다른 기여를 하게 할까 고민하고 있다. 기업환경의 변화가 그것을 요구하고 있기 때문이다. 이것은 기업의 가치관과 목적, 조직구조, 관행 등 조직문화는 물론 리더십 등 관리방식의 근본적인 변화를 의미한다.

과거의 상명하복 관계에서 상호지원과 협력관계로, 사람을 성과달성의 수단이 아닌 상호 존중과 잠재력 개발을 통한 성과향상으로, 기업의 수익 극대화를 넘는 기업의 영적 가치와 사회적 책임 수행 등이 새롭게 부상하고 있는 기업들의 공통점이다.

이와 같이 비즈니스 코칭은 기업이 변해야 할 이유와 목적인 **성과 향상과 인재 육성을 동시에 달성할 수 있는 가장 효과적인 철학이자 실질적인 기술이기 때문에** 미래 전망을 밝다고 하겠다. 아울러 이러한 미래 전망에 맞추어 전문 비즈니스 코치들도 기업들의 요구에 걸맞는 역량을 개발하는 노력을 경주하여야 한다.

7 직업으로서의 비즈니스 코치

　한국 통계청의 직업 분류상에 코치는 라이프 코치와 비즈니스 코치로 구분되어 있다. 비즈니스 코칭을 정식 직업으로 하는 프로 코치의 정의와 수익 구조는 다음과 같다.

전문코치 (Professional Coach)

코칭을 직업으로 하며 직업윤리를 바탕으로 고객에게 전문적인 코칭 서비스를 제공하는 사람으로서 사람들의 성과와 삶의 질을 향상시킬 수 있도록 돕는다.

전문코치는 1980년대에 미국에서 코칭을 일으킨 현대 전문 코치의 아버지 "토마스 레너드(Thomas J. Leonard, 1955 ~ 2003)"로부터 비롯되었다. 세계최대의 코칭 회사인 "코치빌(CoachVille)"과 ICF(국제코치연맹), IAC(국제코치협회)의 설립자이기도 하다. 1994년 ICF 국제코치연맹이 설립되면서 전문 코치가 직업으로서의 영역과 위상이 보다 확고해졌다.

보람과 고 수익의 미래 유망 직업
비즈니스 코치

기업의 핵심 리더들의 성장과 변화를 유도하여
궁극적으로 조직의 "성과 창출"과 "기업 문화"를 위해 조력하는 전문가.

프로 비즈니스 코치의 수익 구조

구 분	내 용	금액(개인별 차이)
코칭 수행	• 단기(6개월 이내)세션 + 장기(1년 이상)세션	시간 당 50 ~ 200만원
강연	• 코치 대상 및 기업 리더 대상 강의	시간 당 20 ~ 100만원
저술 활동	• 에세이 + 전문 매뉴얼	인세 + 영업에 활용
CCPI프로젝트	• 중소기업 대상 코칭 + 컨설팅 프로젝트	프로젝트 당 3,000만 ~
기타	• 개인 역량에 따라 회사 고문, 라이프 코칭 등	고문(년간 계약)

직업으로서의 비즈니스 코치가 되면 좋은 점

1. 고객의 변화와 성장에 기여함으로써 보람을 많이 느낄 수 있는 직업이다. 특히, 비즈니스 코칭은 조직의 리더가 변화되어 조직 전체가 변화와 성장하는 영향력을 발휘할 수 있어 더욱 보람이 있다.
2. 100세 시대에 은퇴 이후의 "제 2의 직업"으로도 유망한 직업이다.
   1) 경영자들의 연령대가 높아지고 있어 은퇴 이후에도 지속적 활동이 가능하다.
   2) 경영자들이 코치를 선정할 때 자기와 비슷하거나 높은 연령대의 코치를 선호한다.
3. 그간 조직에서 축적해 왔던 경험과 노우하우를 은퇴 이후에도 계속 활용할 수 있다.
4. 비즈니스 코칭 시장이 다양화 되고 있고 성장세에 있기 때문에 본인의 노력에 따라 특정 상품개발을 통한 고 수익을 올릴 수 있다.
5. 향후 스마트 시대의 멀티플레이어인 애그리게이터(Aggregator:여러 회사에서 동시에 일할 수 있는 능력자)로서 적합하다.
6. 코칭을 제대로 하기 위해서는 먼저 코치 스스로의 성찰과 노력이 있어야 한다. 따라서 코치 스스로의 성장과 변화가 따른다.
7. 코칭이 갖고 있는 속성으로 코치 스스로도 주변과의 관계가 개선된다.
8. 제대로 된 코칭을 위해서 끊임없이 공부하고 노력하는 과정을 통해 자기 개발에 도움이 된다.

직업으로서의 비즈니스 코치가 되기 위한 사전 질문

비즈니스 코칭은 **자신의 유익보다 먼저 고객의 성장과 변화를 대 전제로 하는 활동이다.**

따라서, 비즈니스 코치가 되고자 하는 사람은 바로 고객의 성장과 변화를 진정으로 원하는 진정성과 이를 위해 헌신하는 직업 윤리가 있어야 하며, 고객이 변화와 성장하는 결과에 대해 코치로서 보람을 갖는 것에 의미와 가치를 두어야 한다. 다음 질문에 스스로 답을 한 후 직업으로서의 비즈니스 코치에 도전하는 것이 바람직하다 하겠다.

나는 왜 비즈니스 코치가 되고 싶은가?

비즈니스 코치가 되는 것은 나에게 어떤 의미가 있는가?

8 비즈니스 코치가 되는 방법

현재, 프로 비즈니스 코치로 활동하고 있는 분들을 보면 학력, 경력이나 배경이 매우 다양하다. 기업의 CEO부터 임원과 매니저와 같이 기업 현장에서 리더로 활동하셨던 분들, 기업의 컨설턴트나 산업강사로 기업에 전문성을 제공하시던 분들, 대학교수나 공직에서 일하셨던 분들을 포함하여 심지어는 주부로서 수 십년을 살아오신 분들까지 실로 다양하다. 이와 같이 많은 분들이 인생의 후반부를 다른 사람의 변화와 성장을 돕는 일에 의미를 가지고 비즈니스 코치로 헌신하는 길을 택하였다.

여기에 비즈니스 코치를 미래 직업으로 정하여 준비하고 있는 많은 직장인들을 포함한다면 많은 사람들이 프로 비즈니스 코치가 되기 위해 노력을 하고 있다고 볼 수 있다.

그러면 비즈니스 코치가 되는 방법은 무얼까? 물론 코치에 대한 인증제도가 있어 객관적인 자격을 취득하는 것이 우선이다.

그러나 코치는 자기의 이익 보다는 상대방의 성장과 유익을 전제로 하는 프로그램이기 때문에 코치로서의 윤리나 직업 정신 그리고 끊임없는 자기성찰과 개발을 하는 노력이 무엇보다 선행되어야 한다. 그리고 나서 비즈니스 코치로서 갖추어야 할 역량을 쌓아야 한다. 역량을 쌓는 방법은 일정 교육을 받는 방법도 있지만 더욱 더 확실한 방법은 비즈니스 코칭 실전 경험과 코치로서의 상호 피드백 등이다.

이러한 대 전제하에 객관적으로 코치로 인증을 받아야 한다. 인증코치 자격을 취득하기 위해서는 일정 시간 이상의 코칭 교육을 받고 코칭 실습을 거친 후 정해진 양식의 서류 제출과 시험을 치러야 한다. 인증을 받는 방법은 국내에서 받는 방법과 국제 코칭기관을 통해 받는 방법이 있다.

(1) 국내 코치 인증

㈜한국코치협회에서는 아래와 같이 3종의 국내 코치 인증제도를 운영하고 있다.

- KAC (Korea Associate Coach)
- KPC (Korea Professional Coach)
- KSC (Korea Supervisor Coach)

ACPK (Accredited Coaching Program in Korea) 지원

인증 자격	KAC	KPC	KSC
지원서		별도 양식	별도 양식
교육시간	20시간	40시간	100시간
코칭 시간	50시간	100시간	500시간
멘토코칭받기	–	2개월 이상 6시간	3개월 이상 10시간
고객추천서	2인 각1통(총2통)	2인 각1통(총2통)	
코치 추천서	KAC 이상 2인	KPC 이상 2인	KSC 이상 2인
필기 시험	실시	실시	에세이 제출
실기 시험	–	실시	–
인증심사비	20만원	30만원	40만원
자격유지기간	3년(1회 연장)	5년(1회 연장)	5년(1회 연장)
의무 사항	• 인증 후 인증 자격별 보수교육 및 협회교육 참가 • 인증자격 유지를 위해서는 협회 정회원 이상의 자격을 유지해야 함		

코치 인증 시험 프로세스

(2) 국제 코칭 인증 비즈니스 코치가 되는 방법

국제 코칭 인증은 국제코칭연맹 (ICF : International Coach Federation)에서 다음 3 종의 국제코치 자격증을 인증해 주고 있다.

> • ACC (Associate Certified Coach)
> • PCC (Professional Certified Coach)
> • MCC (Master Certified Coach)

자격증 종류	교육이수 (ACTP)	코칭 시간 (유료 + 무료)	기타 조건
ACC	60시간	100시간 (무료 25시간)	• 온라인 시험 • 코치 추천서 • 멘토 코칭 • 코칭 성공 사례 제시
PCC	125시간	750시간 (무료 75시간)	
MCC	200시간	2,500시간 (무료 250시간)	

1 비즈니스 코치가 갖추어야 할 자세와 역량

ICF(International Coach Federation)에서 제시한 11가지 코칭 역량과 IAC(International Association of Coaching)에서 제시한 15가지 코칭 역량이 전문코치의 역량을 나타내는 대표적인 기준이다.

ICF 11가지 코칭 역량	IAC 15가지 코칭 역량
1. 윤리 지침과 직업 기준 충족 2. 코칭 관계에 합의하기 3. 고객과의 신뢰와 친밀감 조성 4. 코치로서의 존재감 5. 적극적으로 경청하기 6. 효과적인 질문하기 7. 직접적인 커뮤니케이션 8. 의식 확대하기 9. 행동 계획 설계하기 10. 계획 수립과 목표 설정 11. 진행 상황과 책임 관리	1. 열정 불러일으키기 2. 탁월함 도출하기 3. 중요한 것 식별하기 4. 고객을 즐기기 5. 후원 환경 조성하기 6. 고객을 노출시키기 7. 노력을 최대로 확장하기 8. 포착된 직관을 나누기 9. 완전함을 인식하기 10. 호기심을 가지고 항해하기 11. 고객 챔피언 만들기 12. 진리 즐기기 13. 새 영역으로 들어가기 14. 깨끗한 대화하기 15. 인간애 존중하기

효과적인 코칭을 위한 핵심역량 모델 (Bono,2009)	1. 진단 및 계획 능력 : 질문, 경청, 커뮤니케이션스킬, 평가, 분석 및 계획 2. 중재 및 문제해결 능력 : 융통성 있는 도구사용, 동기 부여, 관계 형성, 　　　　　　　　　　　　상담 스킬, 피드백, 상호 책임 3. 지식 : 비즈니스 지식, 인간행동지식, 참여자 배경 지식 4. 개인 특성 : 자기 이해, 정직성, 잘 개발된 성품, 일과 삶의 경험, 　　　　　　　지속적 학습, 자기관리, 고객지향
중간관리자 코칭역량 모델 (Hahnetal,2012)	1. 코칭 마인드 : 신뢰, 헌신, 열정, 코칭 신뢰, 자기혁신, 존중 2. 신뢰관계 구축 : 전문성, 자기통제, 진정성, 학습,통합성, 배려 3. 효과적인 코칭 : 질문, 경청, 피드백, 깨달음, 민감함, 통찰력, 명확성 　　　　　　　　코칭 프로세스 이해 4. 성과관리 및 강화 : 목표 도출, 행동계획 설계, 상호 책임, 변화수용, 자원 통합

비즈니스 코치가 갖추어야 할 자세와 역량

비즈니스 코치의 **자질**	지식과 다양한 경험
	인증된 기관의 자격증
	고객 잠재력에 대한 믿음과 끌어내는 능력 (격려/지지/칭찬)
	영감을 불어넣는 능력

| 비즈니스 코치의 **성품** | 윤리성
따뜻함
온화함
포용력
이해력 |

비즈니스 코치의 **스킬**	경청과 질문 명확한 피드백 기술
	컨설팅, 티칭, 상담 기술
	감정과 의식을 다루는 기술
	라포 형성과 서포트 기술

| 비즈니스 코치의 **진정성** | 고객의 변화와 성장을 진정으로 바라는 간절한 마음 |

고객들이 코치들에게 바라는 역할 (ICF 여론조사 결과 / 복수 응답)

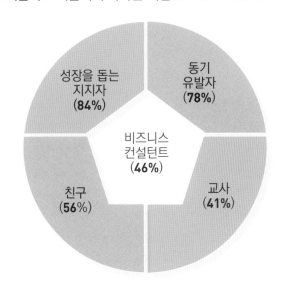

위와 같이 코칭 전문 기관과 학자, 전문 코치들이 제시한 역량과 고객들이 원하는 전문코치의 역할 등에 대해서 살펴 보았다. 그러나 좋은 코치는 한마디로 정의하기 어렵다. 코치로서 갖추어야 할 모든 조건을 갖추었다고 해도 해당 고객에게 꼭 맞지 않을 수도 있다. 따라서, 탁월한 코치가 되기 위해서는 코치로서 갖추어야 할 기본 요건은 갖추되 실제 코칭 실전을 통해 나온 결과를 끊임없이 성찰하고 다른 전문 코치들과의 상호 피드백을 통해 코치 스스로의 성장과 변화 노력을 끊임없이 해야 한다.

아울러, 정말 고객이 잘 되었으면 하는 간절한 마음 자세가 그 어떤 코칭 역량보다 더 강하다는 것은 아무리 강조해도 지나치지 않다고 할 수 있다.

2 비즈니스 코치가 갖추어야 할 역량 "경청"

1) 세계에서 가장 유명한 앵커 두 명의 공통점은?

20세기 가장 탁월한 앵커(Anchor) 두 명을 꼽으라면 단연 래리 킹(Larry King,1933~ 앵커, 베스트 셀러 '대화의 법칙"How to Talk to Anyone, Anytime, Anywhere의 저자)과 오프라 윈프리(Oprah Winfrey,1954 ~ , 방송인, 영향력 1위, 존경 받는 부자 1위 선정)가 뽑힌다. 두 앵커의 방송 프로그램이 장수하면서 대단한 영향력을 발휘했던 사실이 그 증거이다.

그러면 두 사람의 공통점은 무엇이었을까? 그것은 바로 방송 프로그램 **80%의 시간을 듣는데 할애** 한다는 점이다.

커뮤니케이션의 달인이라고 불리는 CNN의 명 사회자 래리킹의 "나의 대화의 첫 번째 규칙은 상대방의 말을 잘 들어주는 것이다"라는 그의 고백 속에 그 비결이 숨어 있다. 솔직하고 깊이 있게 상대의 마음과 입을 열도록 하는 것은 **자신의 듣는 태도**에 달려 있기 때문이라는 것이다.

위 두 사람의 방송인뿐만 아니라 세상의 각 분야에서 성공하여 영향력을 발휘하는 탁월한 리더들의 대화법은 평범한 사람들과는 무언가 다르다. 가장 큰 차이는 충분히 상대의 말을 경청하고 난 후 자기의 의사를 전달하는 것이다, 이와 같이 성공적인 소통의 핵심 중의 핵심은 **"경청(傾聽, Listening)"**이다.

코칭에서의 경청은 질문하기와 더불어 가장 중요한 커뮤니케이션 방법이다. 듣기는 상대방을 이해하기 위한 가장 기본적이고 중요한 방법이다. 또한 사람들은 누구나 자신에게 다가와 자신의 눈을 마주 봐주고 자신의 말에 귀 기울여주는 사람에게 호감을 갖고 신뢰감을 형성하게 된다. 따라서 코칭에서의 듣기는 신뢰감의 구축, 라포의 형성을 비롯하여 코칭의 전 과정에 큰 영향을 미친다. 따라서 비즈니스 코치가 반드시 갖추어야 할 아주 중요한 코칭 역량 중의 하나이다. 그러나 우리는 그저 귀로 잘 듣기만 하면 경청을 잘 하는 것으로 착각할 수 있다. 이건희회장의 "말을 배우는데 3년, 경청을 배우는데 60년이 걸렸다"라는 고백처럼 **제대로 된 경청은 충분한 훈련과 시행착오를 통한 체험을 통해 완성되어가는 것이다.**

2) 최고의 코치는 듣고, 듣고, 또 듣는다.

정신분석학의 창시자이며 의사인 프로이드(Sigmund Schlomo Freud 1856~1939)는 경청의 스승으로도 매우 유명하다. 그의 진료를 받고 나오는 환자들은 한결같이 "프로이드가 내 말을 듣는 모습이 너무 인상적이라 도저히 잊혀지지 않는다"는 고백을 했다고 한다.

즉, 환자를 대하는 다정한 얼굴, 온화한 눈빛으로 경청을 하며 간간히 아주 친절하게 저음의 목소리로 공감을 해주어 정신적인 환대를 느꼈다는 것이다.

> 어떤 칭찬에도 동요하지 않는 사람도
> 자신의 이야기에 마음을 빼앗기고 있는 상대에게는 마음이 흔들린다.

경청의 스승들 (말하기 보다는 귀를 기울여라!)

"일어나서 의견을 말하기 위해서는 용기가 필요하다.
하지만 앉아서 상대방의 말을 듣기 위해서도 더 큰 용기가 필요하다."

"무언가를 논할 때면, 나는 삼분의 일 정도 되는 시간을
내가 말하는 것과 나 자신에 대해 생각하는데 쓰고
나머지 삼분의 이는 상대방과 그가 하는 말을 듣고 생각하는데 쓴다."

"저는 누구를 만나든, 어떤 모임을 가든, 다른 사람들의 이야기를 먼저 충분히 듣습니다. 그 이야기 속에서 공통부분을 발견하여 거기에 내 의견을 종합하여 이야기 합니다. 그러면 모인 사람들 다수가 제 의견에 동조하게 되고, 자연스럽게 저는 그 모임의 중심인물이 됩니다. 오늘의 제 성공은 경청을 통해 남의 마음을 헤아린 후 말을 한 결과 입니다."

"저는 말을 배우는데 3년 걸렸지만
경청을 배우는 데는 60년이 걸렸습니다."

"최고의 코치는
모름지기 듣고, 듣고, 또 듣는다."

3) "제발 들어만 주세요"

　　지금 우리는 남의 이야기에 귀를 기울이기 보다는 자기 이야기를 하기에 온통 빠져있는 시대에 살고 있다. 조직에서 리더와 부하직원, 가정에서 부부와 자녀간의 대화를 떠 올려 보면 대부분 아래의 사례처럼 "제발 들어만 주세요"라는 그들의 외침에 대해, 자기중심적 사고와 태도로 무의식적으로 무시하는 경우가 거의 대부분이다. 그러나 현대를 살아가는 모든 사람들은 오늘도 "제발 들어만 주세요"라며 안타깝게 외치고 있다.

　　오죽하면 심리치료의 90%가 들어만 주어도 치유된다고 하지 않는가.

이야기를 들어 달라고 하면
당신은 충고를 하지.
나는 그런 부탁을 한 적이 없어.
이야기를 들어 달라고 하면
그런 식으로 생각하면 안 된다고 당신은 말하지.
당신은 내 마음을 짓뭉개지.
이야기를 들어 달라고 하면
나 대신 문제를 해결해주려고 하지.
내가 원하는 것은 이런 것이 아니야.

들어주세요.
내가 원하는 것은 이것뿐.
아무 말 하지 않아도 돼.
아무것도 해주지 않아도 좋아.
그저 내 애기만 들어주면 돼 (90% 치유)

말을 너무 많이 한다는 비난은 있지만
"너무 많이 듣는다"는 비난은 들어본 적이 없을 것이다.

- 성 아우구스티누스 -

또한 잘 듣기 위해서는 인내심, 이해력, 자비로움, 개방성, 사려 깊음, 집중력, 이타심, 공감력, 균형 감각 등이 월등해지므로 잘 들어주는 경청 능력은 코칭 리더로서 뿐만 아니라 **이 세상을 살아가는데 있어 풍요로운 삶을 살 수 있는 중요한 지혜(智慧) 중의 지혜**라고 할 수 있다.

4) 잘 들어야 하는 이유

일반적으로 대화에서는 말하는 사람이 주도권을 쥐고 있는 것으로 생각하는 경우가 많다.

하지만 말하는 사람이 아무리 번지르르한 말을 한다 하더라도 듣는 사람이 귀를 막고 있으면 그 말은 아무 소용이 없다. 이와 같이 듣는 사람이 아무런 반응이 없으면 말하는 사람은 "내 이야기가 흥미가 없나?", "내가 뭔가 잘못된 이야기를 하고 있나?", "저 사람이 나를 싫어하는 걸까?", "저 사람이 지금 나를 무시하고 있는 건가?", 내가 이 이야기를 계속하면 저 사람이 나를 더욱 더 무시하겠지?" 등의 온갖 생각에 사로 잡히게 된다. 이는 결국 대화를 중단하게 되는 결정적인 원인이 된다.

이처럼 상대방으로부터 말을 끄집어내는 것은 듣는 사람의 역할이며, 이것이 코치의 중요한 역할인 잘 듣는 방법 곧 "경청"인 것이다.

> 아무리 뛰어난 웅변가라도
> 차라리 야유를 보내는 군중들 앞에서는 연설할 수 있어도
> 아무런 반응이 없는 군중들 앞에서는 주눅이 든다.

(1) 7% 와 93%

우리는 대화를 할 때 말이 차지하는 비중은 겨우 7% 밖에 차지하지 않는다고 한다. 예를 들어 지하철에서 누가 나의 발을 밟고 나서 말은 "미안하다"라고 하지만 미안하다고 하는 태도나 느낌이 진정성이 없고 불량스럽다고 하면 오히려 기분이 나빠질 것이다. 이와 같이 대화를 하는 데 있어서의 말이 아닌 신체언어와 목소리 등이 더욱 더 영향이 큰 93%의 역할을 한다. 따라서 이제는 "무엇을 말하느냐(What to say)"에서 "어떻게 말하느냐(How to say)"가 중요하다.

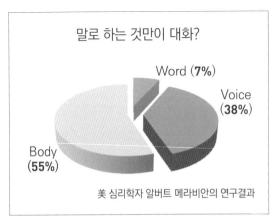

말로 하는 것만이 대화?	신체 언어
Word (**7%**) / Voice (**38%**) / Body (**55%**) / 美 심리학자 알버트 메라비안의 연구결과	얼굴표정,시선,몸짓,손짓,태도 시각적 요소 (복장,헤어스타일,액세서리 등) 청각/후각을 자극하는 신체언어

(2) 듣기의 단계

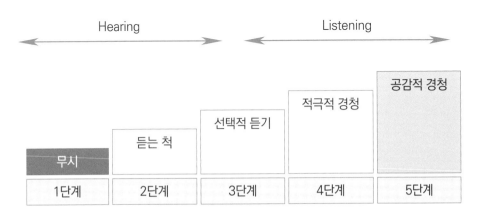

Hearing — Listening

무시	듣는 척	선택적 듣기	적극적 경청	공감적 경청
1단계	2단계	3단계	4단계	5단계

듣기에도 단계가 있다. 옆의 그림처럼 첫 번째 단계는 상대방의 말을 "무시"해 버리는 것이다. 즉 상대방이야 뭐라고 하든 전혀 들으려고 노력하지 않는 것을 말한다.

두 번째 단계는 "듣는 척"하는 것이다. 겉으로는 듣고 있는 듯한 자세를 보이지만, 머리 속으로는 딴 생각을 하고 있는 상태다.

세 번째 단계는 "선택적 듣기"로 상대방이 하는 말 중 자신이 흥미있는 부문에만 귀를 기울이는 것을 말한다.

네 번째 단계는 "적극적인 경청"이다. 상대방의 말에 관심을 갖고 주목하여 듣는 것을 의미한다. 일반적으로 좋은 듣기라고 하면 이러한 적극적 경청 단계를 말한다.

하지만 코칭에서의 듣기는 마지막 단계인 "공감적 경청"으로 이어져야 한다. 이 단계에서의 듣기는 상대방을 이해하려는 의도를 가지고 듣는 것이다. 이러한 "공감적 경청"은 상대방의 머리와 가슴속에서 일어나고 있는 본질적인 내용에 귀를 기울이는 것이기 때문에 코칭하는 데 있어 강력한 힘을 가진다.

살짝 윙크하거나, 부드럽게 손을 잡거나,
등을 가볍게 두드려 주는 것만으로도
엄청난 메시지가 전달된다.
"안녕하세요" 말 한마디도 가볍게 듣지 말고
귀 기울여 보라!
상대방이 말하고자 하는
의도와 감정을 파악하고 공감하면서

상대방이 하는 말끝에 퀴즈의 해답이 있다고 상상하라!

5) 히어링과 리스닝

우리 말에는 듣기라는 말이 하나지만, 영어에서는 이를 히어링(Hearing)과 리스닝(Listening)으로 명확하게 구분 되어 있다. 히어링이란 문자 그대로 귀를 통해 소리를 인지하는 것이다. 그러나 이것은 단지 신체적 행동일 뿐이다.

리스닝은 단순히 소리를 인지하는 것 뿐만 아니라 상대방의 말을 온전히 이해를 하는 것이다. 이렇게 집중하여 제대로 듣는다면, 상대방의 말이 끝났을 때 약간의 피로감마저 느끼게 된다. 결국, 제대로 듣기란 수동적이라기 보다는 보다 적극적이고 능동적인 행동인 것이다. 이와 같이 효과적으로 상대방의 말을 듣기 위해 필요한 것은 나 자신에게 집중되는 마음을 접고 온전히 상대방에게 집중하는 것이다. 따라서 경청은 바로 이 리스닝을 의미하는 것이다.

Hearing 가만 있어도 들리는 것	→	Listening 말을 들으며 의도, 감정, 깊이 등을 새겨 들음
히어링 하는 사람들의 특징 1. 잘 듣는 척 한다. 2. 자기가 말할 차례만 초조하게 기다린다. 3. 머릿속은 다른 생각으로 가득 차 있다.		**리스닝 하는 사람들의 특징** 1. 상대방을 있는 그대로의 존재 자체를 인정하고 존중한다. 2. 상대가 무슨 말을 하든 액면 그대로 담백하게 받아 들인다. 3. 상대가 말로 그리는 그림 속으로 빠져든다. 4. 상대가 말 하려는 요점을 정확히 파악한다.

리스닝을 하지 않으면
대화는 있으나 소통은 없다!

6) "경청"이란?

경청(傾聽)의 한자에 그 뜻과 의미가 담겨 있다. 이를 잘 숙지하면 실전에서 경청을 하는데 하나의 행동 지침이 될 것이다.

경청의 한자의 뜻

傾 聽

- 다가 갈 경(傾)
- 들을 청(聽)
  - 귀 이(耳) + 왕(王) → 왕이 백성을 사랑하는 넓은 마음으로 자비롭게 들어라.
    → 왕의 앞에서 들을 때처럼 집중해서 들어라.
  - 열 십(十) + 눈 목(目) → 열 개의 눈으로 관찰하면서 들어라.
  - 한 일(一) + 마음 심(心) → 온전히 한 마음처럼 몰입하여 들어라.

말하는 상대방에게 **다가가서**
왕 앞에서처럼 **집중하여 듣고**, 왕의 마음으로 **자비롭게 듣고**
열 개의 눈으로 상대방의 신체적 언어와 감정, 의도를 **관찰하면서**
상대방과 온전히 **한 마음처럼 몰입하면서 듣는 것.**

3-2-1 대화의 법칙

3분간 상대방의 말을 "경청"하고
2분간 "맞장구" 쳐 주고
1분간 나의 말을 한다.

– 美 포춘(Foetune)지 "대인관계의 성공 비법" –

7) 경청이 잘 안 되는 이유

"경청'의 중요성을 깨닫고 잘 하고 싶은 데 잘 안되는 이유는 무엇일까? 많은 리더들이 경청이 안 되는 이유로 인정하는 '자기 중심적'으로 듣는 태도가 그 원인이다.

자기중심적으로만 상황을 보고 듣는 것은 다른 사람들과의 관계를 해치고 잘못된 의사 결정을 내리게 만드는 위험성이 있다.

자기 중심적으로만 듣기
사람은 누구나 자기 중심적이다. 사람은 듣고 싶은 것만 들으려고 한다. 즉, 자신의 관점에서 판단하거나 자신의 의도대로만 들으려 한다.

사람은 다른 사람의 이야기를 듣고 있으면 자신도 모르게 마음이 초조해 진다. 특히 리더들은 자기가 말할 기회를 잡기 위해 초조하게 기다리는 마음과 표정을 감추지 못한다.

또한 자신의 생각과 아집으로 대화를 진행하려고 한다. 상대의 이야기가 끝나지 않는데도 "그래서 결론은 뭔가?", "잠깐 , 그것은 내 생각과 달라", "그것은 틀렸어" 등으로 상대방의 말을 끊고 자신의 이야기를 했던 경험이 누구에게나 한두 번 정도는 있었을 것이다. 이 외에도 리더 자신이 원하는 것만 듣기 위해 다른 내용들은 무시해 버리는 행동, 머릿속은 다른 생각으로 가득 차 있어 상대방에게 집중하지 않는 행동, 자기가 옳다는 것을 증명하기 위해 반격을 가할 허점을 찾아내는 행동, 상대방의 말을 자기 방식으로 해석해서 영향을 주려고 하는 행동 등이 모두 자기 중심적으로만 듣기 행동에 해당한다.

여기에 덧붙여 상대방에게 좋은 사람처럼 보이려고 잘 듣는 척 하는 행동, 형식적인 반응과 필요 이상으로 감탄사를 연발하는 행동도 이에 포함한다. **자기 중심적으로만 듣기의 가장 최악의 모습은 입을 꾹 다물고 어떠한 반응과 표정도 없는 행동이다.** 이는 상대방을 좌절하게 하고 참담한 심정이 되게 하므로 리더는 반드시 대화할 때 상대방에게 최소한의 반응은 보여주어야 한다.

또한 경청이 잘 안 되는 것은 많은 리더들이 잘 들어 보겠다고 부하 직원과의 소통의 자리를 만들지만 직원의 말을 잘 듣기 보다는 '자기중심적'인 듣기 태도로 인해 결국 참지 못하고 **시간이 없다는 이유와 빨리 성과를 내야 한다는 이유** 등을 들어 본인이 하고 싶은 이야기만을 일방적으로 하게 되고 만다. 이와 같이 "경청"은 "상대방 중심의 경청"으로 참고 기다려주어야 하며, 많은 인내심을 필요로 한다. 이는 **하루 아침에 되는 것보다는 꾸준한 경청의 훈련을 통해서만이 가능하다.**

8) 경청을 잘 하기 위해서 준비할 것은?

(1) 경청을 위해서는 먼저 '인간의 존재' 자체를 존중하여야 한다.

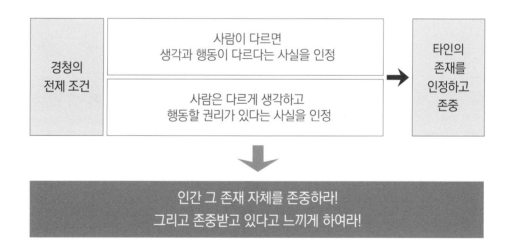

(2) 방해요소를 없애고 고객에게 집중하라!

코칭을 하기 전에 마음을 가다듬고 코칭과 관련이 없는 다른 문제들은 머리에서 떨쳐내어 온전히 고객에게 집중할 준비를 하여야 한다. 코칭에 방해가 될만한 방해요소 즉 소음, 다른 사람들과의 대화, 핸드폰 벨소리, 이메일과 문자메시지, 실내 온도 등을 미리 점검하여야 한다. 또한 코치는 본인의 마음속에 대화(The Inner Dialogue:머릿속에서 끊임 없이 생겨나는 잡담)를 제어한 후에 경청에 임하여야 한다.

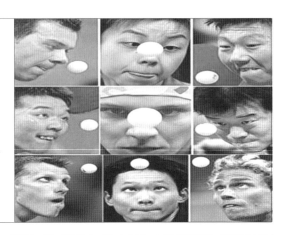

고객에게 집중

집중하여
경청하며
고객을 면밀히
관찰하고
직관을 이용하여
살펴라.

고객이 이야기를 **주도(100%) 하도록** 하고
말하는 내용을 끝날 때 까지 **온전히 집중**하라.
고객이 민감하게 보이는 **감정을 포착**하고
고객과 **똑같은 감정과 정서**를 느낀다는 것을 **보일 수 있어야 한다.**

9) 경청을 잘 하는 방법

(1) 상대방을 중심에 두고 경청(공감 경청) 하기

"상대방 중심 경청"이란 자기 중심적 듣기에서 한 단계 발전하여 대화할 때 오로지 상대를 대화의 중심에 두고 온전히 상대방에게만 집중하는 것이다. 이는 경청과 관찰 및 직관을 통해 상대의 신체적 언어를 감지하여 사실(Fact), 상대방의 감정(Feel), 상대방이 말하고자 하는 의도(Focus) 등을 알아차려서 상대에 맞추어 반응하고 상호교감을 하면서 경청을 하는 것이다. 이처럼 한층 더 발전된 상대방 중심의 경청을 하기 위해서는 다음과 같이 상대에 대한 배려와 집중력이 필요하다.

신체적 태도 및 반응(Using your Body)
- 몸을 온전히 상대방을 향하게 한다. (의자에 등을 대지 말고 의자 앞쪽으로 앉는다.)
- 이야기 하는 동안 상대의 얼굴과 눈을 바라보면서 집중한다. (Eye Contact)
- 상대방과 같은 자세와 태도, 동작에 맞추어 공감을 만들어 낸다.
    (Mirroring, 사람은 무의식적으로 자기와 비슷한 사람에게 편안함을 느끼고 좋아한다.)
- 상대방의 호흡이나 동작, 음조를 맞추어 준다. (Pacing)
- 상대방의 말에 적절한 반응을 보여 준다. (Re-action)
- 상대방의 말을 요약하고 반복함으로써 적절한 반응을 한다. (Back Tracking)
- 상대방이 의식 속으로 들어가 (Position Change), 상대방이 말하고자 하는 그림을 읽어 숨겨진 메시지를 읽는다. (Calibration)

상대방의 말을 평가하거나 판단하지 말라.
상대방의 말에 온전히 집중하라.
확인하기(Clarification)
- ~ 라는 말씀 인가요? (맞나요?)
- 좀 더 자세히 말씀해주시겠습니까?

> • 다가가서
> • 눈 맞추고
> • 미러링
> • 끄덕 끄덕! (리 액션)
> • 키워드, 요약해 주기

되 묻기(Back Tracking)

- 그래요, 당신은 ~ 라고 생각하고 있군요.

- ~ 때문에 화가 나셨군요.

- 당신의 이야기는 ~ 이군요 , 제가 올바로 이해하고 있나요?

요약하기(Summarizing)

- 상대방의 핵심 주장을 요약하라.

- 당신의 요약이 정확한지 수시로 물어보라.

"고객에게 몰입하여 고객의 마음을 빼앗아라!"

고객과의 첫 만남 후 고객에게서 "처음 만난 분 앞에서 제가 왜 이런 말까지 하고 있는 거죠?" "코치님과 첫 만남인데도 사람의 마음을 이렇게 오픈하게 하시는 군요, 그 비결이 무엇입니까?"라는 질문을 받는다. 또는 고객이 코칭 후 코치에게 보내 온 문자를 소개해 보면 "오늘은 제가 말을 너무 많이 했습니다. 코치님은 잘 들어주는 특별한 능력을 갖고 계시고, 말을 하게 하는 특별한 능력을 쓰신 덕분에 말을 하면 우선은 시원한데ㅎㅎ. 오늘은 제 역할이 성심성의껏 답변하는 것이었으므로 열심히 대답 했습니다. 말이란 게 하다가 보면 스스로 도취가 되어서 나중에 스스로 돌아보면 겸언쩍어지죠. 하여간 만나게 되어 감사 드리고 앞으로 많이 가르쳐 주세요".

이와 같이 처음 만난 사람들의 마음을 열게 하고, 어느 순간 고객 스스로가 자아도취되어 진솔한 이야기를 쏟아내도록 하는 것은 대단한 능력이자 코칭을 하는데 있어서도 매우 중요한 출발이라 할 수 있겠다. 그러면 어떻게 하였는데 처음 본 사람에게 마음을 열고 자기의 이야기를 쏟아내게 할 수 있었을까?

그 이유는 고객에게 온 마음을 다하여 몰입함으로써 고객의 마음을 흔들었기 때문이다.

고객들은 대부분 지금까지 살아 오면서 누군가가 1시간 이상을 자기에게 몰입하여, 자기의 이야기에 푹 빠져 주는 사람을 경험을 해 보지 못했다. 심리치료에서도 환자의 이야기를 들어주는 것으로만 가지고도 90%이상의 치료 효과가 있다는 결과도 나와 있다.

프로이트(Sigmund Freud:오스트리아 정신과 의사로 정신분석의 창시자)에게 진료를 받은 환자들은 한결같이 "그가 내 말을 듣는 모습이 너무 인상적이라 도저히 잊혀지지 않는다"라고 고백을 했다고 한다. 자신의 이야기에 마음을 빼앗긴 상대에게 마음이 흔들리는 것은 자신의 이야기를 들어주기를 갈구하는 현대인들에게 당연한 것이다.

따라서 코치는 고객이 이야기를 주도(100%) 하도록 하고, 말하는 내용이 끝날 때까지 온전히 집중해야 하며, 고객이 민감하게 보이는 감정을 포착하고 고객과 똑같은 감정과 정서를 느낀다는 것을 보일 수 있어야 한다.

즉, 온 우주에서 지금 이 순간 고객과 코치 밖에 없다는 느낌을, 옆의 사진처럼 온전히 고객과 함께 충만하게 느껴야 하는 것이다.

3 비즈니스 코치가 갖추어야 할 역량 "인정과 지지"

1) 직장생활 중 가장 듣기 싫은 소리 1위는?

직장인들에게 '직장 생활 중 가장 듣기 싫은 소리 1위'에 대한 인터넷 설문 조사가 있었다. 가장 듣기 싫은 소리 1위로 뽑힌 것은 과연 무엇이었을까? 바로 **"그것을 일이라고 하는 거야"**라는 말이었다. 즉, 인정을 받지 못 하고 무시를 당했을 때이다.

그러면 가장 듣고 싶은 소리는 무엇이었을까? 1위는 **"수고 했어, 역시 자네가 최고야"**라는 말이었고, 2위는 "이번 일은 다 자네 덕분에 잘 끝났어"였다.

즉 인정을 받았을 때이다. 이 설문조사의 결과는 결국 인정을 받았느냐와 인정을 못 받았느냐의 차이(差異)가 결과의 기준이 되었던 것이다.

또한 이 결과는 단지 직장 생활에만 한정되어 있는 것이 아니다. 테레사 수녀는 "세상에는 빵에 굶주린 사람보다 **사랑과 인정에 굶주린 사람이 더 많다**"라고 하였다. 어린 시절의 안아주기, 쓰다듬어 주기와 같은 신체적 스트로크의 욕구는 성인이 됨에 따라 칭찬이나 인정 같은 정신적인 스트로크 욕구로 옮겨간다. 이와 같이 자기 존재를 인정받고 싶어하는 욕구는 하루 세 끼의 식사처럼 인간에게 있어서 필수 불가결한 것이다. 이와 같이 사람들은 누구나 기본적으로 인정을 받고자 하는 욕망을 가지고 있는 것이다.

2) 고객의 존재를 진정성을 가지고 인정해 주어라!

탁월한 코치가 되려면 고객들을 진정성을 가지고 존재 자체를 존중해 주며, 그들의 타고난 성향과 다양성을 인정해 주고 수용해 주는 것부터 시작을 해야 한다. **코칭을 "인간을 가장 인간답게 다루는 기술"**이라고 하는 이유도 바로 인간의 가장 기본적 욕구인 인정 받고자 하는 것을 충족시켜주기 때문이다.

코치로서 가장 먼저 해야 할 일은 **"상대방이 중요하고 충분히 존중받아야 하는 존재라는 것을 마음에 새기는 일이다."** 그렇게 하고 나면 굳이 노력하지 않더라도 상대방이 당신에게 친근감을 갖게 되고 친밀한 관계로 발전이 된다. 이때 중요한 것은 내 마음의 진정성(眞情性 ,One's true heart, sincerity, **거짓이 없고 참되며 애틋한 정이나 마음을 가지고 있음**)이다. 사람은 상대방의 이와 같은 진정성을 동물적 감각으로 느낀다고 한다.

딕 칠드리(Doc Childre)와 브루스 크라이어(Bruce Cryer)는 저서 ≪성과를 내는 힘≫(The Power to Change Performance)에서 코칭 원칙의 핵심을 다음과 같이 기술한다.

"조직에서 다른 사람들에게 관심을 보일 때에는 진정성이 기반이 되어야 한다.

진정성이 없는 행동은 공허할 뿐이다. 진정성이 있는 관심은 사람들로부터 자발적인 열정과 봉사정신을 이끌어내는 데 필수적이다. 기계적이고 마음에 없는 관심은 저항감을 불러 일으켜 조직융화를 저해시킨다.

동료나 가족, 고객이나 상사들은 억지스러운 예의와 마음이 담긴 **진정성의 관심을 본능적으로 구분할 줄 안다.**"

> 무기고를 통틀어 가장 강력한 설득의 무기는 '**진정성(眞情性)**' 이다
>
> - 지그 지글러 -

3) 고객에 대한 위대한 잠재력을 온전히 믿어라.

코칭의 철학이며 존재가치는 "모든 사람은 스스로 문제를 해결할 능력이 있다"라는 것을 대 전제로 한다. 그만큼 코치가 코칭에 임하는 데 있어서의 출발이자 마지막이라고도 할만큼 중요한 가치라 할 수 있다.

2012년과 2013년 2년 연속해서 한국프로야구의 기라성 같은 스타들을 제치고 최우수 선수(MVP: Most Valuable Player)에 뽑힌 선수는 넥센의 4번 타자인 박병호 선수이다.

박병호 선수는 LG팀에서 7년 반을 보낼 때는 무명선수였다가 넥센에 이적되어 온지 1년 반만에 이와 같은 결실을 올린 것이다. 이에 많은 기자들이 성공비결을 질문하였는데 박병호 선수는 다음과 같이 답을 하였다. "저는 LG 시절과 비교해 기술적으로 달라진 것은 별로 없습니다. 다만 LG 시절에는 **"나는 대체 선수다"라는 피해의식**이 있었고 대신 넥센에서는 **"내가 주전이다"라는 자신감**이 있었습니다." 즉 박병호 선수 안에 있던 잠재역량을 주전이라고 하는 자신감을 가지게 함으로서 끌어내어 사용하였던 것이다.

모 방송국에서 사람의 잠재역량에 관한 실험을 하여 방영을 한 적이 있었다. 방송에서는 서로 알지 못하여 처음 만나는 사람 6명을 모집하여 정해진 장소로 이동하라는 미션이 주어졌다.

목적지로 가는 과정에서 자연스럽게 적극적으로 5명을 이끌어 가는 리더가 나오고, 반면에 피동적으로 끌려만 가는 소극적인 사람도 나타나게 된다. 목적지에 도착 한 후 6명 모두에게 누가 가장 리더의 역할을 하였고 누가 가장 소극적이었나에 대한 설문조사를 실시하였다.

여기서 실험자는 각 해당자(리더로 선정된 사람과 가장 피동적인 사람으로 선정된 사람)를 따로 불러 설문조사 결과를 반대로 알려 준다. 그리고 또 다른 목적지를 정해 주고 다시 한번 이동하는 미션을 준다. 이후 어떤 상황이 벌어졌을까?

설문조사 결과를 거꾸로 알려준 대로 행동을 하는 것을 실험에서 볼 수 있었다. 즉 가장 피동적이라고 선정된 사람이 가장 리더로 선정되었다는 사실을 알고부터는 다음 목적지로 이동 중에는 실제로 가장 적극적인 리더로 행동하고 있었던 것이다, 반면에 리더로 선정된 사람도 가장 피동적인 사람으로 선정되었다는 사실을 인지하고부터는 다음 이동 중에는 실제 가장 피동적인 사람으로 행동을 하고 있었다. 즉 이 실험에서 알 수 있듯이 **사람은 누구나 잠재능력을 갖고 있으나 이것을 인정과 칭찬으로 끌어내어 사용하게 할 것이냐 아니면 질책과 무시로 잠재울 것이냐 하는 것에 대한 반증이 되겠다.**

2012년 미국의 존경 받는 부자 1위와 영향력 있는 사람 1위로 선정될 정도로 한 때 불우했던 삶을 멋지게 반전시킨 오프라 윈프리도 어려운 시절을 이겨내면서 항상 스스로에게 마치 최면을 거는 것처럼 가졌던 신념은 **"나에겐 아직 사용하지 않은 놀라운 힘이 있어"**였다. 즉 자기가 아직 사용하지 않은 놀라운 잠재능력("잠자는 거인 : Sleeping Giant)를 굳게 믿었기 때문에 오늘날의 "오프라 윈프리"가 있게 된 것이다.

코치는 이와 같이 사람들이 지닌 위대함을 기억하고 그들이 언제나 성공을 원한다는 믿음을 가져야 한다.

즉 모든 사람에게는 각자의 탁월한 재능과 강점이 있다.

코칭의 역할은 고객이 갖고 있는 그것들을 발견하고 핵심역량을 끌어내어 충분히 발휘할 수 있도록 도와주는 것이다. 코치가 이와 같은 역할을 제대로 해낸다면 **고객들은 눈부시게 빛나는 존재가 될 것이다.**

아울러, **코치도 스스로의 위대한 잠재력을 굳게 믿어야 하며 이러한 믿음이 자연스럽게 고객에게도 전달되어야 한다.**

"인간은 평생 자신에게 잠재된 능력 중에서
불과 5 ~ 7%밖에 사용하지 못한다.
그리고 그것이 자신의 모든 능력인 양 믿으며 살아간다"

– 윌리엄 제임스(하버드대 교수) –

"고객에 대한 위대한 잠재력을 온전히 믿어라!"

인정에 대한 진정성과 관련된 모 기업의 영업 임원과의 코칭 사례를 소개해 본다.

임원 : 부하직원 한 명에게 칭찬과 격려를 자주 하는데도 별로 성과가 없네요.

코치 : 그 직원을 칭찬할 때 진정성은 몇 %의 마음으로 하셨나요?

임원 : 솔직히 그 직원이 평소에도 마음에 별로 들지 않았고 안 좋은 선입관이 있는 데도 불구하고 실적 때문에 꾹 참고 마음에 없는 격려나 칭찬을 했던 것 같습니다. 진정성의 정도는 약 40% 정도였던 것 같습니다.

코치 : **진정성은 99%라 해도 결국 제로입니다.** 그 직원의 잠재력 까지 인정 해 주고 100%의 진정성으로 한번 다시 시도 해 보시기를 제안 드립니다. 어떠세요?

임원 : 네 많은 것을 느끼게 되네요. 제 마음을 바꾸어 100%의 진정성을 가지고 다시 한번 해 보겠습니다.

이 임원은 이후 코칭 때 "제가 그 직원의 존재 그 자체를 존중해주면서 정말 이 직원이 잘 되었으면 좋겠다라는 마음만을 100% 가지고 대화를 하기 시작하였는데 직원이 활기차게 변하기 시작하더라구요. 제가 잔소리 하기 전에 알아서 스스로 열심히 하기 시작 했고 저에게도 찾아와서 영업의 방법 등에 대해서 적극적으로 배우려고 하더니 결국 수주도 큰 거 한 건을 하였습니다". 축하의 자리에서 그 직원은 팀원들 앞에서 "**저의 이야기에 귀를 기울여 주신 이사님께 진심으로 감사드립니다. 오늘의 이 결과는 저를 인정 해 주시고 믿어주신 이사님 덕분입니다**"라는 말을 하는 겁니다.

단지 100%의 진정성을 가지고 그 직원을 인정해 주었을 뿐인데 … 정말 효과가 대단하더군요. 앞으로 저의 리더십의 방향을 확고하게 바꾸는 계기가 된 것 같습니다.

그리고 무엇 보다 그 직원과 대화할 때 그 전에는 안 좋은 선입관 때문에 불편하였는데 지금은 **제 마음 자체가 너무 평안하고 행복 하다는 것을 느꼈습니다**"라는 고백을 하였다

> 당신의 부하가 백 마디의 잔소리에도 전혀 변함이 없는가?
> 부하직원이 "정말 잘 되었으면 좋겠다"라는
> **진정성 100%의 마음을 가지고 존재를 인정해 주어라!**
> 그러면 놀랄만한 변화가 시작될 것이다.
>
> – 정재완 코치 –

4 비즈니스 코치가 갖추어야 할 역량 "칭찬과 격려"

1) 칭찬은 기적을 낳는다.

당신은 기적을 믿는가? 모든 시대를 통틀어 칭찬은 기적을 일으키는 힘으로 간주되어 왔다. 기독교 통합파의 공동 창시자인 찰스 필모어(Charles Fillmore, 목사)는 "칭찬과 감사의 말은 에너지를 확대시키고 해방시킨다. 칭찬은 약한 육체에 건강을 주고, 두려운 마음에 평온과 신뢰를 주며, 상처 난 신경에 휴식과 힘을 준다"라고 말하고 있다.

"칭찬" 한 마디가 많은 사람들의 인생을 바꾼 사례는 너무나 많다. 우리나라 최초의 프리미어리거 박지성 선수는 운동 선수로는 치명적인 평발에 작은 키, 왜소한 체격 등의 신체적 약점(handicap)때문에 오로지 "성실함"과 "정신력(깡다구)"으로 버티며 선수 생활을 하고 있던 중 히딩크 감독으로부터 받은 **"지성군 자네의 정신력(깡다구)은 세계 최고야!"** 칭찬 한마디는 그의 인생을 한 단계 업그레이드시켰다. 그 인연으로 은퇴할 때도 히딩크와 멋진 세러머니를 재현하였다.

≪정상에서 만납시다≫의 저자이며 세계 최고의 세일즈맨이었던 지그 지글러(Zig Ziglor, 작가)"도 영업 실적이 전혀 없었던 시절에 직속상사로 부터 받은 **"자넨 대단한 사람이야! 챔피언 감이라구!"**라는 칭찬 한마디에 그의 인생은 송두리째 바뀐 계기가 되었다.

맹인 가수 스티브 원더(Stevie Wonder,가수)도 어렸을 때 **"너의 청력은 남 보다 특별하단다!"**라는 칭찬 한마디로 좋은 가수가 될 수 있었다고 훗날 고백 하였다.

세계적으로 인정을 받는 음악 가족인 정명훈 트리오의 어머니는 자녀들에게 음악을 가르치는 선생님들을 찾아가 자녀들이 좌절하거나 위축되어 있을 때마다

"너는 음악 하나는 잘 하지 않니"라는 칭찬을 해 달라고 부탁을 하였다고 한다.

피겨의 여왕 김연아도 다양한 잣대로 평가하면 과연 지금의 그녀가 있을 수 있었을까 의심스럽다. 좋아하고 잘 하는 그것 하나를 발견하였고, 거기에 칭찬과 훈련이 있었기 때문에 가능하였으리라.

이와 같이 진정성이 담긴 칭찬 한마디는 많은 사람들의 인생을 바꾸는 엄청난 위력을 발휘한다.

사례 1

모 대기업 계열사의 CEO는 CFO(Chief Finance Officer, 재무담당 최고책임자) 출신으로 입사 동기 CTO(Chief Technology Officer, 최고 기술책임자)와의 최종 경쟁에서 CEO로 선출되었다. CEO로 선출이 된 후 두 사람의 관계가 어색하게 되었고 그러한 분위기는 조직 전반에 영향을 주어 부하직원들이 두 사람의 눈치를 보게 되는 일이 비일비재하게 발생하였다. 이는 결국 조직활성화의 저해 요인으로 작용하고 있었다. CEO는 입사동기 때 부터 사이가 각별하였는데 어느 순간 미묘한 관계가 되었음을 상기하고 그 동기생에게 "소중한 사람에게 10가지 칭찬하기"를 작성하여 동기생 책상 위에 살며시 놓았다. 후에 동기생인 CTO는 책상 위에 놓인 진정성이 가득 담긴 동기생의 칭찬을 보고 마음의 문을 활짝 열어 사이 좋았던 옛날의 동기생 모습으로 돌아갔다. 이후 부하직원들도 두 분 모습이 너무 좋아 눈치 보는 일이 없어 일에만 매진 할 수 있었으며, 조직분위기는 예전보다 훨씬 좋아졌다고 한다.

사례 2

청소년(중2 ~ 고2)을 대상으로하는 "청소년 비전스쿨(비전 다윗 학교)"의 첫 날 모습은 주로 부모님들이 반 강제적으로 보내는 경우가 많기 때문에 대부분 소극적이고 방어적이다. 또한 그 동안 공부라는 한 가지 잣대로만 평가하는 환경에서만 있었고,

본인이 인정 받고 칭찬을 받아 본 경험이 적었기 때문에 자존감이 높지 않아 교사들과 눈도 잘 마주치지 않는 학생들이 대부분이다.

그러나 첫 날 밤 10시부터 다음 날 새벽 5시까지 밤을 꼬박 새우면서 "칭찬 릴레이"라는 프로그램을 한다. 이는 50명의 학생들이 한 명씩 앞에 나와 자기 소개를 간단히 하고 나면 나머지 49명의 청소년과 10명의 교사들이 그 학생 한 명에 대해 칭찬을 해 주는 것이다. 처음에는 어색해하지만 곧 진지하고 활기차게 서로 칭찬을 해 주고 받는다.

아마 **약 60명에게 받는 '칭찬의 황홀한 추억'은 평생을 살면서 잊지 못할 것이다.** '칭찬 릴레이'가 끝난 다음 날 아침부터는 놀라운 일들이 벌어진다. 그렇게 위축되고 눈도 잘 안 마주치던 학생들이 잠을 한 숨도 자지 않았는데도 눈동자가 초롱초롱해지며 자존감이 높아진 활기 찬 모습으로 변한다. 한달 후 비전 선포식 날은 부모님도 선생님도 본인도 놀라는 **멋진 비저너리 (Visionary)로 바꾸어져 있다.** 실로 '칭찬'의 위력은 대단한 것이다.

본인이 가까운 사람들에게 특히, 사랑하는 사람이나 상사에게서 이러한 칭찬 10가지를 집중적으로 받았다고 생각해 보자. 이후 서로간의 신뢰 구축, 관계 증진 및 협력도는 충분히 예상이 될 것이다.

〈독일인의 사랑〉을 지은 믹스 뮐러는 "칭찬이란 배워야 할 예술"이라고 했다.

칭찬은 최고의 투자다. **한 푼도 지출하지 않고도 얼마든지 사람의 마음을 살 수 있다.**

지금 당장 내게 소중한 사람들을 떠 올려보자. 가족 중에서 직장 동료, 부하 직원 중에서 일단 1명씩을 선정하여 다음 양식에 작성하고 전달하는 "칭찬 10가지 전달"하기에 과감히 도전해 보자. 놀라운 일들을 경험하게 될 것이다.

나 00는 지금까지 0년 동안 00와 같이 일을 하면서 많은 장점들을 발견했는데,
그 중에서도 특별히 뛰어난 장점들을 아래와 같이 정리하여 칭찬합니다.

1.

2.

3.

4.

5.

6.

7.

8.

9.

10.

가장 소중한 사람에게 칭찬 내용을 작성하여 문자나 카톡(사진)으로 보내기
'칭찬 봉투' 전달 하기 , 전화로 통화하기(고맙다고 하기)

사위지기자사(士爲知己者死)

"사람은 자기를 칭찬해주는 사람을 위하여 목숨도 바칠 수 있다"

– 명심 보감 –

"내게 소중한 사람에게 칭찬 10가지 전달하기!"

지금 나에게 가장 소중한(가까운) 사람은 누구인가? 내가 지금 생각하고 있는 사람에 대해 한번 곰곰이 생각해 보자. 어떤 성격을 가지고 있고, 평소 어떤 행동 특징이 있는지, 그리고 그 사람의 인간 됨됨이는 어떤지, 그 중에는 누가 보아도 그 사람을 칭찬할 만한 점들이 있을 것이다. 그 사람의 다양한 측면을 찾아서 칭찬해 보자. 예를 들어 가치관, 취미, 생활태도, 능력, 외모, 대인 관계, 패션 감각, 경제 생활, 신앙 생활, 특기 등 그래서 지금부터는 그 사람의 좋은 점들만을 생각해 보도록 하자. 지금 나에게 가장 소중한 사람은 어떤 칭찬할 만한 점이 있을까? 일단 10가지 정도를 찾아보자.

사람들은 그 동안 칭찬을 해 보거나 받아 본 것에 대해 익숙하지 않다. 특히, 한 사람에 대해 칭찬 10가지를 찾아낸다고 하는 것은 그렇게 쉬운 일이 아니다. 그래서 칭찬 10가지를 찾아내기 위해서는 칭찬할 그 사람에 대해 면밀히 관찰을 하여야 한다. 이 과정에서 그 사람에 대한 새로운 면을 발견할 수 있고, 잠재력까지도 찾아 낼 수 있는 안목이 생기게 된다.

또한 칭찬을 받는 사람도 그 동안 남에게 10가지의 칭찬을 집중적으로 받아 본 경험이 없기 때문에 처음에는 약간 어색해 하기도 하고 당황해 하기도 한다. 칭찬을 받아 본 사람들의 공통적인 소감은 **"저에게 이렇게 칭찬할 것이 많나요?"**였다.

다음은 중견기업 CEO가 코칭에서 실천한 "내게 소중한 사람에게 칭찬 10가지 전달하기" 실제 사례이다.

소중한 사람 칭찬 하기(부인)	소중한 사람 칭찬 하기(직원)	소중한 사람 칭찬 하기(고객)
1. 너무 예쁘고 귀여운 미모와 성격 2. 세심한 내조와 아들 00를 지혜롭게 잘 케어한다. 3. 음식을 정말 맛있게 잘한다. 4. 똑똑하고 판단력이 빠르다. 5. 살림을 알뜰하고 합리적으로 잘한다. 6. 주위 사람들에게 진심으로 잘 할려고 노력한다. 7. 애교가 정말 만점이다. 8. 신앙 생활도 아주 열심히 잘한다. 9. 사물에 대한 통찰력이 있고, 식물들의 관리도 너무 잘한다. 10. 부지런하고, 예쁜 마음을 가지고 있다.	1. 좋은 품성을 가지고 있다. 2. 순수한 영혼이 있다. 3. 맡은 일에 책임감이 아주 강하다. 4. 부드러운 리더십이 있다. 5. 사고의 유연성이 있다. 6. 동료들을 챙기는 자상함이 있다. 7. 약속을 잘 지킨다. 8. 성실함과 노력 9. 회사에 대한 헌신과 애사심이 있다 10. 스마트하고 재치가 있다 11. 이해심이 많다 12. 경청의 리더십이 있다.	1. 좋은 품성과 인내심이 있다. 2. 말과 행동에 늘 진중함이 있다. 3. 맡은 일에 책임감이 아주 강하다. 4. 온화하면서도 강한 리더십이 있다. 5. 사고의 유연성과 합리성이 있다. 6. 밑에 있는 직원들을 잘 챙기신다. 7. 약속을 잘 지킨다. 8. 성실하시고 노력파이시다. 9. 회사에 대한 헌신과 애사심이 아주 많다. 10. 낙천적이며 현실적이다.

비즈니스 코치가 갖추어야 할 역량 "질문"

1) 질문이란?

코칭에서 가장 중요한 스킬은 "질문"이라고 할 수 있다. 코치는 질문을 하는 사람이며 코칭은 질문을 통해 해답을 찾는 과정이라고 해도 과언이 아니다. 질문은 상대방으로 하여금 구체적이고 새로운 방향, 그리고 보다 나은 대안을 찾도록 만들어 준다.

질문은 생각을 자극하고 확대시키는 결정적인 역할을 한다. 그리고 질문에 대한 답을 찾아 내는 동안 그것을 실행할 수 있는 힘을 만들어 준다.

질문은 생각을 자극하고 스스로 답을 찾도록 촉구한다. 그런 면에서 질문은 사람을 변화시키고 성장시킬 수 있는 아주 좋은 스킬이다. 이미 16세기에 갈릴레오는 "우리는 다른 사람에게 무언가를 가르치는 것은 불가능하다. 다만 그 사람이 스스로 찾을 수 있도록 도울 수 있을 뿐이다"라고 설파하였다.

코칭의 매카니즘(Mechanism)은 코칭의 철학인 "인간은 스스로 문제를 해결할 능력이 있다"를 믿고 이것을 끌어 내는 도구로 '질문'을 활용하고 있는 것이며, 이와 같이 질문을 통해 자신의 생각에 의미를 부여하고 스스로 해결책을 찾도록 했을 때가 가장 인간다운 것이며 실질적으로도 가장 높은 성과를 올릴 수 있다는 것이다.

2) 질문의 힘

질문을 하면 다음과 같은 7가지 힘이 나온다.

첫째, 질문을 하면 **답**이 나온다.

둘째, 질문을 하면 **생각을 자극**하게 된다.

셋째, 질문을 하면 **정보**를 얻는다.

넷째, 질문을 하면 **통제**가 된다.

다섯째, 질문은 상대방의 **마음을 열게** 한다.

여섯째, 질문은 **귀를 기울이게** 한다.

일곱째, 질문에 답을 하다 보면 **스스로 설득**이 된다.

〈The 7 Powers Of Questions〉 Dorothy Leeds

≪코칭 퀘스천≫의 저자 토니 스톨츠푸스(Tony Stoltzfus)는 "고객 스스로 무엇을 좋아 하는지, 언제 행복해하는지, 어떤 변화를 추구하는지 등 자신보다 자신을 잘 아는 사람은 없다. 그래서 만약 고객이 변화고자 하는 정확한 목적을 갖고 있다면, 질문은 고객에게서 모든 정보를 끄집어 낼 수 있게 한다"라고 질문의 중요성을 설파하고 있다.

코칭의 궁극적인 목표는 리더의 변화와 성장을 가져오는 것이다. 하지만 정작 어떤 변화를 가져올지에 대해서는 모르거나, 알더라도 불분명한 경우가 많다. 여기서부터 코칭이 필요성이 시작되며, 질문은 코칭 처음부터 끝나는 마지막까지 동행을 한다. 리더들은 질문을 통해 스스로의 변화에 필요한 답을 하나씩 하나씩 찾아 나아가면서 커다란 자극을 받으며, 아울러 한 단계 한 단계 실행하는 과정에서도 변화와 성장을 실감한다.

이와 같이 코칭에서 질문이 중요한 이유는 다른 무엇보다 리더의 변화와 성장을 위해 리더 스스로 깨닫고 행동에 나서게 한다는 데 있다.

3) 코칭 질문의 대상

모든 시작이자 끝은 바로 나 자신이다. 그러므로 행복과 성공을 향해 자신에게 질문하는 것은 무엇보다 중요하다. 나를 찾고 올곧게 나를 세우기 위해 어떤 질문을 할 것인가?

■ 나에게 질문하라

- 나는 **누구**인가? 나는 무엇을 **잘하고** 무엇을 못하는가?
- 내가 타고난 **재능**은 무엇인가?
- 내 성격에서 **강점**은 무엇인가?
- 내가 **가장 하고 싶은 것**은 무엇인가?
- 나는 **무엇을 하려고 이 세상에 왔는가**?
- 지금 내가 하는 **일의 미래 전망**은 어떠한가?
- 나에게 **가장 중요한 것**은 무엇인가?
- 내가 본받고 **멘토로 삼을 만한 인물**은 누구인가?
- 어떠한 여건에서든 **내가 결코 양보할 수 없는 가치관**은 무엇인가?
- 나는 **지금 최선을 다하고 있는가**?
- 나는 내가 속한 조직과 사회에 두껍게 **공헌**하고 있는가?
- 나는 다른 사람들에게 **어떤 인물로 기억되기를 원하는가**?

■ 타인에게 질문을 선물하라

또한 타인에게 어떤 질문을 하느냐에 따라 용기를 얻을 수 있고 절망할 수도 있다. 다른 사람을 설득할 때나, 다른 사람과 좋은 인간관계를 맺기 위한 수단으로 질문은 유용하다. 질문으로 더 많은 고객을 만들 수 있고 질문으로 부하직원에게 동기부여를 할 수 있다. 이처럼 질문은 당신과 관계가 있는 사람들이 행복한 성공을 할 수 있도록 돕는 매개체이다.

질문은 다른 사람의 인생을 바꾼다. 상대방은 당신의 질문에 답하는 과정에서 새로운 사실을 깨닫기도 하고, 힘을 얻기도 할 것이며, 자신이 가야 할 길을 발견하기도 한다.

2008년 베이징 올림픽,쿠바와 결승전 9회 말 1사 만루의 상황, 안타 하나면 역전이 되는 절체절명(絕體絕命)의 순간이 있었다. 이때 감독을 맡았던 김경문 감독은 정대현 선수가 부상 중이라 윤석민 투수를 교체 투수로 염두에 두고 있었다. 그러나 포수인 진갑용 선수에게 **"지금 누가 던졌으면 좋겠나?"**라고 질문을 하였다. 진갑용 선수는 "오늘 대현이 공이 좋습니다" 라고 대답하였다. 결국 정대현 투수가 마운드에 올라 병살타를 유도하며 대미를 장식하고 대망의 금메달을 딸 수 있었다. 이와 같이 질문 하나가 결과를 바꿀 수가 있는 것이다.

세계적 기업인 GE의 잭 웰치(john Frances Welch jr) 회장은 본인의 코치였던 피터 드러커(Peter Ferdinand Drucker) 교수에게 "어떻게 하면 GE를 성장시킬 수 있을까요?"라고 자문을 구했다. 이에 피터 드러커 교수는 **"지금 사업을 새로 시작 한다면 지금 하고 있는 사업을 다 할 것인가?"**라고 질문을 하였다. 이에 잭 웰치 회장은 큰 깨달음을 얻어 방만한 사업구조를 '1 ~2등이 아닌 사업은 매각하거나 철수'를 하는 사업 구조 조정을 단행하여 지금의 GE를 만들 수 있는 비즈니스 구조 (Business Structure)의 기틀을 만들 수 있었다.

조선 개국의 공신은 뭐니 뭐니 해도 삼봉 정도전(1342 ~ 1398)이다. 정도전은 이성계 장군을 찾아가 **"이 정도의 군대라면 무슨 일인들 성공하지 못하겠습니까?"**라는 질문을 하면서 이성계 장군을 주군으로 부르기 시작한다. '무슨 일'이 무엇인지는 이심전심이었을 것이다. 둘의 만남은 정도전의 혁명이념과 이성계의 혁명무력의 만남이자 결합이었다. 이와 같이 이성계는 정도전의 질문에 크게 고무됐고, 그로부터 9년 후 신진사대부들과 함께 조선을 창업하게 된다. 질문 하나가 얼마나 역동적인지를 역사로 알 수 있는 대목이다.

4) 질문에도 기술이 필요하다!

■ 질문에도 충분한 워밍업이 필요하다!

흔히 말을 많이 하는 사람이 대화를 이끌어간다고 생각하기 쉽지만 사실은 질문하는 사람이 대화의 방향을 주도한다. 내가 당신의 말에 귀 기울이고 있음을 보여주는 최고의 방법은 상대가 한 말과 연결된 질문을 하는 것이다. 언제, 누가, 어디서, 무엇을 했느냐 식의 질문 보다는 "어떤 방법이 있을까?", "왜 그랬을까?"로 바꾸어 물어야 한다.

질문을 하다 보면 상대방에게 바로 "왜요?"라는 답을 들을 때가 많을 것이다. 갑작스럽게 질문을 받은 사람은 "저 사람이 왜 이런 걸 묻지?" 라고 불안해 할 수 있다. 이런 불안을 제거하기 위해 리더는 자신의 질문 의도를 서두에 밝히는 것이 좋다. 예를 들어 신형 스마트 폰을 들고 있는 직원에게 "그 폰 어디서 구입했나?"라고 묻기 보다는 "그 폰을 나도 구입하고 싶은 데 어디서 구입했나?"라고 먼저 의도를 밝히는 것이다.
운동에만 워밍업이 필요한 것이 아니다. 질문에도 충분한 워밍업이 필요하다.

■ 질문에도 기술이 필요하다!

(1) 첫 질문이 성패를 가른다.

- 긴장도가 낮은 질문으로 시작하라!
- 처음부터 무겁고 긴장도가 높은 질문부터 시작하면 상대방을 위축하게 하고 대답도 매우 한정적이 된다. 따라서 긴장도가 낮으면서 편안한 질문부터 시작한다.

"오늘 컨디션 어때?"

"점심 잘 먹었어?"

(2) 질문으로 리더십을 키워라! (지시형 리더십에서 질문형 리더십으로)

"이 정도 밖에 안 돼? 정신들 차려".

"이걸 실적이라고 가져 온 거야?. 이러니 미래가 암울하지."

이런 질책성 지적은 직원들을 더욱 더 위축시키고 방어적이 되어 조직의 성과를 올리기는 커녕 성과가 더 저하되는 악순환의 고리가 된다.

"이번 프로젝트는 어떤가요?"

"목표 도달의 전략은 무엇입니까?" "제가 도와줄 것은 무엇입니까?"

이러한 개방형 질문으로 리더십을 바꾸고 나서 다시 고 수익을 내어 성장한 사례가 많다.

이를 간파한 피터 드러커(Peter Drucker)도 "질문의 힘이 조직의 힘을 변화시킨다"며 모든 조직의 학습조직화를 주장했다.

(3) 상대를 대화의 주인공으로 만들어라!

" 당신이라면 어떻게 하겠습니까?"

" 당신을 도울 수 있는 것은 어떤게 있습니까?"

이와 같이 좋은 질문은 상대를 대화의 주인공으로 만든다. 상대를 존중하면서 충분히 말하도록 하라. 도중에 참견하고 싶은 마음이 굴뚝 같아도 참고 들어라. 상대가 말을 마치면 그때 말해도 전혀 늦지 않다.

"내가", "나는 말이야", "내 생각은"으로 시작하는 어법은 나의 신념이나 내 생각을 확실하게 보여줄 때는 필요하지만 상대의 마음을 움직일 때는 별 효과가 없다.

내 생각만 강요하려는 욕심을 버리고 대화의 주도권을 상대에게 넘겨주는 것이 세련된 대화 기술이다. 고객은 자신을 존중하는 코치의 섬세한 배려에 감동하여 대화의 분위기를 창의적이고 생산적으로 만들어 갈 것이다.

> 일방적 지시나 통제는 창의성을 죽이고 자존심을 꺾지만
> 질문은 생각을 자극하고 자존감을 높여준다.

5) 질문의 유형

(1) 지시(指示) 대 질문(質問)

리더들은 질문의 형식을 취하고 있으나 실질적으로는 지시를 하는 경우가 많다. 아래는 질문 형식을 취하고 있으나 실제 지시형인 사례이다.

지 시
• 이번 프로젝트 책임자는 B과장 이겠지? • 오늘 미팅에서 우리의 경청 태도는 미흡했다. • 오늘 미팅에서는 질문보다 주장이 많았습니다. • 다음 미팅을 위해 C를 준비하세요. • 오늘은 D를 잘했습니다. • E 자료는 F에서 구입할 수 있습니다. • 오늘 학습한 것 중 중요한 것은 G가 아닐까요? • 오늘 점심은 곰탕으로 합시다. • 내일까지 이거 끝내. • 이거 이렇게 해. • 이번 체육행사 등산은 북한산으로 하는 게 어때? • 이번 일의 실패 원인은 A잖아.

질 문
• 이번 프로젝트 적임자는 누구라고 생각해?? • 오늘 미팅에서 우리의 경청 태도는 어땠나요? • 오늘 미팅에서는 질문의 질과 양은 어땠습니까? • 다음 미팅을 위해 무엇을 준비해야 할까요? • 오늘 잘한 것은 무엇입니까? • E 자료는 어디에서 구할 수 있죠? • 오늘 학습한 것 중 무엇이 중요하다고 생각하나요? • 오늘 점심은 무엇으로 할까? • 이거 언제까지 마칠 수 있을까? • 이거 어떻게 하는 것이 좋을까? • 이번 체육행사 등산은 어디가 좋을까? • 이번 일은 왜 실패 했을까?

(2) 열린 질문과 닫힌 질문

'열린 질문'은 질문을 받은 사람이 "예" 또는 "아니오" 같이 단답형으로 끝나는 것이 아니라, 자신의 의견을 자유롭게 말하도록 하는 질문이다. 자신의 잠재의식에 까지 도달하게 하는 질문으로, 생각을 심화하고 확장할 수 있도록 돕는 질문이다.
사람들은 이와 같은 열린 질문을 통해 자신의 가능성을 발견하고 확대할 수 있게 된다.

이와 반대로 '닫힌 질문'은 "예" 또는 "아니오"처럼 단답형으로 답을 하게 되는 질문으로, 잠재의식을 깨우지 못하고 피상적인 수준에 머무르고 만다. 또한 닫힌 질문은 그 자체만으로도 질문을 받은 사람이 질책을 당하고 있다는 느낌을 갖게 한다. 했느냐, 안 했느냐 같은 질문은 그 속에 왜 그것을 하지 안 했느냐는 질책이 포함되어 있다는 인상을 주기 때문이다. 이러한 닫힌 질문을 상대방으로 하여금 방어하는 태도를 취하게 함으로써 더 이상 대화의 진척을 기대하기 어렵게 만든다.

닫힌 질문
• 그 직업에 계속 종사할 계획입니까?
• 그 직업에 만족하십니까?
• 직업을 바꿀 때라고 생각하지는 않으십니까?
• 이것을 개선해야 하지 않나요?
• 이 제품이 필요하시지 않나요?

열린 질문
• 그 직업을 유지하겠다는 의지가 얼마나 강합니까?
• 현재 직업에 대한 만족도가 얼마나 되는지 말씀해 주세요.
• 미래의 진로 계획에 대해 어떻게 생각하고 있습니까?
• 어떤 점을 개선해야 할까요?
• 기존의 제품을 사용하시면서 불편했던 점은 무엇이었나요?

(3) 힘을 실어주는 질문들

'힘을 실어주는 질문'이란 리더가 부하직원의 능력과 잠재력을 신뢰한다는 사실을 보여줌으로써 부하직원의 자존감을 높여주는 질문이다. 부하직원의 강점과 열정, 스스로의 모습에서 좋아하는 점, 남들로부터 인정 받는 점, 행복하게 만드는 것, 성취와 성공의 원동력에 관심을 갖고 있음을 보여주는 질문을 던진다면 부하직원으로부터 최선의 모습을 이끌어 낼 수 있다. 이 과정은 실로 부하직원에게 큰 힘을 실어주게 된다. 부하직원에게 힘을 실어 주는 강력한 질문은 깊은 통찰력을 낳고 권한 위임의 효과를 극대화한다.

힘을 실어주는 질문

- 사람들은 당신의 어떤 점을 가장 인정해 줍니까?
- 당신이 이룬 일 가운데 무엇이 당신을 가장 기쁘게 합니까?
- 스스로 어떤 면을 가장 좋아하십니까?
- 스스로의 장점을 활용하고 열정을 쫓는 일에 전력을 다할 수 있는 상황이라고 상상해 보세요. 당장 어떤 일을 할 것 같습니까?
- 직장에서 성취감을 느끼는 상황이라면, 어떤 모습이나 단어가 머릿속에 떠오르나요?
- 당신의 운명이 당신 손에 달려 있다면, 운명의 고삐를 단단히 쥐기 위해 어떤 행동을 취하겠습니까?
- 이 세상의 여정을 마쳐야 하는 시점이 다가온다면, 당신이 이룬 가장 위대한 업적이 무엇이라고 이야기 할 것 같습니까?
- 이 문제에 대해 해답을 갖고 있다고 상상해 보세요. 어떤 것들이 있습니까?
- 모든 장애물이 사라진 상황을 가정한다면, 당신은 그 상황을 위해 무슨 노력을 했을까요?
- 당신이 아는 가장 현명한 사람이라면 어떤 전략을 제안했을까요?.
- 필요한 모든 조건을 갖추었고 실패할 리가 전혀 없는 상황이라면, 어떻게 하시겠습니까?
- 당신 내면에 숨겨진 최고의 해답을 찾아낸다면, 어떤 것이 있을까요?
- 지금이 아주 결정적인 순간이라면, 어떻게 행동하는 것이 가장 최선일까요?
- 목표를 달성하는 과정에서 흥미를 느끼게 하는 것은 무엇입니까?

(4) 참여를 이끌어 내는 질문들

"부하직원들은 종종 리더들에게 중요한 결정을 내릴 수 있도록 도움을 달라고 요청하지만, 대부분의 경우 그들은 이미 무슨 일을 해야 할지 알고 있다. 그들은 단지 한 발 나아가기 위한 확신과 자신감이 부족할 뿐이다. 자신감은 성장의 필수 요소이다. 코칭 리더로서 부하직원들에게 자신감을 갖고 코칭에 적극 참여를 유도하는 질문을 던지는 것은 성공적인 코칭을 위해 매우 중요한 일이다.

참여를 이끌어 내는 질문
• 이러한 전략을 세우는 데 **얼마나 관여**했습니까?
• 이 도전을 성공시키는 것이 **왜 중요**합니까?
• 이 계획이 얼마나 당신의 "자식(분신)"처럼 여겨집니까?
• 이것은 어째서 **추구할 가치**가 있는 목표입니까?
• 이러한 해결책을 도출하는 과정에서 어떻게 창의력을 발휘했습니까?
• 이 목표를 실현시키는 일은 어떤 식으로 당신이 원하는 결과로 이어집니까?
• 1부터 10까지의 점수를 매긴다면, 각각의 목표에 몇 점을 주겠습니까?
• 목표를 실현했다고 상상해 보세요. 당신은 어떤 방식으로 성취감을 느낄 것 같습니까?
• 이 목표를 추구하는 과정에서 당신의 팀을 어떻게 참여시켰습니까?
• 이 목표를 실현하는 데 얼마나 헌신적입니까?
• 이 목표를 달성하기 위해 당신은 어떤 희생을 기꺼이 치르겠습니까?
• 1부터 10까지 점수를 매긴다면 이 목표를 실현하는데 무슨 일이라도 기꺼이 하겠다는 당신의 결심은 몇 점이나 될까요?
• 긴장을 풀고, 천천히 깊은 숨을 쉬고, 눈을 감아 보세요. 모든 감각을 사용해서 꿈을 이룬 상황을 그려 보세요. 무엇이 보이고 어떤 느낌이 듭니까?
• 이 프로젝트를 완료하기 위한 단계와 기한이 어떻게 정해진다면 기꺼이 맡겠습니까?
• 이러한 해결책을 도출하는 과정에서 어떻게 창의력을 발휘했습니까?
• 우연히 알라딘 캠프를 발견했는데, 램프의 요정이 세 가지 소원을 들어준다고 합니다. 어떤 소원을 빌겠습니까?

(5) 강력한 질문 (6W 1H)

    강력한 질문은 자아를 발견하게 하고 변화를 촉진하는 의식을 깨운다. 강력한 질문을 던지려면 부하직원을 대신하여 궁금증과 용기를 발휘해야 한다. 부하직원이 곤란하고 직접적인 질문에도 답할 수 있다고 믿어야 한다. 강력한 질문을 던지는 기술은 그 질문이 부하직원을 어디로 안내할지 아는 것(Where), 옳은 목적을 갖는 것(Why), 옳은 질문을 하는 것(What과 Which), 옳은 방식으로 묻는 것(How), 옳은 사람에 대해 묻는 것(Who), 그리고 옳은 시기에 대해 묻는 것(When)으로부터 나온다.

참여를 이끌어 내는 질문
1. (Where) : "우리는 어디로 가고 있는가?"
2. (Why) : 우리는 왜 질문을 해야 하는가?"
3. (What) : 우리는 어떤 종류의 질문을 해야 하는가?"
4. (Which) : 우리는 어떤 질문을 해야 하는가?"
5. (How) : 우리는 어떻게 질문을 해야 하는가?"
6. (Who) : 우리는 누구에게 질문해야 하는가?"
7. (When) : 우리는 언제 질문해야 하는가?"

    탁월한 코치들의 경우, 강력한 질문을 만들어 내는 과정은 자연스럽고 신속하게 이루어진다. 이들은 이미 머릿속으로 수 차례 질문을 연습했기 때문이다. 이와 같이 "6W 1H" 공식을 염두에 두고 연습한다면, 주저하지 않고 강력한 질문을 본능적으로 던지는 방법을 터득하게 될 것이다.

■ 강력한 질문은 명료하고 단순하다!

복잡한 질문	명쾌하고 단순한 질문
곧 개최될 회의에 참석할 사람들의 수와, 직급과 교육 수준, 소속회사의 업종, 회사에 대한 언론의 관심 정도, 연사의 수준을 고려할 때 당신은 충분한 노력을 기울이고 있다고 생각합니까? 빠뜨린 것은 없나요? 상황을 개선시키려면 어떤 일을 시도해볼 수 있을까요?	어떻게 하면 회의를 좀 더 성공적으로 개최할 수 있을까요?

■ 강력한 질문은 인생을 변화시킬 잠재력이 있다!

강력한 질문에는 인생을 변화시킬 잠재력이 있다. 이러한 질문은 혁신적인 해결책과 자아 발견을 이끌어 내고, 스스로에 대한 신뢰감을 갖게 하며, 사고방식을 바꾸어 놓고, 행동을 취하도록 유도한다.

강력한 질문은 해답을 찾기 위해 심사 숙고하게 만든다. 그 숙고의 과정은 일회적인 코칭 시간에 국한하지 않고 지속된다. 부하직원들은 대개 스스로 생각하는 것보다 더 많은 능력을 지니고 있다. 강력한 질문을 통해 이미 부하직원의 내면에 있는 명석함에 한 발 다가가 해결책을 찾아내도록 유도할 수 있다. 강력한 질문은 구조적 긴장(Structural Tension)을 유도하여 사용 가능한 자원에 대하여 보다 수용적 자세를 취하게 하고, 창조적인 해결책을 생각해내도록 하며, 긴장을 해결하기 위해 보다 적극적으로 행동하게 만든다. 곧 해결책은 자신의 깊은 내면으로부터 나온다.

강력한 질문 다음에는 고객의 침묵과 숙고가 따른다. 코치는 고객의 침묵하는 순간을 용인하고 존중하여야 한다. 또한 강력한 질문에 대한 답변은 즉시 나올 필요가 없다. 고객에게 답을 고민할 시간이 정말 필요하다면 다음 코칭 때 답변을 들을 수도 있다.

(6) 좋은 질문

좋은 질문은 자아를 발견하게 하고 변화를 촉진하는 의식을 깨운다. 또한 좋은 질문은 코칭 방향을 향하고 있고 상황에 적합한 질문이다. 좋은 질문을 던지려면 고객을 대신하여 궁금증과 용기를 발휘해야 한다.

좋은 질문

• **상황과 문제를 생각하게 하는 질문**
  – 예상되는 장애는 어떤 것이 있을까요?
  – 이 일이 실패할 경우 어떤 파급효과가 있을까요?
  – 우리의 목표를 달성하기 위해 무엇을 해야 할까요?
 	
• **기존지식이나 패러다임에 의문을 갖게 하는 질문**
  – 이것의 진정한 가치는 무엇입니까?
  – 이 전략이 우리 회사에 어떤 도움을 주었나요?
  – 계속 이렇게 간다면 우리의 미래는 어떻게 될까요?
 	
• **새로운 관점을 가지게 하는 질문**
  – 다른 사람들은 어떻게 생각할까요. (당신이 그 입장이라면?)
  – 당신이 진정으로 원하는 것은 무엇입니까?
  – 누구를 존경하나요? 존경하는 이유는?
    그 존경하는 분이 이 문제를 푼다면 어떻게 했을까요?
 	
• **문제의 해결책으로 이끄는 질문**
  – 그것의 핵심 원인은 무엇입니까?
  – 그 외에는 무슨 방법이 있겠습니까?
  – 그 문제의 이해관계자로는 누가 있을까요?

훌륭한 질문에는 부단한 연습이 필요하다!
우리는 무슨 이야기를 **하고 있었는가?** 우리는 무슨 이야기를 **하고 있는가?** 우리는 무슨 이야기를 **할 것인가?**

(7) 목표와 실행계획을 끌어 내는 질문

T- GROW 대화 모델

T- GROW 대화 모델이란 질문, 경청, 피드백을 통해 신뢰(Trust)를 형성하고 GROW순서로 대화하는 것으로서 목표 설정(Goal), 현실 파악(Reality), 대안 창출(Option), 실행 의지(Will)의 영문 첫 글자를 딴 프로세스 모델 명칭이다.

좋은 질문

• 목표 설정 (Goal)

"무엇에 대해 이야기 하고 싶은가요?"

"지금 가장 중요하고 시급한 과제와 이슈는 무엇인가요?"

" 그 주제의 가장 긍정적인 모습은 어떤 것인가요?

" 이 결과는 당신에게 어떤 의미가 있나요?"

• 현실 파악 (Reality)

" 문제 해결을 하는 데 방해요소는 무엇인가요?"

" 무엇 때문에 이 문제가 일어나고 있다고 생각하십니까?"

" 이것이 진짜 이유라고 생각하세요?", 진짜 이유는 무엇일까요?"

" 이를 해결하기 위해 지금까지는 어떤 노력을 해 오셨나요?"

• 대안 창출 (Option)

" 이를 바꾸기 위해 무엇을 할 수 있을까요?"

" 다른 대안이 있다면 어떤 방법이 있을까요?"

" 그 중 어떤 방법이 있을까요?"

" 그럼에도 불구하고 대안을 3가지만 찾아 본다면 무엇이 있을까요?"

• 실행 의지

" 무엇부터 하시겠습니까?"

" 언제부터 어떻게 해 보시겠습니까?"

" 언제쯤 중간 점검을 해 보시겠습니까?"

' 제가 언제 어떤 방법으로 점검해 드리면 좋을 것 같습니까?"

---

(8) 상황적 코칭 대화의 6가지 패러다임

상황적 코칭 모델(The Situational Coaching Model : SCM)은 다양한 대화 상황에 따라 그에 맞는 효과적인 대화 패러다임을 사용하는 코칭 대화 모델이다. 이 모델은 코치가 대화 상황이나 고객의 필요에 잘 맞추어 대응할 수 있도록 하나의 패러다임에서 다른 패러다임으로 자연스럽게 이동하면서 유연성 있는 대화를 가능하게 하는 6가지 대화 패러다임으로 이루어져 있다.

> 탁월한 코치는 다양한 대화 상황에 잘 대응해서
>
> 한 대화 패러다임에서 다른 대화 패러다임으로
>
> **자연스럽게 이동하면서 최상의 결과를 이끌어 낸다.**

상황적 코칭 패러다임의 주요 질문들

패러다임	주요 질문	간략한 설명
목표 패러다임	• 어디를 가고 있는가? • 지금까지 어떤 것들을 성취했나요?	• 코칭의 목표 설정 및 성취과제 확인
탐구 패러다임	• 당신은 그 목표에 어떻게 이를 수 있을까요? • 그 외에 또 어떤 사항을 고려해야 할까요?	• 더 많은 아이디어와 가능성을 찾고 더 넓은 시야로 바라보기
분석 패러다임	• 현재 당신의 위치는 어디인가요? • 목적지에 이를 가장 좋은 방법은 무엇인가요?	• 현재 자신의 현실을 파악하고 목표달성을 위한 최상의 방법 찾기
감정 방출 패러다임	• 기분은 어떤가요? • 어떻게 하면 기분을 더 좋게 할 수 있을까요?	• 자신을 방해하는 부정적인 감정을 방출하고 긍정적인 감정을 불러 일으키기
결정 패러다임	• 어떤 길을 선택할 것인가요?	• 여러 가지 대안 중 최선의 선택을 하기
행동 패러다임	• 당신은 어떤 행동과제를 언제까지 완수해야 하나요?	• 완수 시간이 정해진 행동계획을 개발하고 행동계획에 헌신하기

(9) 상황에 부적절한 피해야 할 질문들

"질문이 상황에 어울리지 않거나 타이밍이 좋지 않다면 대화에 방해가 되고, 고객의 정신을 분산시키며, 대화가 매끄럽게 이어지지 못하게 된다. 비판적인 질문과 충고를 위한 질문, 대화의 흐름을 끊는 닫힌 질문 그리고 고객을 혼란스럽게 만드는 복잡한 질문이 그것이다. 그밖에 코치들이 흔히 저지르는 잘못된 질문의 유형들을 살펴보자.

비판적 질문

1. 직원들을 어떻게 그렇게 무례하게 대하실 수 있습니까?
   → **직원들의 기분을 고려한다면 어떤 식으로 말씀하시겠습니까?**
2. 계획을 지키겠다고 동의하셨으면서 왜 지키지 않는 겁니까?
   → **어떻게 하면 계획을 지킬 수 있었겠습니까?**
3. 당신이 그 관계를 망쳐버릴 수도 있다는 걸 모르십니까?
   → **그 관계를 지속하려면 어떻게 해야 할까요?**
4. 정신이 있습니까? 딸에게 왜 그런 말씀을 하셨습니까?
   → **딸에게 어떻게 말씀하셨더라면 더 좋은 결과를 얻을 수 있었을까요?**
5. 동시에 너무 많은 일을 진행하고 있다고 생각하지 않습니까?
   → **더 중요한 일에 집중하려면 어떻게 해야 할까요?**
6. 어떻게 그런 사기에 넘어갈 수 있습니까?
   → **그런 사기를 당하지 않으려면 무엇을 알고 있어야 할까요?**

충고를 위한 질문

1. 필요한 자료를 모으기 위해 상사와 면담을 진행해볼 수는 없었습니까?
   → **어떻게 하면 쓸모 있는 자료를 모을 수 있을까요?**
2. 아내와 화해하기 위해 목걸이와 편지를 선물해보는 게 어떻습니까?
   → **아내와 화해하고 싶다면 어떻게 하시겠습니까?**
3. 한 주에 세 번, 한 시간씩 정기적으로 운동을 하시는 게 어떻습니까?
   → **건강을 유지하기 위해 어떻게 하시겠습니까?**
4. 일을 미루지 않았더라면 이 프로젝트를 완수하셨을까요?
   → **이 프로젝트를 예정대로 끝내려면 어떻게 일을 진행해야 할까요?**

5. 나쁜 습관을 버릴 수 있도록 상사에게 도움을 청해 보시는 게 어떻습니까?
   → **좋은 습관을 들이는 데 도움이 될 만한 사람이 누가 있을까요?**
6. 성급하게 결정을 내리기 전에 팀원들과 상의할 수 없었습니까?
   → **이 결정에 대해 누구와 상의하시겠습니까?**
7. 남들을 비난하는 행동을 그만둔다면 더 좋지 않을까요?
   → **이 문제가 완전히 당신의 문제라면 어떻게 하시겠습니까?**
8. 나쁜 생각만 계속하면 기분이 계속 우울하지 않을까요?
   → **어떤 생각을 하면 기분이 더 좋아지고 스트레스가 줄어들까요?**

"왜"를 묻는 질문

- **상대방을 심문하거나, 의도를 묻거나, 의심스러워하는 질문은 방어적이 될 수 있다.**
- "왜 아무것도 아닌 일에 그렇게 화를 내셨죠?"
  - → "당신을 화나게 만드는 이유(상황)는 무엇이었습니까?"
- "왜 감정의 통제력을 잃어버리셨습니까?"
  - → 감정의 통제력을 잃어버렸다고 하신 그 순간에 무슨 일이 벌어졌다고 생각 하십니까?"

산만한 질문

고객이 말하고 있는 도중에 다음 할 질문을 미리 생각하기 시작하면 경청에 방해가 된다. 그 결과 코치는 다음 질문으로 이어질 질문의 핵심을 놓치게 된다. 이렇게 핵심을 놓친 질 문은 산만한 질문으로 이어지고 당연히 코칭이 겉도는 결과를 초래하게 된다. 따라서 고 객의 말이 끝날 때까지 경청하라. 다음 질문을 미리 생각해 둘 필요는 없다. 생각할 시간 은 많다. 고객이 이야기를 마친 후, 짧은 틈을 이용하여 다음 질문을 생각하라. 고객의 **이 야기를 경청하는 도중에 다음에 할 핵심 질문이 자연스럽고 명확하게 나온다.**

방해가 되는 질문

코치의 질문이 한참 이야기 중인 고객을 방해하지는 않는가? 그럴 경우 고객의 생각의 흐름을 끊게 되고, 고객은 자기의 이야기가 코치에게 중요하지 않다는 느낌을 받을 수 있 다. 따라서 고객의 말이 완전히 끝났는지 아니면 고객이 코치의 반응이나 다음 질문을 기 다리느라 잠시 말을 멈추었는지를 확인하기 위해 5~10초를 기다리는 습관을 가지는 것 이 좋다.

전달력이 부족한 질문

질문할 때의 목소리는 고객이 질문을 어떻게 이해하는가에 영향을 미친다. 지나치게 크고 빠르며 높은 목소리는 코치가 화가 났다고 보이게 할 수 있다. 반면 지나치게 부드럽고 낮은 목소리는 에너지가 부족하고 우울하며 의욕이 없는 것처럼 보이게 한다. 따라서 코치는 본인의 목소리가 어떻게 들리는지 남들로부터 피드백을 받아 보고 목소리를 적절하게 조정하는 것이 필요하다.

두서 없는 질문

코치가 질문을 에둘러 하거나 빙빙 돌려 할 경우 고객은 당황한다. 따라서 솔직하고 명쾌하며 흐름을 고려한 적절한 질문을 해야만 한다. 코칭에 임하기 전 미리 생각을 정리하고 마음자세를 정돈하여야 한다. 코치에게 충격적인 사고나 배우자와의 말다툼처럼 속상한 일을 겪었다 하더라도 코칭을 시작하기 전에 충분히 머릿속을 정리할 시간을 가져야 한다. 또한 한 시간 이상 쉬지 않고 대화를 이어 나가는 것보다, 차를 마시는 짧은 휴식 시간을 갖는 것도 좋다. 휴식 시간 동안 생각을 정리하고 가다듬는 기회를 가질 수 있다.

쉴 새 없이 퍼붓는 질문

코치가 질문을 하는 속도도 역시 대화의 분위기에 영향을 미친다. 너무 많은 질문을 너무 빠르게 쏟아내면, 고객이 질문을 정확하게 이해하거나 답변을 생각해 볼 충분한 시간을 빼앗게 된다. 한 가지 질문을 하고 적어도 약 10초간 쉬었다가 다음 말을 잇는 것도 좋은 방법이다. 그렇게 하면 고객이 코치의 질문 속도나 방식에 편안함을 느끼는지 피드백을 받을 기회도 생긴다.

지연된 질문

질문의 시점에 대해서도 고려할 필요가 있다. 예를 들어 고객이 이야기를 너무 길게 하도록 내버려두고 중간에 어떤 질문이나 코멘트도 하지 않는다면, 고객은 혼란스러워하며 불필요한 이야기를 늘어놓게 되고 결국 원래의 코칭 목표가 아닌 삼천포로 빠져버릴 수 있다. 코칭 중에는 고객을 위해 원래대로 초점을 돌려놓아야 할 때도 있다. 다른 질문을 위해 이야기를 끊어도 될지 허락을 구하려면 "자신을 매우 잘 표현하시는 군요. 괜찮다면 시간을 좀 더 활용하기 위해 아까 말씀하신 내용으로 돌아가서 제가 몇 가지 질문을 드려도 될까요?"라고 질문을 하라.

비즈니스 코칭 실전에서 갖추어야 할 역량

1) 친밀감과 신뢰감으로 고객의 마음을 활짝 열어라!

사람들이 변화에 저항감을 갖는 이유는 잘 몰라서, 싫어서, 그리고 "당신을 싫어해서"이다. 코치와 고객은 서로 친밀한 관계를 맺어야 하고 서로의 존재에 편안함을 느껴야 한다. 신뢰도 안가고 편안하지도 않은 사람과 함께 시간을 보낸다고 하는 것은 매우 힘든 고역이라 할 수 있다. 친밀함이나 열린 마음 대신 적대감과 의심, 불신으로 가득찬 코칭 시간을 상상할 수 있겠는가? 아마 코칭이 이루어지는 중이라고 해도 결코 생각할 수 없을 것이다.

진정으로 친밀한 관계

친밀한 관계를 나타내는 것으로 **한 쌍의 춤을 추는 남녀**를 떠올려볼 수 있다. 이들은 파트너의 움직임에 따라 자신의 움직임을 맞춘다. 이들은 서로 상호간에 동시적인 반응이 이루어지는 춤을 함께 추며 몸짓을 통해 서로를 보완 한다.

코치와 고객 서로에게 그러한 존재가 되기 위한 첫 번째 단계는 친밀한 관계를 맺는 것이다. 친밀한 관계를 의미하는 단어 "라포(rapport)"는 '돌려주다' 또는 '이야기하다'의 뜻을 가진 프랑스어 "rapporter"에서 왔다. 고객과 친밀한 관계를 맺는 일은 곧 서로에게 "동일한 마음의 파장"을 반사하고 "동일한 내용"에 대해 이야기 하는 것이다.

즉, 서로의 마음과 뜻이 통해야 하는 것이다.

> 사람들은 무의식적으로 자신과 가장 비슷한 사람을 좋아한다.

"**최초 3분간의 첫 인상**"이 이후 상대방과의 관계가 결정되어 버린다고 영업이나 협상 이론에서는 가르친다. 그 만큼 처음 만나서 상대방에게 비치는 나의 모습이 매우 중요하다는 것을 강조한 말이라고 할 수 있다.

첫 인상에 영향을 주는 요인으로서는 말하는 내용은 단지 7% 밖에 차지 하지 않은 반면에 나머지 93%는 말하는 방법이 38% 그리고 신체 언어가 55%로 가장 많은 부문을 차지하고 있다.

말하는 방법(38%)은 사용하는 어휘, 말투, 말의 속도, 목소리 크기, 음색, 감정, 열정 수준 등을 말하며 가장 비중이 큰 신체 언어(55%)는 얼굴 표정, 시선 처리, 몸짓, 손짓, 태도를 포함하여 복장, 헤어 스타일, 액세서리 등을 말한다.

따라서, 이제는 **무엇을 말 하느냐**(What to say) **보다 어떻게 말 하느냐**(How to say)**가 중요**하다. 그러므로 코치는 평소에 대화할 때 무의식적으로 하는 자신의 버릇이나 신체언어 등을 코치 동료들에게 피드백을 받아 교정하는 노력은 필수적이라 하겠다.

아울러 코칭 시에 고객이 하는 "안녕하세요"라는 말 한마디도 가볍게 듣지 말고 귀기울여 관찰해 보는 것을 지속적으로 훈련을 하다보면 어느 순간부터 자연스럽게 상대방이 말하고자 하는 진짜 의도와 감정까지도 파악할 수 있을 것이다.

옆에 한 장의 사진이 있다. 노무현 前대통령이 무언가를 이야기 하고 있고 반기문 UN사무총장이 듣고 있는 모습이다.

어떤 점들을 발견하였는가? 자세히 보면 반기문 총장이 노무현 前대통령에게 몸을 향하고 있으며 시선을 집중하면서 동시에 똑같은 자세를 취하고 있는 모습이다.

이를 코칭에서는 미러링(Mirrorng)이라고 한다. **미러링이란 상대방과 전적으로 공감하고 함께 하고 싶다는 진심 어린 표현의 바디 랭귀지(Body language)이다.**

코치가 첫 세션에서 고객과의 최초 3분간 반드시 해야 할 것 중 하나는 고객이 말하고 있는 내용은 물론 말하는 방법과 신체적 언어들을 파악하여 고객이 눈치 채지 못하도록 자연스럽게 미러링을 하는 것이 매우 중요하다. 즉 고객을 향해 자세를 취하면서 한껏 다가가 시선을 집중하면서 동시에 고객이 말의 속도와 크기를 맞추어 주고 고객의 제스쳐를 따라 하는 것이다. 효과적으로 상대방을 따라 하려면 섬세한 기술이 필요하다.

대체로 사람들은 자기 자신이 하는 말에 집중하느라 이런 미묘한 기술을 눈치 채지는 못한다. 그럼에도 불구하고 프로 코치는 수 많은 코칭 경험과 지속적인 훈련을 통해 더욱 더 자연스럽게 미러링을 하는 노력이 필수적이다.

> "사람들은 무의식적으로 자기랑 닮은 사람들에게 친밀함과 호감을 보인다"

또한 고객과의 첫 만남은 매우 어색할 수 있다. 이러한 어색함을 없애고 짧은 시간에 자연스럽게 라포를 형성하는 방법으로는 다음과 같은 종류가 있다.

1. **선물을 증정한다.** 가장 적절한 선물로는 코칭 책이 가장 자연스러우며, 본인이 직접 저술한 책일 경우는 신뢰감을 얻는데 매우 효과가 있다. 책 이외에도 스토리(Story)가 있는 것이면 무엇이든 의미가 있으나 고객에게 초면에 부담이 갈 만한 선물은 피하는 것이 바람직하다.

2. **칭찬을 하라!** 짧은 시간이지만 근거가 있고 직관적인 관찰을 통한 칭찬으로, 고객의 패션 스타일, 외모를 비롯한 좋은 인상과 음색 등을 가볍게 하는 것이 좋다. 또한 사전 인터뷰나 외부 정보 등을 통해 최근 축하해 줄만한 정보가 있을 때는 이를 진심으로 축하해 주는 것이 좋다.

3. **소개자와의 관계를 활용하라!** 고객을 연결해 준 소개자에 대한 공동 화제를 잠깐 나누거나, 소개자의 인사를 고객에게 전해주는 대화는 어색한 자리를 자연스럽게 만드는데 매우 도움이 된다.

4. **무엇인가를 보여준다.** 비주얼(Visual)적인 코칭 자료나 최근 화제가 될만한 가벼운 자료 등을 보여 주면서 화제를 삼는 것도 좋은 방법으로 너무 무거운 화제보다는 가벼우면서도 임팩트(Impact)가 있는 자료면 좋다.

5. **질문하고 경청하라!** 고객과의 어색함을 없애고 빠른 시간에 공감대를 형성하는 방법은 좋은 질문을 하고 고객에게 몰입하여 경청하는 것이다. 이에 첫 만남에 적절한 질문을 경험과 동료 코치들과의 피드백을 통해서 꾸준히 개발하는 노력이 필요하다.

친밀한 관계를 맺고자 할 때 유머가 많은 도움이 된다.

호감도를 높이는 방법 중 하나는 능숙한 유머 구사이다. 코치들에게도 고객과 함께 웃으며, 화사하게 미소 짓고, 따뜻한 분위기를 형성함으로써 코치와 고객 사이의 서먹서먹함을 깨고 유대감을 강화시키는 유머 감각을 장착하는 것은 필수적이다.

좋은 유머감각은 의사소통을 원활하게 하고 걱정을 덜어주며 근육을 이완시키고 방어적인 태도를 완화시키며 서로 연결되어 있다고 느낌을 받게 한다.

이러한 유대감은 이후 코칭 중에도 고객과의 관계가 시험에 들 때, 문제에 맞닥 뜨렸을 때 그리고 어려운 결정을 내려야 할 때 비로소 더욱 빛을 발하게 되기 때문에 코칭 초기부터 자연스러운 유머를 나눌 수 있는 분위기 형성은 매우 중요하다.

좋은 유머 감각은 희망과 낙관적인 태도를 갖게 하고, 분위기를 좋게 만들뿐더러, 기쁨과 웃음을 불러일으킨다. 웃음은 과학적으로 건강에 도움이 된다고 증명되었을 뿐만 아니라 의사소통을 원활하게 하고, 걱정을 덜어주며, 근육을 이완시키고 방어적인 태도를 완화시키며 서로 연결되어 있다는 느낌을 받게 한다.

또한 코칭 중에 고객의 미소가 자연스럽고 **고객 스스로 코치에게 유머를 구사할려고 할 때가 고객과의 관계가 좋은 방향으로 가고 있다는 반증이 될 수 있다.**

모 그룹의 회장도 임원회의 때 유머 2가지를 꼭 준비하여 사용한다고 한다. 코치들도 이와 같이 코칭 전에 적절한 유머를 준비하는 자세는 필수적이라 하겠다.

무엇보다 가장 중요한 것은 진실성이다.

코치로서 고객과의 친밀한 관계를 형성하고 유머를 구사하기 위해 노력하겠지만, 그 노력에는 반드시 진정성이 수반해야 하며 고객의 관심사에 초점이 맞춰져 있어야 한다. 코치 자신이 중심이 되거나 고객을 아랫사람 대하듯 해서는 곤란하다. 고객은 코치가 친밀감을 갖는 척하거나 일단 웃음으로 무장을 해제시킨 후 하기 싫은 일을 시키려 든다는 사실을 깨닫게 되면, 그 즉시 코치의 진정성을 의

심하게 된다. 반면에 코치가 진실로 고객과 유대감을 갖고 함께 웃고 싶어 한다는 사실을 느낀다면 긴장을 늦추고 안도감을 가지며 더 좋은 해결책을 모색하게 된다. 이는 강한 신뢰와 상호 존중이 없다면 불가능한 일이다.

진정성은 매우 미묘한 방식으로 상대방에게 전달된다고 한다. 사람들에게는 진정성을 감지해 내는 본능이 있다. **교훈은 이것이다.** 코치는 어떠한 상황하에서도 고객에게 진정성 있는 관심을 보여야 한다. 코칭이 시작되면 코치의 관심사는 잊어버리고 고객의 목표와 성장에 집중해야 한다. 코칭 시간은 코치 자신이 처한 문제로 고민하라고 주어진 시간이 아니다. 고객이 코치에게 가장 원하는 것은 자신에 대한 믿음과 신뢰, 그리고 진정성 있는 관심이다.

일이나 인생에서 원하는 바를 달성할 수 있도록 헌신적으로 지지하는 누군가가 있다고 생각해 보라. 산 정상에서 깃발을 흔들며 어서 올라오라고 격려하는 누군가를 생각해 보라.

실패를 통해 배움을 얻도록 도와주고 목표를 이루었을 때 축하해 주는 누군가를 생각해 보라. 기쁠 때나 슬플 때나 당신을 위해 그 자리에 있어 주는 누군가를 생각해 보라. 바로 그 "누구"가, 관심과 진정성으로 고객의 마음을 움직이는 여러분의 "코치"이다.

> 성공한 리더가 되려면 **"진심으로 사람들에게 관심**을 갖고
> 상대방이 스스로 중요한 사람이라고 느끼도록 해야 한다."
>
> – 카네기 –

진실성과 함께 신뢰를 구축하라.

진실성과 신뢰가 없는 관계는 더 이상 지속할 가치가 없다. 코치로서 고객이 서로 신뢰를 하지 않는다면 코칭이 어떻게 앞으로 나아갈 수 있겠는가? "이 정보를 공유하여야 할까?" "다른 생각이 있는 걸까?" "약속한 바를 잘 실천할까?" 진실성이 결여되어 있고 신뢰가 구축되지 않았을 경우 머릿속에는 이런 의문과 의심이

계속해서 고개를 들게 마련이다.

진실성(Integrity)이란 "도덕적이고 윤리적인 규범을 준수하며 진실성으로 가득한 사람은 스스로와 다른 사람에게 전념하고 열린 자세를 배운다. 또한 "언행일치(言行一致)", 즉 말한 것은 반드시 실행에 옮긴다. 이와 같이 진실성을 기반으로 하는 관계는 있는 그대로의 모습을 보여줄 수 있고 다른 사람인 척 할 필요가 없는 관계이다. 고객이 가면을 쓰고 있거나 좋은 인상만을 남기려고만 한다면 더 이상 진실된 대화는 어렵고 진짜 문제를 해결 할 수도 없다. 물론 코치가 고객 앞에서 가면을 쓸 경우에도 결과는 마찬가지이다.

코칭에서 진실성의 위력은 투명한 관계를 맺을 때 발휘된다. 코칭에서 정직과 투명성 그리고 코치의 무방비적인 태도가 뒷받침된다면, 고객 역시 마음을 열고 정직해지며 경계를 푼 상태로 코칭에 임하기 쉬워진다.

코칭 시작 단계에 적용할만 좋은 방법은 코치 본인의 이야기를 먼저 고객과 공유하는 것이다. 과거에 성공한 이야기 뿐만 아니라 실패했던 이야기와 힘들었던 문제, 그리고 극복 과정에서 배운 교훈까지 이야기 하는 것이다. 그렇게 함으로써 고객은 코치가 마음을 열고 속 깊은 이야기를 들려준 데 감사하게 되며 자신이 마주한 문제에 대해서도 정직해질 수 있다.

또한 자신의 두려움과 실패와 어려움에 대해 조금 더 편안하게 이야기하게 된다. 우리가 자신을 도울 수 있는 유일한 방법은 스스로 만든 벽을 허물고 자신의 단점을 인정하며 정직하고 직접적이며 열린 대화를 나누는 것이다.

코칭 시 신뢰 구축을 위해 필요한 또 다른 요소는 고객에게 코칭 시 나눈 대화는 외부로 유출되지 않는다는 사실을 확인시켜 주는 것이다. 라이프 코칭인 경우에는 코칭 시 나눈 모든 대화 내용에 대해 철저히 보안을 지켜야 한다. 다만, 비즈니스 코칭인 경우에는 코칭 비용을 지불하는 기업과 코칭을 받는 대상이 다르기 때문에 코칭 때 나눈 대화 중 개인적인 사생활 부문에 대해서는 철저하게 비밀을 준수하고, 해당 조직에 관련된 대화는 코칭 보고서를 통해 상사와 HRD 부문과 공유하는 것이 적절하다고 생각된다. 또한 이 사실을 고객과도 사전에 공유하는 것이 상호 신뢰를 구축하는 데 도움이 된다.

그럼에도 불구하고 개인 고객이든 조직의 지원을 받는 고객이든 간에 최대한의 기밀성 유지는 필수다.

고객이 정직하게 자신을 드러내는 일은 코칭 과정에서 매우 중요하다. 코치는 **고객의 행동 이면에 가려진 진짜 이야기와 의도, 그리고 동기에 대해 파악함으로써 실행 목표를 세우기 위해 필요한 정보를 얻을 수 있다. 이와 같이 코칭에서 기밀성은 안전하고 열린 대화를 위한 필수 조건이다.**

또 고객과의 신뢰를 구축하는 방법으로는 아주 사소한 것이라도 한번 약속한 것은 반드시 지키는 것이다. 특히 시간 약속은 최소 10분 전에 도착하여 준비하여야 하며, 혹시라도 늦게 되는 경우에는 사전에 양해를 구하여야 한다. 또한 코칭 후 자료를 보내주기로 한 경우도 많은데 철저하게 지켜야 하며, 자료가 고객에게 실질적으로 도움이 된 경우에는 이후 코치에게 더 호의적으로 바뀌는 계기가 된다.

2) 고객의 자존감(自存感)을 높여 자긍심을 불러 일으켜라!

처음 만난 고객의 마음을 활짝 열게 하고 진솔한 대화를 유도하기란 쉬운 일은 아니다. 어떤 질문을 했느냐에 따라 서먹한 분위기가 조성될 수도 있다.

비즈니스 코칭의 특성 상 고객 본인이 간절히 원해서 코칭을 받는다기 보다는 회사의 시스템에 따른 요구에 의해 받기 때문에 약간은 피동적인 상태인 경우가 대부분이다. 또한 겉으로는 코치에게 예의를 갖추고 있지만 코칭에 부정적으로 마음의 문을 닫고 임하는 고객도 있다. 그리고 친해지기 전까지는 쉽게 마음을 열지 않는 성향의 고객들도 있다. 앞에서 언급했듯이 이런 고객들을 "코치님을 처음 만났는데 어떻게 코치님께 이런 말까지 하고 있는 거죠?"라는 고백을 하게 할 정도로 유도할 수 있을까?

사람은 누구나 스스로가 자랑스럽고 성취감과 보람을 느꼈을 때의 상황을 주제로 이야기를 할 때면 스스로에 도취되어 자연스럽게 열정적으로 대화에 임하는 경향이 있다. 즉 고객의 과거에 성취했던 사건과 그것을 성취할 수 있었던 원동력에 대한 적극적인 관심, 고객 스스로의 모습에서 좋아하는 점, 남들로부터 인정 받는 점, 행복하게 만드는 것, 고객의 강점과 열정 등에 관련된 고객의 자존감을 높여 줄 수 있는 대화를 주제로 질문을 하면, 고객도 자연스럽게 열성적으로 코칭 대화에 임하게 된다.

자존감을 높여 주는 질문 유형

- 지금까지 살아오면서 가장 보람 있고, 스스로가 가장 자랑스러웠을 때가 언제였습니까? 3가지만 이야기 해 보시겠어요?
- 그렇게 성취할 수 있었던 성공 요인은 어떤 것들이었습니까?
  → 성취한 3가지 사건에 대한 성공 요인에 대해 인정과 지지 및 칭찬을 한다.
- 본인이 생각하는 자신의 장점은 무엇입니까? 스스로 어떤 면을 가장 좋아하십니까?
- 사람들은 당신의 어떤 점들을 가장 인정해 줍니까?
- 그 동안 성취한 성공 요소와 스스로의 장점 및 남들이 인정해 주는 장점들을 활용하고, 열정을 쫓는 일에 전력을 다 할 수 있는 상황이라고 상상해 보세요.
  당장 어떤 일을 할 것 같습니까?
  → 고객의 내면에 자리잡고 있는 욕구의 본질을 사전에 미리 파악 할 수 있다.
  → 고객의 열정과 간절함이 있는 목표가 도출 되었을 때는 자연스럽게 달성했을 때의 모습 상상하기, 목표 달성에 대한 의미 부여하기, 달성 모습을 뇌에 각인 시키기, 확언으로 만들어 실천하기 등을 진행한다. 여기서 도출된 주제나 목표가 코칭 전반에 걸쳐 목표를 설정하는데 영향을 미칠 수 있다.

3) 전체적인 코칭 프로세스 공유를 통해 사전 코칭 일정을 세팅하라!

고객과 코칭 전체 진행 하는 횟수와 소요시간, 다음 코칭과의 간격, 진행 방법 등에 대해 이해와 공유를 한 후 코칭 일정을 사전 합의하여 결정 하여야 한다. 예를 들어 회사 내부가 아닌 식사 약속과 쉐도우 코칭(Shadow Coaching) 일정 등은 미리 협의를 하여 잡아야 한다.

비즈니스 코칭을 하는 데 있어 코치가 겪는 애로사항 중에 하나가 고객들과 코칭 일정을 잡는 것과 예정대로 진행이 잘 안 되는 것이다. 이로 인해 스케줄이 꼬이게 되어 코치 개인의 일정관리에도 많은 지장을 받게 된다. 또한 코칭 약속이 안 지켜지는 것이 빈번해지면 코칭 일정이 뒤로 밀림으로서 코칭 전반의 일정관리에도 많은 지장을 준다.

기업의 CEO나 임원의 경우는 기업을 둘러싼 불 확실한 환경으로 인해 예상하지 못한 돌발적인 출장, 미팅, 회의, 상사의 호출 등이 빈번이 벌어진다. 코칭을 하기위해 회사로 가는 중에 심지어는 회사 주차장에 도착을 한 후에 코칭 일정의 연기를 원하는 고객 또는 비서의 전화를 받게 되는 경우도 종종 발생한다.

고객의 가장 코칭이 가능한 시간을 확보하고 운영은 유연하게 하라.

코칭이 약 10회 정도 진행되는 중에 다음 코칭과의 간격은 통상 일 주일 단위 또는 이 주일 단위로 진행이 된다. 먼저 고객에게 일 주일을 보내는 중에 가장 외부로부터 자유로운 요일과 시간대를 질문을 통해 파악하여 고객과 함께 향후 진행되는 모든 코칭 일정으로 정하고 고객에게 확실하게 코칭 일정에 대한 인식을 심어 준다.이는 코치와 고객 모두 코칭 요일과 시간대를 미리 명확히 정함으로써 이후 일정관리에 서로 도움을 준다.

이렇게 기본적인 코칭 일정을 정해 놓지만 실제로는 상황에 따라 유연하게 운영을 하는 것이 좋다. 코칭이 진행되는 동안 최소 1회에서 또는 수 차례 고객으로부터 갑작스러운 상황으로 인한 코칭 일정의 변경을 원하는 전화를 받게 된다. 이런 전화를 받을 때 코치는 어떻게 대응을 하여야 할까? 상황에 따라 다양한 대응이 있겠지만 먼저 전화를 걸어 온 고객의 심정을 헤아려보는 것이 필요하다. 모든 사람이 다 마찬가지이겠지만 서로가 한 약속을 먼저 어기면서 부탁을 해야 하는 심정은 매우 미안한 마음을 갖고 있는 것이 공통점이라 하겠다.

전화를 받는 코치의 태도가 코치와 **고객이 가까워지는 계기**가 될 수 있다. 즉 **고객의 마음을 헤아려 주는 마음과 진정성이 담긴 음성으로 "아 그러시군요. 얼마나 노고가 많으세요? 앞으로도 항상 일 우선으로 편안한 마음으로 하세요."** 해주면 고객도 미안함과 고마운 마음으로 다음 코칭부터 코치에게 더 친근하게 대하는 것을 느낄 수 있다.

이때, 다음 코칭 일정에 대해서는 명확하게 정하는 것은 필수적이다.

4) 사전 진단 및 인터뷰 결과를 선물하라!

코칭 전에 고객을 대상으로 행동유형(DISC) 검사, 심리유형(MBTI) 검사, 리더십 다면 평가(FRLD) 등의 사전 진단을 하였다. 또한 고객의 직속 상사를 스폰서(Sponsor : 고객에 대한 후원자로 코칭 전 인터뷰를 통해 고객의 장점과 코칭을 통해 고객에게 기대하는 바를 알려주고, 코칭 중에 코칭 보고서를 받아보며, 고객이 정한 주제〈조직, 리더십, 개인적 목표〉별 목표 합의서에 사인을 하면서 고객에게 적절한 후원〈격려와 지지, 또는 문제해결에 대한 실질적인 조치 등〉을 한다.)로 동료 및 부하직원을 서포터즈(Supporters : 고객에 대한 지지자로 코칭 전, 코칭 중간과 코칭 후에 고객의 변화 경과 및 결과에 대해 인터뷰를 해 주며, 고객의 변화에 지지를 보내준다.)를 대상으로 고객에 대한 장점 및 이번 코칭을 통해 개선했으면 하는 것들에 대해 인터뷰를 하였다.

첫 번째 세션에서 사전 진단 결과를 자세하게 피드백을 하기에는 시간이 부족하고 집중력이 떨어지기 때문에 다음 차수에서 또는 해당 내용을(MBTI와 DISC는

"배려 리더십"을 할 때, 리더십 다면 평가는 "소통 리더십"을 다룰 때) 진행할 때 연관해서 자세하게 피드백을 하는 것이 더욱 효과적이다. 따라서 첫 번째 세션에서는 스폰서와 서포터즈를 대상으로 했던 인터뷰 결과와 HRD에서 요구하는 사항 등을 피드백 해준다.

객관적인 피드백을 강력하게 하라!

고객은 그 동안의 경험을 통해 본인의 생각과 나름대로의 판단을 가지고 있었을 것이다.

그러나 본인을 둘러싸고 있는 이해관계자들의 본인에 대한 공통적인 생각과 판단들은 객관적인 결과이므로 어떻게 받아들이느냐 하는 것이 코칭 세션에서 코칭 목표와 방향을 설정하는 데 매우 중요한 과정이 된다.

코칭이 진행되는 동안 코치는 고객과 진솔한 코칭 대화가 이루어질 수 있도록 기본적으로 따뜻하고, 편안하며 활기찬 분위기를 만들어야 한다. 그런데 코칭을 통해 고객의 변화와 성장을 이루고자 할 때는 먼저 고객의 자각(自覺, Self-awareness : 자신을 의식하고 스스로 깨달음)에 직면하는 순간을 반드시 거치게 된다. 이와 같이 코치는 고객이 잠시 침묵하거나 흔들리거나 하는 행동을 관찰을 통해 고객이 자각하는 순간을 발견할 수 있다.

바로 인터뷰 결과를 피드백 할 때가 고객이 많이 흔들리는, 곧 자각의 순간이다. 이때 고객의 장점을 피드백 할 때는 진정성을 가지고 최대한 풍요롭게 하며 더 나아가 코치가 발견한 고객의 잠재된 역량까지도 함께 칭찬을 해주는 것이 좋다.

그러나 고객이 개선하여야 할 부분을 피드백 할 때는 고객의 눈치를 보면서 슬쩍 넘어가는 분위기로 해서는 안되며, 피드백을 선물로 받아들이는 사전 공감대를 형성하는 것을 전제하여 짧은 시간이지만 명쾌하면서도 강력하게 하는 것이 좋다. 왜냐하면 이 때가 전체 코칭 시간을 통해 고객의 당면한 첫 번째 자각의 순간이기 때문이다. 이때 코치는 고객의 반응을 면밀히 관찰하여야 한다.

고객의 반응은 다양한 형태로 나타나나 크게 구분해 보면 다음과 같다.

- 역시, 예상 했던 대로 나왔구나 하며 인정하는 유형
- 예상은 했지만 직접 들으니 기분이 좋지 않은 유형
  (안 좋은 마음을 표현하는 유형과, 밖으로 나타나지 않도록 노력하는 유형으로 나뉨)
- 전혀 예상 치 않은 피드백에 놀라는 유형
  (반응은 긍정적일 수 있고 부정적일 수 있음)
- 피드백 내용을 인정을 하지 않고 반박하거나 그럴 수 밖에 없는 이유를 코치에게
  장황하게 설명하는 유형

고객이 어떤 반응을 보이던 코치는 첫 세션부터 인터뷰 피드백을 가지고 코칭의 방향에 대해 결론을 내리거나 고객에게 어떤 결론을 강요해서는 안 된다. 고객 스스로가 충분히 생각해 보는 시간을 갖도록, 즉 고객 스스로의 깨달음의 시간을 갖게 하는 것이 좋다. 따라서 첫 세션에서는 "피드백을 통해 어떤 점을 느끼셨나요?", "피드백은 선물인데 어떤 선물을 받으셨나요?" 등의 질문을 통해 고객이 스스로 깨달은 것에 대해 코치와 함께 공유하는 정도로 진행한다. 그러나 이 고객의 깨달음은 2차 세션에서 코칭 목표를 잡을 때 중요한 요인으로 작용을 한다.

"연구소장을 시키고 싶은데요…"

모 그룹 연구소 임원의 사전 스폰서와 서포터즈들의 사전 인터뷰 결과는 다음과 같다.

1. 장점
   - 성품이 매우 부드러워 부하들에게 인기가 많고 천성이 매우 선하여 주변 관계가 매우 원만함.
   - 업무처리는 전문성과 통찰력이 매우 뛰어나 문제해결력이 우수함을 인정받고 있음.

2. 코칭을 통해 개선이 필요한 부문
   - 스폰서 및 서포터즈 모두 좀 더 강력한 카리스마를 갖춘 리더십을 통한 조직관리
   - HRD와 직속상사도 연구소장을 맡기는 데 있어 강력한 리더십을 요구하고 있는 상황임.

이러한 내용을 피드백 하였고 이에 고객은 **"저는 회사를 그만 두면 두었지 사람을 함부로 다루는 것은 절대 할 수 없습니다"**라고 코치가 당황해 할 정도로 매우 강하고 격렬한 반응을 보였다. 고객의 감정이 매우 격한 상태라 바로 그 자리에서 이 문제를 더 이상 논의하는 것은 문제가 있다고 판단하여 "네 그렇군요"라고 동의를 하면서 일단 감정을 누그려뜨렸다.

다음 차수에서 고객에게 자연스럽게 **"혹시 일과 사람에 대해 구분하는 것에 대해서는 어떻게 생각하시나요?"**라는 질문을 하였다. 이 질문을 받은 고객은 또 한번 **자각하는 순간이 되었다.** 즉 일을 할 때는 보다 강력한 의사결정과 추진력을 발휘하지만 사람을 다룰 때는 본인의 평소 소신대로 배려와 따뜻함으로 나누어 리더십을 발휘하는 것이다. 고객은 **본인이 평생 갖고 있었던 소신을 지키면서도 조직에서 원하는 요구를 달성할 수 있는 좋은 방법임을 깨닫고는 급격히 변화되어 갔다.**

가. 코칭 목표 : "자기 주도적 리더 성향 강화"로 정하고 달성 모습으로는 "경청과 배려는 지속적으로 하되 필요 시에는 과감한 결단과 조직을 좀 더 강력하게 이끌어 가는 모습으로 정함.

나. 평가 방법 : 부하 직원 10명에게 주도적 리더에 대한 평가를 10점을 척도로 사전 평가를 한 후 중간 평가와 최종 평가함.

다. 최종 결과 : 사전 평가가 3.5, 중간 평가에는 5.58, 최종 평가는 8.4로 나옴.
서포터즈들의 중간/최종 인터뷰 결과도 매우 높게 나옴.

→ 이후, 일과 사람을 분리함으로써 리더십에 커다란 변화를 통해 업무 성과는 물론 창의적으로 조직을 잘 이끌어 연구소장으로 영전이 됨.

위 사례에서도 보듯이 사전 인터뷰 결과 피드백에 대한 고객의 반응은 향후 코칭의 목표와 방향을 설정하고 코칭의 성과를 올리는데 중요한 단초가 되므로 매우 신중하게 다루어야 한다.

5) 코칭을 통해 얻을 수 있는 기대효과에 대해 공유하라!

비즈니스 코칭은 횟수와 시간 등 기한(이 책에서는 1대1 임원 코칭을 약 4개월 ~ 5개월 동안 10회 실시를 기준으로 함)이 정해져 있기 때문에 정해진 기한 동안 코칭을 통해 달성할 수 있는 기대효과에 대해 고객과 사전에 공유하는 것은 코칭 목표에 대해 서로 한 방향을 향해 가는 것으로 매우 의미가 있다고 하겠다.

■ 코칭 기대효과

(1) 주제별 목표 설정 및 실천

고객과 코칭 기간 중에 달성 할 주제별 목표 즉 조직 목표 , 리더십 목표, 개인적인 목표로 나누어 목표를 설정한다. 각 목표 별로 달성 되었을 때의 모습을 정하고 목표 달성을 위한 방법을 도출하여 이를 어떻게 실천할 것인지를 구체적으로 정한다.

아울러 달성했는지를 평가할 수 있는 방법에 대해 정량적인 수치가 가능한 것은 수치로 하고, 수치로 평가하기 어려운 것은 정성적(통상 고객의 주관적 지표)으로 평가 한다.

이 주제별 목표는 철저하게 고객이 주도하여 스스로 설정하는 목표이어야 한다. 다만 코치의 역할은 고객의 잠재된 욕구와 잠재력을 끌어 내어 목표를 설정하고 강력한 실천 의지를 가질 수 있도록 격려하고 지지하여야 한다. 그리고 이렇게 주제별로 목표를 설정 및 실천/평가 방법을 정한 후 고객 본인과 스폰서 그리고 코치가 목표 합의서에 싸인을 한다. 이때 고객은 스폰서와 코치에게 주제별 목표에 대한 설명을 한 후 본인의 각오를 피력함은 물론 코치와 스폰서의 필요한 협조가 필요한 경우에는 협조를 구체적으로 요청한다. 이를 들은 스폰서는 고객이 목표를 잘 달성하도록 격려와 지지를 보내고 요청한 협조사항에 대해서는 가능한 것일 경우 협조 약속을 한다.

코치는 매 코칭 세션 때 마다 고객과 함께 실천 사항과 결과를 확인 하고 피드백 함으로서 코칭 기간이 종료되는 시점에 달성될 수 있도록 상호 책임을 다한다.

(2) 코칭 리더로서 갖추어야 할 역량 습득

앞에서도 밝혔듯이 조직 내에서 리더로서 코칭을 받는 이유는 본인이 먼저 코칭 리더로서 변화와 성장을 하는 것이고 이후는 코칭 리더가 되어 조직을 변화하고 성장 시키는 역할을 하는 것이다.

따라서 코칭 리더로서 갖추어야 할 역량 습득하여야 하는 데 이는 부하직원의 성향을 고려하는 '배려 리더십', '칭찬,격려 및 지지하는 방법', '경청, 관찰, 직관으로 소통하는 방법', '코칭 대화법' 그리고 '피드백 하는 방법' 등의 역량을 말한다.(각각의 역량에 대한 구체적인 내용은 ≪실전 비즈니스 코칭 매뉴얼≫ 정재완, 매일경제, 참조)

코칭 리더십 역량을 습득하는 방법은 코칭 시간에 학습 및 실습을 통해서도 이루어 지지만 무엇보다도 가장 강력한 방법은 코칭과 코칭 사이에 진행 되는 실천 약속(과제)을 잘 지킴으로써 본인이 직접 체험을 통해 얻는 깨달음과 느낌을 갖는 것이다. 본인이 직접 체험을 하고 깨달음과 느낌을 가지고 있기 때문에 부하직원들의 마음을 미리 헤아릴 수 있어 보다 강력한 효과를 낼 수 있다. 따라서, "코칭은 체험을 통해 완성된다"라는 말을 코칭 시간 때마다 강조를 하는 것이 좋다.

(3) 개인의 삶을 성찰

대기업 임원들의 경우 그 자리까지 올라가는 데 있어서도 매우 치열한 과정을 거쳤고, 또한 그 자리를 유지하기 위해서도 매년 실적에 대한 압박과 부담 때문에 많은 스트레스를 받고 있다.

> 내려갈 때 보았네
> 올라갈 때 보지 못한
> 그 꽃
>
> - 고은 -

이렇게 기업의 시스템은 성과창출을 위해 치열하게 앞만 보고 달려가도록 촉진시킨다. 그러다 보니 기업에서 성공하면 할수록 본인의 특별한 노력에 의한 자기성찰이 없다 보면 삶에 대해 진지하게 돌아 보고 주변을 살피고 미래를 꿈 꾸는 것에 소홀할 수밖에 없다.

이렇게 앞만 보고 열심히 달리다 보면 우리의 삶에서 진짜 중요한 것들을 놓치고 있지는 않을까? 우리는 가끔 영원히 살 것처럼 행동을 한다. 하지만 언젠가는 세상과 이별을 해야 하는 유한적인 삶이라는 것을 진솔하게 인정 하는 순간부터 현재의 삶과 미래의 삶을 좀 더 풍요롭게 살 수 있는 평온함을 얻을 수 있다.

비즈니스 코칭은 고객의 자아 성찰을 통해 삶을 재조명하게 함으로써 행복하고 풍요로운 삶을 설계하도록 유도한다. 이렇게 앞만 보고 열심히 달려 온 임원들에게 코칭을 통해 잠시 인생의 쉼표를 제공하면서 옆도 돌아 보고 뒤도 돌아 보면서 '삶'에 대해서, '행복'에 대해서 특히, 자기 자신의 내면과의 대화를 통해 '자기성찰'을 하게 하는 세션은 **실제 많은 임원들이 코칭의 가장 큰 효과로 꼽고 있다.**

즉 올라갈 때 보지 못했지만, 삶에서 중요한 그 꽃들을 코칭을 통해 보게 하는 것이다.

또한 다음과 같은 질문과 프로그램을 통해 고객의 내면을 성찰하게끔 한다.

> - "지금까지 어떠한 존재로 살기 위해 노력해왔는가?"
> - "나의 인생을 한 문장으로 적어 보기"
> - "인생의 좌우명"은 ? 그 이유는?
> - "나의 묘비명은 _____ 라고 쓰여 있기를 원합니다. 그 이유는"?
> - "당신은 누구 십니까"? (20회 질문)
> - "유서 써 보기"
> - "자기 자신과의 파워 인터뷰"
> - "본인에게 편지 쓰기" (1년 후 개봉)
> - "삶의 의도 메트릭스"
> - "나의 소중한 꿈 찾기"

(4) 이슈 코칭

고객의 모든 관심과 신경이 가장 집중되어 있는 이슈가 발생했을 때는 다른 코칭 주제 보다는 신속하게 "이슈 코칭"으로 전환하여 고객의 당면 문제를 해결하는 것도 비즈니스 코칭의 효과 중 하나이다.

코칭 중 고객의 상황을 살펴 본 후 코치가 먼저 "지금 머리 속에 꽉 차있는 것은 무엇입니까?"라고 질문하여 이슈 코칭으로 전환하는 방법과, 고객이 먼저 코칭 주제를 "이슈 코칭"로 요청하여 진행하는 경우가 있다.

6) 이 모든 것을 깨트릴 발상의 전환을 하라!

비즈니스 코칭의 세션에서의 비즈니스 코치가 갖추어야 할 역량 중 마지막은 "지금까지 언급했던 모든 것을 다 깨트릴 발상의 전환을 하라"이다. 여기서 언급된 내용들은 그 동안의 경험을 통해 각 세션에서 하면 좋은 내용으로 참조만 하라는 것이지 반드시 그렇게 하라는 것은 아니다. 바둑에서도 "정석은 익히되 바로 잊어 먹어라"는 격언이 있다.

왜냐하면 코칭에는 따로 정답이 있는 것이 아니기 때문이다. 즉 지금 앞에 있는 고객의 상황에 맞추어 고객의 변화와 성장을 이끌어 내는 것이 코칭의 정답이기 때문이다. 따라서 코치는 코칭에서 좋은 성과를 내는 사례들에 대한 연구를 게을리 하면 안되고, 항상 평소에 다양한 코칭 방법에 대해 익히는 노력에 힘을 쏟아야 한다.

이러한 평소의 노력으로 다양한 코칭 방법을 몸에 익힌 후 고객의 상황에 맞추어 사용하는 것이 좋은 코칭의 성과를 위해서 무엇보다 중요하다 하겠다.

1 비즈니스 코칭 유형

비즈니스 코칭은 "비용을 내는 주체가 개인이 아닌 기업으로서 기업의 리더와 조직의 멤버를 대상으로 리더십 개발, 업무 성과 향상, 조직의 관계 활성화 같은 비즈니스 이슈를 다루는 코칭이다"라고 정의하였다.

이와 같은 비즈니스 코칭을 전개하는 방법으로 **경영자 대상의 1:1코칭**이 대부분을 차지하지만 최근에는 집단지성의 활용과 비용 절감의 차원에서 고객이 1명이 아닌 다수가 참가하는 "**그룹 코칭**", 코칭의 기본 철학과 스킬을 세일즈에 종사하는 사람들의 무한한 잠재능력을 개발하고 활용하여 세일즈 성과를 창출하게 하는 "**세일즈 코칭**" 그리고 보통 10세션 정도로 약 6개월 이내로 진행되는 단기간이 아닌 주로 기업의 CEO(최고경영자 : Chief Executive Officer)를 대상으로 최소 1년 이상 장기적으로 진행되는 "**장기(CEO)코칭**" 등이 있다.

비즈니스 코칭 유형 분류

유 형	내 용
1:1 경영자 코칭	기업의 경영자들을 1:1 로 하는 코칭
그룹 코칭 (팀 코칭)	고객이 1명이 아닌 다수가 참가하는 코칭 (다수가 참가는 하지만 팀원으로 한정하여 진행하는 코칭)
세일즈 코칭	세일즈에 종사하는 사람들에게 코칭의 기본 철학과 스킬을 접목하여 세일즈 성과를 창출하게 하는 코칭
장기(CEO) 코칭	주로 기업의 CEO를 대상으로 최소 1년 이상 장기적으로 진행하는 코칭
기 타	기간, 대상, 목적에 따라 다양한 분류가 가능

2 비즈니스 코칭 Frame & Process (1대1 코칭)

비즈니스 코칭 중 경영자와 임원을 대상으로 1대1 코칭을 진행하는데 있어 사전 준비 단계, 코칭 실시 단계, 코칭 후 사후 관리 단계로 나누어 다루며 기본 프레임(Frame)과 프로세스(Process)는 다음과 같다.

비즈니스 코칭 전개 Frame

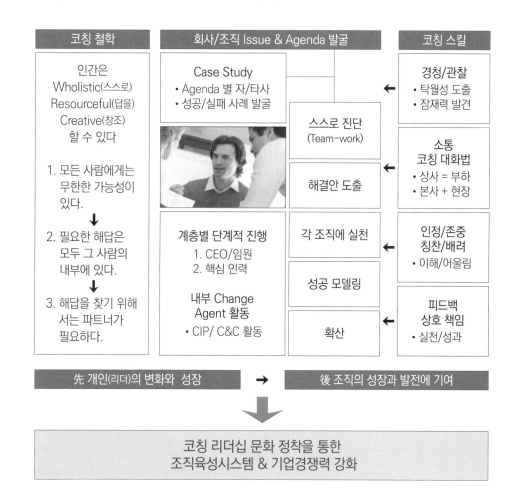

비즈니스 코칭(1:1) Process

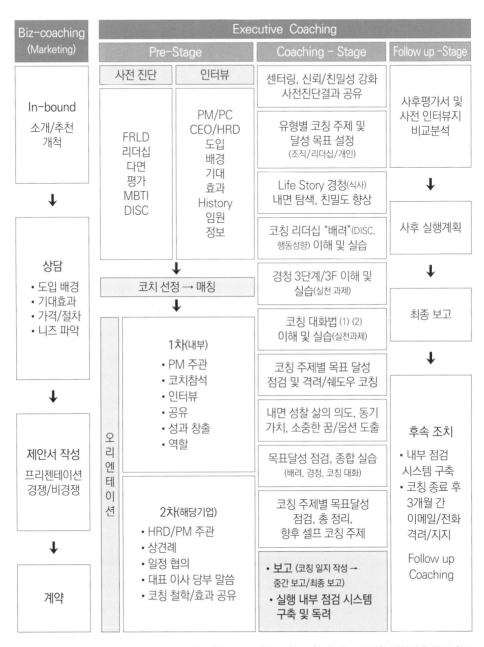

Biz-coaching (Marketing)	Executive Coaching			
	Pre-Stage		Coaching – Stage	Follow up –Stage
In-bound 소개/추천 개척 ↓	사전 진단	인터뷰	센터링, 신뢰/친밀성 강화 사전진단결과 공유	사후평가서 및 사전 인터뷰지 비교분석 ↓
	FRLD 리더십 다면 평가 MBTI DISC	PM/PC CEO/HRD 도입 배경 기대 효과 History 임원 정보	유형별 코칭 주제 및 달성 목표 설정 (조직/리더십/개인)	
상담 • 도입 배경 • 기대효과 • 가격/절차 • 니즈 파악			Life Story 경청(식사) 내면 탐색, 친밀도 향상	사후 실행계획 ↓
			코칭 리더십 "배려"(DISC, 행동성향) 이해 및 실습	
	코치 선정 → 매칭		경청 3단계/3F 이해 및 실습(실천 과제)	최종 보고 ↓
	오리엔테이션	**1차**(내부) • PM 주관 • 코치참석 • 인터뷰 • 공유 • 성과 창출 • 역할	코칭 대화법 (1) (2) 이해 및 실습(실천과제)	
제안서 작성 프리젠테이션 경쟁/비경쟁			코칭 주제별 목표 달성 점검 및 격려/쉐도우 코칭	**후속 조치** • 내부 점검 시스템 구축 • 코칭 종료 후 3개월 간 이메일/전화 격려/지지 Follow up Coaching
			내면 성찰 삶의 의도, 동기 가치, 소중한 꿈/옵션 도출	
			목표달성 점검, 종합 실습 (배려, 경청, 코칭 대화)	
계약		**2차**(해당기업) • HRD/PM 주관 • 상견례 • 일정 협의 • 대표 이사 당부 말씀 • 코칭 철학/효과 공유	코칭 주제별 목표달성 점검, 총 정리, 향후 셀프 코칭 주제	
			• **보고** (코칭 일지 작성 → 중간 보고/최종 보고) • **실행 내부 점검 시스템 구축 및 독려**	

세부 내용은 ≪실전 비즈니스 코칭 매뉴얼≫ 정재완, 매일경제신문사 참조

사전 준비 및 진단 단계

1) 내부 파트너와의 원활한 소통과 협조체제를 구축하라.

계약이 완료되면 이제 본격적으로 코칭 용역이 시작된다. 무엇부터 해야만 할까? 가장 먼저 해야 할 것은 고객사의 코칭 프로젝트 파트너(통상 HRD 담당)와의 코칭 일정 및 진행 방법 등에 관한 공유를 통한 협조 강화이다. 즉, 본 코칭 전에 실시하는 코칭 대상자의 스폰서(통상 직속 상사) 및 서포터즈(동료 및 부하 중 복수 인원 선정)와의 사전 인터뷰 및 사전 진단 실시를 효율적이고 효과적으로 하기 위해서는 내부 파트너의 적극적인 협조가 필수적이다.

2) 사전 인터뷰 실시 및 사례

내부 협조체제를 공고히 하고 나서 이제 사전 진단 및 인터뷰, 그리고 리더십 다면 평가 등을 실시한다. 사전에 실시하여 얻게 되는 고객에 관한 다양한 정보는 코칭을 실시하기 전 코칭의 방향 설정과 진행 방법을 결정하는 데 결정적인 자료가 되므로 신중하게 실시하여야 한다.

다만, 사전에 실시하는 이러한 활동에 임원들과의 연락상황과 스케줄 조정이 여의치 않아 실제 코칭 세션을 실시해야 하는 시간에 지장을 줄 정도로 시간이 소요되는 경우가 종종 발생을 한다. 따라서, 이러한 사전 활동에 대한 내부협조를 끌어내는 지혜가 필요하다.

(1) 사전 인터뷰 실시방법

코칭 대상자의 스폰서와 서포터즈를 대상으로 코칭 전에 인터뷰를 실시한다. 인터뷰 방법은 시간이 충분할 경우에는 직접 만나서 하는 대면 인터뷰를 실시하는 게 바람직하나 시간과 여건(해외나 지방 출장 중이거나 시간이 허락 치 않을 경우)이 안 될 경우에는 전화나 이메일 인터뷰를 하는 방법이 있다. 여하튼 코칭 시작 전에 실시하는 사전 진단이나 사전 인터뷰를 진행하는 데 너무 많은 시간이 소요(대체적으로 임원들과의 시간 약속 확보가 가장 관건)되지 않도록 하는 것이 중요하다.

(2) 사전 인터뷰 실시 목적

사전 인터뷰는 코칭 대상자를 가장 가까이서 경험하고 있는 상사와 동료 및 부하들의 코칭 대상자에 대한 강점과 장점 및 개선이 필요한 부문 등에 대해 객관적이고 다면적인 피드백을 받음으로써 코칭의 목표와 방향을 설정하는데 목적이 있다.

인터뷰 내용으로는 코칭 대상자에 대한 강점 및 장점과 개선이 필요한 부문을 파악하는 것으로 질문 항목은 다음과 같다.

가. 코칭 대상자가 조직관리 및 업무처리에 필요한 당면한 도전과제를 해결해 나가는데 있어서 대응해가는 행동의 특성은?

나. 코칭 대상자가 조직에 기여하는 강점(성향, 스킬, 전문지식, 리더십)은?

다. 코칭 대상자가 앞으로 조직에서 성과창출 및 조직관리를 잘하는 리더가 되기 위해 개선했으면 하는 부문은 어떤 게 있을까요?

라. 이번 코칭을 통해 특히 개선되었으면 하는 것은 어떤 게 있을까요?

마. 조직 내에서의 평가(Reputation) 및 코칭 대상자를 위해 해주고 싶은 말은?

(3) 사전 인터뷰 양식

000 상무 사전 인터뷰

인터뷰 : 000 코치

인터뷰 대상/일정,장소

구 분	직급/부서/관계	이름	인터뷰 방법/일시/장소
스폰서	000 / 상사	000	전화 인터뷰, 0월 0일, 0시
서포터즈	000 / 동료	000	대면 인터뷰, 0월 0일, 0시, 접견실
	000 / 부하	000	대면 인터뷰, 0월 0일, 0시, 접견실

1. 강점 & 장점

스폰서	
서포터즈	
시사점 코칭 방향	

2. 개선이 필요한 부문 & 이번 코칭에서 변화할 부문

스폰서	
서포터즈	
시사점 코칭 방향	

(4) 사전 인터뷰 사례

"사장님이 변하시면 임원들도 변합니다"

지방에 있는 반도체 장비를 취급하는 중견기업의 사례이다.
임원 코칭을 하기 전 대표이사(CEO)에 대한 사전 인터뷰가 있었다

코　　치 : 사장님! 이번 임원 코칭을 통해 기대하시는 것이 무엇입니까?
대표이사 : 이번 코칭을 통해 우리 임원들이 마인드나 행동 모두가 다 변화했으면
　　　　　 좋겠어요.
코　　치 : 네 그렇군요. 사장님께서 먼저 변화하시면 임원들도 그 모습을 보고
　　　　　 반드시 변화할 것이라고 보는 데 어떻게 생각하세요?
대표이사 : ⋯⋯⋯⋯⋯⋯

잠시 침묵이 흘렀고, 대표이사님의 눈은 순간 흔들렸다. 이윽고

대표이사 : 잘 알겠습니다. 이번에 저도 코칭을 받겠습니다.

이후, 내성적이었던 사장님이 솔선수범하여 매 회의 전 "그럼에도 불구하고"를 먼저
외치며 시작하였고, 그 전엔 상상하지 못했던 신선한 아이디어를 내놓으며 조직에
충격을 주기 시작하였다. 아울러 직원들에게는 더 따뜻하게 다가감은 물론 인정과
배려의 코칭 리더십을 보여 ,이후 임원은 물론 전 팀장들도 코칭을 받아 코칭 문화
를 정착한 성공 사례로서 이후 코칭 전문 잡지에도 소개가 되었다.

3) 사전 진단 유형

코칭 대상자를 상대로 사전에 진단하는 목적은 사전에 코칭 대상자에 대한 행동성향 및 심리유형을 파악하고 리더십에 대한 다면평가 등을 통해서 코칭의 방향 설정은 물론 코칭 대상자의 타고난 기질과 성향을 배려하는 '맞춤 코칭'을 설계하여 진행함으로써 좋은 코칭 성과를 올리고자 함이다.

(1) 행동성향(DISC) 진단

코치가 고객의 성향이나 기질을 알게 되면 그에 맞는 재능이나 역량 등도 쉽게 알 수 있다. 이러한 것들을 미리 파악한 후 코칭이 시작되면 코칭은 물 흐르듯이 자연스러운 분위기에서 편안하고 즐겁게 진행될 수 있다. 고객의 성향이나 기질을 파악하는 도구로 사람의 행동유형을 네 가지로 구분해서 대응하는 방법을 구체적으로 제시한 'DISC'(행동유형검사) 방법이 있다.

DISC 유형 별 특징

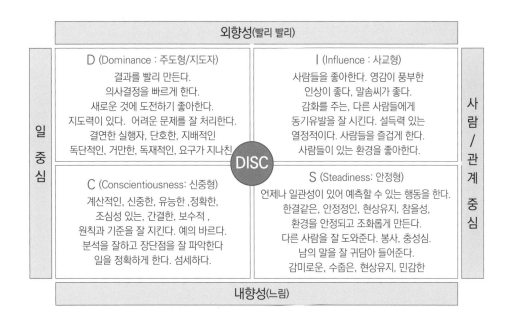

콜롬비아대학교의 윌리엄 마스톤(William Marston) 교수는 인간의 내부 장기의 체액설을 바탕으로 1920 ~ 1930년까지 약 10년 동안 사람들의 행동양식을 연구한 결과 D. I. S. C. 라는 네 가지 유형을 만들게 되었다.

Disc 스펠링의 이니셜은 그 유형별로 특징을 나타내는 것으로서 D형은 '주도하다'라는 Dominance의 첫 글자를 딴 것이며, I형은 Influence의 첫 글자를 따서 '다른 사람을 설득하거나 영향을 미치다'는 뜻이다, S형은 Steadiness로서 '안정적이다'라는 뜻이며, C형은 Conscientious로서 '신중하다'라는 뜻을 가지고 있다.

검사 방법으로는 설문지 방법과 오링 테스트 방법이 있다.오링 테스트는 타고난 기질을 그대로 반영한다. 따라서 오링 테스트와 설문지 진단(양식 1,2 참조) 결과와의 차이가 있을 때에 그 차이는 원래 타고난 기질을 발휘할 수 없는 상황에 있기 때문에 많은 스트레스를 받고 있다고 판단할 수 있다.

DISC 검사 (오링 테스트)

O-ring 테스트는 엄지와 검지를 동그랗게 모아 붙인 것을 타인이 벌려서 근력이 강한 데와 약한 데를 판단하는 동양적인 에너지 검사로 정식 명칭은 바이 디지털 오링 테스트(Bi-Digital O-ring Test)라 한다. DISC 검사에서는 피 검사자가 아래와 같이 네 군데에 왼쪽 손을 대고 검사자는 피 검사자의 오른손을 오링해서 떨어지는 강도를 가지고 타고 난 본래적 기질을 파악한다.

폐(肺)   D (주도) : 주도적 에너지
비(脾)   I (사교) : 사교적 에너지
간(肝)   S (안정) : 인내적 에너지
신(腎)   C (신중) : 분석적 에너지

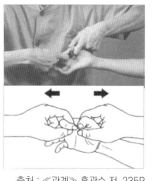

출처 : ≪관계≫ 홍광수 저, 235P

구동존이(求同存異) 리더십
"나와 다른 것은 다른 것일 뿐 틀린 것이 아니다"

DISC 진단 양식(양식1)

각 문항에서 나를 가장 잘 묘사하는 순서대로 4 / 3 / 2 / 1점을 기입 하세요							
내 성격은	명령적이고 주도적이다		사교적이며 감정표현 잘한다		태평스럽고 느리다		진지하고, 세심하며, 상식적	
나는 ( )에 둘러싸인 환경을 좋아한다	개인적, 성취적 보상 및 목표지향적		사람을 좋아하는		그림, 편지와 내 물건들		질서, 기능 조직	
내 성격스타일은 ( )한 경향이 있다	결과를 중시		사람을 중시		과정과 팀을 중시		세부사항을 중시	
다른 이에 대한 나에 태도는	시원시원하다		친절하고 씩씩하다		착실하고 자제력이 있다		차갑고 객관적이다	
다른 사람의 말을 들을 때 ( )	종종 참을성이 없다		주의가 산만하다		기꺼이 주위를 기울여 듣는다		사실에 초점을 맞추고 분석한다	
다른 사람과( )에 대해 이야기 하는 것을 좋아한다	내 업적		나 자신과 다른 사람들		가족과 친구		사건, 정보. 조직	
나는 타인에게 ( )한 경험이 있다	사람들에게 지시하는		사람들에게 영향을 미치는		잘 용납하는		가치와 질로 평가하는	
축구팀에 들어가면 나의 포지션은?	최전방 공격수		공격 형 수비수		수비 형 공격수		최종 수비수	
나에게 시간은?	항상 바빠하는		교제에 많은 시간을 사용하는		시간을 중시하지만 그리 부담 없는		시간의 중요성을 알고 시간 활용을 잘하는	
내가 교통 포스터를 만든다면?	난폭운전! 죽음을 부릅니다		웃는 엄마! 밝은 아빠 알고 보니 양보운전		조금씩 양보하면 좁은 길도 넓어진다		너와 내가 지킨 질서 나라안녕 국가번영	
평소 내 목소리는?	감정적, 지시적 힘 있고 짧고 높은 톤		감정적,열정적 가늘고 높은 톤		감정이 적게 개입 되고 굵고 낮은 톤		냉정하고 감정을 억제 하고 가늘고 낮은 톤	
내 제스처는 대부분	강하고 민첩하다		개방적이고 친절하다		경직되어 있고 느리다		계산되고 신중하다	
나는 ( ) 스타일의 옷을 좋아한다	정장		멋을 내는 캐쥬얼		실용적이고 편리함을 추구		검소, 소탈 깔끔형	
나의 전체적인 태도는 ( )로 묘사 된다	권위적		매력적인 사교적, 외향성		수용적 또는 개방적		평가적이거나 말이 없는	
내 삶의 페이스는	빠르다		열광적이다		안정되어 있다		조절되어 있다	
총 점								

각 질문 문항에 대하여 자기를 가장 잘 묘사하는 순서대로 4,3,2,1 순서로 작성한 후
각 점수를 세로로 합계 하며 기록한다.

출처 (홍광수 DISC 연구소)

DISC 진단 결과 평가 양식 (양식2)

행동유형 평가(DISC)서 프로파일

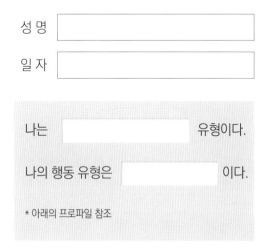

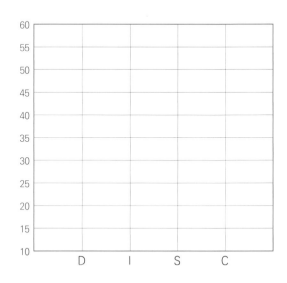

DISC 의 40개 행동유형 프로파일

행동유형	프로파일	행동유형	프로파일	행동유형	프로파일
D	감독자 형	I/D/C	지도자 형	S/I/C	상담자 형
D/I	결과지향 형	I/S	격려자 형	S/C	관리자 형
D/I/S	관계중심적 지도자 형	I/S/D	헌신자 형	S/C/I	평화중재자 형
D/I/C	대법관 형	I/S/C	코치 형	C	논리적 사고 형
D/S	성취자 형	I/C	대인협상가 형	C/D	설계자 형
DS/I	업무중심적 지도자 형	I/C/D	업무협상가 형	C/D	프로듀서 형
D/S/C	전문가 형	I/C/S	조정자 형	C/D/S	심사숙고 형
D/C	개척자 형	S	팀 플레이 형	C/I	평론가 형
D/C/I	대중 강사 형	S/D	전문적 성취자 형	C/i/D	작가 형
D/C/S	마이스터 형	S/D/I	디자이너 형	C/I/S	중재자 형
I	분위기 메이커 형	S/D/C	수사관 형	C/S	원칙중심 형
I/D	설득자 형	S/I	조언자 형	C/S/D	국난극복 형
I/D/S	정치가 형	S/I/D	평화적 리더 형	C/S/I	교수 형

세로로 합계를 낸 점수를 도표에 각각 점을 찍고 한 줄로 잇는다.
가장 높게 나온 점수의 형이 주 행동유형이고 빨간 줄 위에 해당되는
형(보통 2개 또는 3개 위치)을 이어 읽으면 그 사람의 행동 유형이 된다.

(2) 심리유형(MBTI) 진단

코칭 시에 사용하는 유용한 또 하나의 도구로 사람의 섬세한 심리적인 측면을 이해하고 대응할 수 있도록 도와주는 MBTI 심리 유형 분석이 있다.

MBTI(Myers Briggs Type Indicater)는 칼 구스타프 융(G. G. Jung)의 심리유형론을 근거로 하여 캐선린 쿡 브릭스(katharine Cook Briggs)와 그의 딸 이사벨 브릭스 마이어(Isabel Briggs Myers) 그리고 손자인 피터 마이어(Peter myers)에 이르기까지 무려 3대에 걸친 70여 년 동안 연구 개발하여 완성한 성격유형 검사이다.

MBTI는 인식과 판단에 대한 융의 '심리적 기능 이론', 그리고 인식과 판단의 향방을 결정짓는 융의 '태도 이론'을 바탕으로 하여 만들어 졌다. 또한 개인이 쉽게 응답할 수 있는 자기 보고(Self Report) 문항을 통해 인식하고 판단할 때 각자 선호하는 경향을 알아내고, 이러한 선호 경향들이 하나 또는 여러 개가 합쳐져서 인간의 행동에 어떠한 영향을 미치는가를 파악하여 실생활에 응용할 수 있도록 특별히 만들어진 심리검사이다.

가. 성격에 관한 마이어 브릭스 모델

다음과 같이 네 가지 선호도에 의해 결정된다.

당신의 에너지는 어디로 향하고 있는가?	
외향형(E) Extraversion	내향형(I) Introversion
활동, 내뱉는 말 등 외부세계로 ↓ 폭넓은 대인관계를 유지하며 사교적이고 열정적이며 활동적	활동, 내뱉는 말 등 내부세계로 ↓ 깊이 있는 대인관계 유지 조용하고 신중
자기 외부에 주의 집중 외부활동 활발, 적극성 정열적, 활동적 말로 직접 표현 경험한 다음에 이해 쉽게 알려짐	자기 내부에 주의 집중 내부활동과 집중력 조용하고 신중함 글로 간접 표현 이해한 다음에 경험 서서히 알려짐

어떻게 정보를 처리하는가?	
감각형(S) Sensing	직관형(N) iNtuition
알려진 사실, 친숙한 단어들의 형태로 ↓ 오감에 의존하여 실제 경험을 중시 지금 현재에 초점, 정확하고 철저한 일 처리	가능성, 잠재력, 직관의 형태로 ↓ 육감, 영감에 의존하여 미래지향적 가능성과 의미 추구, 비약적/신속한 일 처리
지금 현재에 초점 실제의 경험 정확하고 철저한 일 처리 사실적 사건 묘사 나무를 보려는 경향 가꾸고 추수함	미래 가능성에 초점 아이디어, 직관 신속하고 비전적인 일 처리 비유적, 암시적 묘사 숲을 보려는 경향 씨 뿌림

어떻게 결정을 내리는가?	
사고형(T) Thinking	감정형(F) Feeling
논리와 객관성에 기초해서 ↓ 진실과 사실에 주된 관심 논리적이고 분석적이며 객관적으로 판단	개인적 가치에 기초해서 ↓ 사람과 관계에 주된 관심 상황적이며 정상을 참작한 설명
진실, 사실에 주된 관심 원리와 원칙 논거, 분석적 맞다, 틀리다 규범이나 기준 중시 지적 논평	사람, 관계에 주된 관심 의미와 영향 상황적, 포괄적 좋다, 나쁘다 나에게 주는 의미 중시 우호적 협조

삶을 어떻게 꾸려나가는가?	
판단형(J) Judging	인식형(P) Perceving
현 위치를 파악하면서, 체계적으로 ↓ 분명한 목적과 방향 기한 엄수, 사전에 철저하게 계획, 체계적	살아가면서 , 융통성 있게 ↓ 변화 가능한 목적과 방향 상황에 따라 자율적이고 융통성
정리 정돈, 계획 의지적 추진 신속한 결론 통제와 조정 분명한 목적의식과 방향감각 뚜렷한 기준과 자기의식	상황에 맞추는 개방성 이해로 수용 유유자적한 과정 융통과 적응 목적과 방향의 유연성 개방성, 포용력

나. 16가지 타입 및 역할

ISTJ 세상의 소금 형 의무를 다하는 자	ISFJ 임금 뒤편 권력 형 훈육가	INFJ 예언자 형 보호자	INTJ 과학자 형 과학자
ISTP 백과사전 형 기술자	ISFP 성인군자 형 예술가	INFP 잔다르크 형 이상주의자	INTP 아이디어 뱅크 형 분석/비평가
ESTP 수완 좋은 활동가 비전가	ESFP 사교 형 영업가	ENFP 스파크 형 상담가	ENTP 발명가 형 발명가
ESTJ 사업가 형 관리자	ESFJ 친선 도모 형 돌보는 자	ENFJ 언변능숙 형 설득자	ENTJ 지도자 형 행정관

(3) 에니어그램

우리가 타고난 성향을 파악하는 방법으로 행동 유형(DISC), 심리 유형(MBTI) 외에 에니어그램(Enneagram)의 방법도 있다. 에니어그램은 9개의 점을 가진 별 모양처럼 형성된 하나의 원으로 나타난다. 에니어(Ennea)는 숫자 "9"를 뜻하는 그리스어이며, 그램(gram)은 '그림'을 뜻하는 말이다. 즉, 에니어그램은 "9개의 점이 있는 그림"이라는 뜻이다. 이와 같이 에니어그램은 인간의 9가지 기존 유형에 대한 연구이다. 이는 우리의 특정 행동패턴에 대해 알 수 있으며 개인이 성장해 나아가야 할 방향을 구체적으로 제시해 준다. 아울러 다른 사람들을 더 깊이 이해함으로써 가족, 친구, 동료와의 관계를 개선하는 데도 중요한 도구가 된다.

에니어그램의 기원에 대해 정확히 알려진 바는 없으나, 일반적으로 중동의 수도자들 사이에서 구전되어 내려온 것으로 알려져 있다. 이후 에니어그램은 1920년대에 러시아의 신비주의 스승인 구르지예프(G.I.Gurdjieff)에 의해 유럽에 소개되었고, 1960년대에 이르러 미국으로 전파되어 지금의 에니어그램으로 발전되었다.

가. 9가지 유형의 특징

1. **1유형(개혁하는 사람)**

   현실적이고 양심적이며 원칙을 고수한다. 자신이 세운 높은 이상에 도달하기 위해 분투하며 살아간다.

2. **2유형(도와주는 사람)**

   따뜻하고 다른 사람들을 잘 양육하며, 다른 사람들에게 마음을 쓰고 그들의 필요를 민감하게 알아차린다.

3. **3유형(성취하는 사람)**

   활동적이고 낙천적이며, 자기 확신이 강하고 목표 지향적이다.

4. **4유형(낭만적인 사람)**

   정서적으로 섬세하고 따뜻하며, 지각력이 있다.

5. **5유형(관찰하는 사람)**

   지적인 욕구가 강하고 내향적이며, 호기심이 많고 분석적이며 통찰력이 있다.

6. **6유형(충성하는 사람)**

   책임감이 강하고 신뢰할 만하며, 가족이나 친구, 소속된 모임이나 조직에 충실하다. 내성적이고 소심한 성격에서부터 거침없이 말하고 당당히 맞서는 성격에 이르기까지 다양한 범위에 걸쳐 있다.

7. **7유형(모험적인 사람)**

   에너지가 넘치고 생동감이 있으며 낙천적이고, 세상에 기여하기를 원한다.

8. **8유형(도전 하는 사람)**

   직선적이고 독립적이며 자신감이 강하고, 다른 사람들을 보호해 준다.

9. **9유형(평화적인 사람)**

   수용적이고 온화하며 다른 사람들을 지지해 준다. 자신을 둘러싼 사람들뿐만 아니라 세상과도 연결되기를 원한다.

나. 세 가지의 중심

　자신의 유형을 찾는 핵심 열쇠는 자신의 '중심'이 무엇인가이며, 각각의 중심은 가슴(Heart), 머리(Head), 장(Gut)이라는 우리 몸을 이루는 세가지 중심과 일치한다.

가슴형 • 2,3,4형 • 감정 중심 • 이미지	• 도와주는 사람(2유형)은 사람들을 돌보는 데 관심이 있으며, 사랑의 이미지를 보여주고 싶어 한다. • 성취하는 사람(3유형)은 사회적으로 합의된 규범에 비추어 바람직하게 보이는 것을 좋아한다. • 낭만적인 사람(4유형)은 자신을 표현하고 싶어 하고, 독창적으로 보이고 싶은 강력한 욕구를 가지고 있다.
머리형 • 5,6,7형 • 사고 중심 • 두려움	• 관찰하는 사람(5유형)은 자신이 지닌 자원들에 의지하며, 어떤 것에 대해 잘 알고 있다고 생각할 때 안정감을 느낀다. • 충성하는 사람(6유형)은 권위 있는 인물에게 인정 받거나 권위에 반항함으로써 두려움을 벗고 안정감을 느끼고자 한다. • 모험적인 사람(7유형)은 활동적이고 낙천적이며, 두려움을 포함하여 즐겁지 않은 감정들을 회피하려고 한다.
장형 • 8,9,1형 • 본능 중심 • 분노	• 도전하는 사람(8유형)은 자신의 강한 이미지를 드러내며, 분노를 표현하는 데 있어 주저함이 없다. • 평화적인 사람(9유형)은 동의를 잘하고 순응하며, 종종 자신의 분노를 잘 알아차리지 못한다. • 개혁하는 사람(1유형)은 분노를 성격적인 결함으로 보고 이를 드러내는 것을 참는다. 행위의 규범을 철저히 따른다.

출처 : ≪나와 만나는 에니어그램≫ 레니바론, 엘리자베스와길러, 마음살림)

(4) FRLD 리더십 유형(다면평가)

　다면평가는 1980년 중반에 미국 TEAMS 회사에 근무하는 M. R. Edwards & A. J.Ewen이 처음으로 360도 피드백 과정(Feedback Process)이라는 말을 쓰기 시작하면서 등장했다. 직속상사 뿐만 아니라 동료, 부하, 고객 등 평가대상의 직무 행동을 잘 아는 사람들이 정보를 제공하는 유형으로 여러 사람이 여러 각도에서 평가대상에 대한 가치나 장점 등의 전체적인 모습을 판단하기 위한 일종의 인사 평가제도이다. 리더십 다면 평가는 리더 본인의 설문지 작성을 통한 자기 평가와 랜덤(Random)으로 뽑은 3~4명의 부하직원들의 다면평가의 결과를 가지고 평가하여 부족한 리더십의 유형에 대한 인식을 통해 앞으로의 리더십을 보완하고자 하는데 그 목적이 있다.

가. 리더십 유형

1. 수동적 리더십 (Passive leadership)
2. 예외에 의한 관리 (Management-by-exception Active & Passive)
3. 거래적 리더십 (Transactional leadership/contingent reward)
4. 변혁적 리더십 (4I's)
   (1) 영향의 이상화 (Idealized Influence)
   (2) 영감적 동기 부여 (Inspirational Motivation)
   (3) 지적 자극 (Intellectual Stimulation)
   (4) 개인적 배려 (Individualized Consideration)

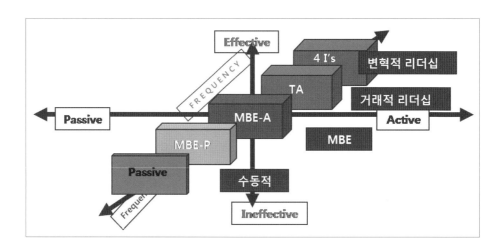

나. FRLD 리더십 유형

유 형	특 징	적 정
수동적인 리더십 (Passive Leadership)	리더로서 책임을 포기하거나 결정을 회피(Abandon responsibilities & avoid making decision)하는 리더십 (1) 중요한 사안이 발생했을 때, 그것에 관여되는 것을 회피한다. (2) 내 부하가 도움이 필요하여 찾을 때 자리에 없다. (3) 결정을 내리는 것을 회피한다. (4) 시급한 문제가 있어도 이에 대한 대응을 미루는 편이다.	2.0 이하
예외에 의한 관리 리더십 (MBEP)	조건에 충족되기 전까지는 관여를 안하는(Intervene only if standards are met) 리더십 (1) 문제들이 심각해질 때까지는 관여하지 않는다. (2) 일들이 나쁘게 꼬여갈 때까지는 행동을 취하지 않는다. (3) 문제가 없으면 현 상황을 계속 유지해 나가야 한다고 굳게 믿고 있다. (4) 문제가 만성적으로 되어야 비로소 행동을 취한다.	2.5 이하
예외에 의한 관리 리더십 (MBEA)	부하들에 대해 기준과 표준에 이탈하거나 실수에 초점을 두고 지적 (Watch and search for deviations from rules and standards, take correct action)하는 리더십 (1) 변칙, 실수, 예외 그리고 기준에서의 이탈에 주로 초점을 둔다. (2) 내 부하가 실수나 불만이나 실패에 관한 사항을 처리하는데 모든 주의를 기울인다. (3) 내 부하의 실수들의 원인, 과정, 현 상태 등을 파악하는 데 초점을 두고 있다. (4) 업무 기준에 못 미치는 것에 대해만 관심을 집중한다.	2.5 ~ 3.5
거래적 리더십 (TA)	부하가 노력한 만큼 지원해 주고, 목표를 달성 했을 때 받을 수 있는 보상에 대해 구체적으로 제시하며, 리더의 기대를 충족시켜 줄 때 만족감을 표현하는(Contract exchange of rewards for effort promise rewards for good performance, recognize accomplishments) 리더십 (1) 내 부하가 노력하는 만큼, 그(그녀)를 지원해 준다. (2) 담당자와 업무 목표 달성에 대하여 구체적으로 의논한다. (3) 목표 달성 시에 그 보상이 무엇인지 명확히 해준다.	4.0 ~ 4.5

변혁적 리더십

기대 이상의 성과를 도출해 내는 과정으로 부하들에게 장래의 비전 공유를 통해 몰입도를 높여 부하가 원래 생각했던 성과 이상을 달성할 수 있도록 동기 부여시키는 리더십을 말하는 것으로 다음 4가지로 구성되어 있다.

(1) 영향의 이상화 (Idealized Influence)
(2) 영감적 동기부여 (Inspirational Motivation)
(3) 지적 자극 (Intellectual Stimulation)
(4) 개인적인 배려 (Individualized Consideration)

유 형		특 징	적 정
변혁적 리더십	영향의 이상화 리더십	리더는 추종자에게 비전과 사명감, 그리고 자부심을 심어줌으로써 추종자로부터 존경과 신뢰를 받는(Provide vision and sense of mission, instill pride, gain respect and trust) 리더십. (가) 내 부하가 같이 일할 때, 그(그녀)에게 자긍심을 심어 준다. (나) 조직의 이익을 위하여는 내 이익을 희생한다. (다) 내 부하가 존경하게끔 행동한다. (라) 하는 일의 미래에 대한 비전을 명확하게 알려준다. (마) 나의 가장 중요한 가치관과 신념에 대하여 이야기한다. (바) 강한 목적의식을 가지는 것의 중요성에 대해 이야기한다. (사) 어떤 결정을 따르는 도덕적, 윤리적 결과를 고려한다. (아) 임무에 대해 공동체적 사명감을 갖는 것이 중요하다고 강조한다.	4.2 ~ 4.3 이상
	영감적 동기부여 리더십	리더는 추종자들에게 높은 수준의 기대감을 심어주고, 추종자의 노력을 집중시키기 위해 상징기법을 사용하며 중요한 목적을 단순한 방법으로 표현(Communicate high expectations, use symbols to focus efforts, express important purposes in the simple ways)하는 리더십. (가) 미래에 대하여 낙관적으로 이야기한다. (나) 무엇을 달성해야 할 것인지에 대해서 열성적으로 이야기한다. (다) 힘과 자신감을 피력한다. (라) 목표 달성에 자신감을 피력한다.	

유 형		특 징	적 정
변혁적 리더십	지적 자극 리더십	리더는 추종자들의 지성, 합리성, 그리고 신중하게 문제를 해결하도록 촉진시키는(promote intelligence, rationality, and careful problem solving) 리더십. (가) 업무에 관한 기본적이며 중요한 가정들이 과연 적절한가 다시 검토한다. (나) 문제를 해결할 때, 다른 관점들에서도 보려고 한다. (다) 문제를 다양한 관점에서 보게끔 한다 (라) 나의 부하가 어떻게 임무를 완성하는지에 대해 새로운 길을 제시하여 준다.	4.2 ~ 4.3 이상
	개인적인 배려 리더십	리더는 추종자 개인에게 관심을 가지고 주목하며, 개별 추종자를 개인적으로 상대하며, 조언과 지도를 아끼지 않는(give personal attention, treat employee individually, coach, advise)리더십. (가) 가르치고 코치하는 데에 시간을 할애한다. (나) 단지 그룹의 일원으로 보다는, 하나의 개인(인격체)으로서 나를 대해 준다. (다) 내 부하가 남들과 다른 요구 및 능력과 야망이 있음을 고려한다. (라) 나의 부하가 장점을 개발하도록 도와 준다.	

변혁적 리더십과 코칭

변혁적 리더십이란 리더가 조직 구성원의 사기를 고양시키기 위해 미래의 비전과 공동체적 사명감을 강조하고 이를 통해 조직의 장기적 목표를 달성하는 것을 핵심으로 하는 리더십이다.

따라서, "변혁적 리더십"은 급변하는 환경에서 조직에 변화를 주도하고 관리하는데 적합한 리더십 유형으로 부각되고 있으며, 그 중심에 "코칭"이 자리하고 있다.

4) 내부 및 고객사 오리엔테이션 실시

(1) 내부 오리엔테이션 실시(사전 인터뷰 및 진단 결과 분석을 통한 코칭 전략 수립)

내부 파트너와의 소통 원활화와 협조체제 구축 후 스폰서와 서포터즈를 상대로 코칭 대상자에 대한 장점과 개선방안 등에 대한 사전 인터뷰를 실시하였다.

또한 코칭 대상자의 행동성향(DISC)과 심리유형(MBTI)에 대한 검사와 리더십 다면 평가(FRLD)를 코칭 전에 실시하였다. 이제 사전에 실시한 자료들을 분석하여 고객에 대한 코칭 목표 및 진행 방향을 설정한다. 즉 코칭을 할 때 고객의 성향을 배려(예를 들어 D형인 경우 핵심적이고 결론 위주로 소통을 하고, S형인 경우는 차분하고 안정적으로 대화를 하는 등)하고, 스폰서와 서포터즈들의 의견 및 HRD의 요구 사항을 참조하여 고객에게 적절한 피드백을 해 줌으로써 주제별 코칭 목표를 설정할 때 고객이 스스로 주도권을 갖게 하면서도 참조할 수 있도록 한다.

사전 인터뷰 & 사전 진단 결과 분석을 통한 코칭 방향 설정

	인터뷰 결과		사전 진단 결과			HRD 요구사항
	스폰서	서포터즈	행동성향(DISC)	심리유형(MBTI)	리더십다면평가	
장점			• 성향(특징)	• 성향(특징)	• 결과 분석	
개선점			• 코칭 방향	• 코칭 방향	• 개선 방향	
시사점			• 시사점	• 시사점	• 시사점	

코칭 방향 및 진행 방법

(2) 자체 PM(Project Manager)을 설정하여 코칭 전체를 총괄하도록 한다.

한 회사에 여러 명의 코치가 투입될 때에는 코치 중에 이번 프로젝트를 총괄하는 PM(Project Manager)을 두어 고객사의 니즈에 맞추어 전체 코칭 방향 설정하고 공유한다. 이와 같이 PM의 주도 아래 사전진단을 통해 정보가 입수되면 이를 통해 고객의 스타일을 꼼꼼히 분석하고 상호 협의를 통해 그에 맞게 코칭 방향을 설정하고 준비를 한다. 예를 들어 고객에 대한 사전 정보에 이혼, 자녀 자살 등 아픔이 있는 경우에는 해당 코치가 코칭할 때 가족과 관련하여 대화를 나눌 때엔 조심스럽게 접근하는 것도 필요하다.

또한 코칭 진행 중에도 이번 코칭 프로젝트의 방향성 유지와 좋은 성과를 위해 PM은 각각의 코칭에 대해 상호 피드백을 나누도록 주관한다. 이 상호 피드백을 통해 각각의 코치들도 많은 성장을 하는 기회가 된다. 훌륭한 비즈니스코치가 되기 위해서는 실전 경험이 70% , 상호 피드백 및 코치에게 코칭을 받는 것이 20%, 그리고 학습이 10%라고 코칭의 고수들은 이야기를 한다.

따라서 비즈니스 코치가 본인의 코칭 내용에 대해 다른 코치들로부터 피드백("피드백은 선물이다")을 받는 것은 코치로서 성장하는 데 매우 중요한 과정이다. 아울러 코치도 스스로 다른 코치에게 코칭을 받는 것을 병행하여야 코치로서 부족한 점과 스스로의 자각을 통해 지속적으로 성장할 수 있는 것이다. 즉 "코치도 코치가 필요한 이유"인 것이다.

- PM(Project Manager)이 주관하여 내부 오리엔테이션 실시
  - 이번 프로젝트에 코치로 매칭된 담당 코치 참석
  - 사전 인터뷰 및 사전 진단 결과 공유
    1) 코칭 도입 배경 및 기대효과   2) 해당 기업의 이슈   3) 각 조직 별 이슈
    4) 각 임원 별 이슈 및 성향 파악   5) Hidden Stories 공유
- 성과 창출을 위한 상호 역할 및 협조 사항 공유
  - 초반/중반/최종 보고 시 상호 공유

---

(3) 고객사 오리엔테이션 실시

오리엔테이션은 코칭을 안내하는 일로부터 시작한다. 시간과 비용의 절약 등의 이유로 메일이나 전화로 안내하는 경우도 있지만 가급적이면 코칭 전에 고객사 담당과 고객이 모여서 직접 대면하여 하는 것이 가장 바람직하다.

코칭 전에 정중하면서도 친밀감 있게 코칭에 대한 기본적 이해와 코칭을 통해 얻고자 하는 기대효과, 코칭 전체적인 프로세스와 진행 방법, 부탁 및 유의사항 등에 대해 충분히 설명을 한다. 그리고 반드시 질문 시간을 부여하여 코칭 전에 고객이 알고 싶은 내용에 대해 충분히 설명을 하여 코칭 받을 준비와 기대감을 갖도록 하는 것이 좋다.

오리엔테이션은 고객사 담당의 인도로 코치와 고객의 상호 인사와 소개를 하며, 이때 코치는 간단한 인사와 함께 충실한 서포터로서 고객들을 지지하고 지원할 것을 약속하는 것과 동시에 코칭의 비밀 유지에 대해 설명하고 강조하여 마음 놓고 이야기할 수 있겠다는 느낌을 갖게 하는 것이 중요하다. 아울러 회사에서 코칭을 도입하게 된 배경과 필요성에 대해 설명을 한다.

이어서 코치 중 대표 코치의 주도로 코칭에 대한 기본적인 이해를 할 수 있도록 설명한다. 코칭에 대한 이해나 경험이 서로 다를 수 있으므로 이를 확인하고 일치시킬 필요가 있다. 코칭 시 유의사항이나 코치의 역할 등에 대해서도 설명을 한다. 그리고 1차 세션에서의 준비 사항에 대해 설명을 한다.

- 고객 사 HRD 주관 오리엔테이션 실시
  1. 매칭된 임원과 담당 코치 상견례
  2. 대표이사의 당부 말씀
  3. PM(대표 코치) 설명
     – 코칭 이란? 코칭의 철학 – 성과를 올리기 위한 협조사항 공유 등
  4. HRD
     – 코칭 절차 및 일정 공지   – HRD 역할 및 서포트 방법 공지
- 코치와 담당 임원과의 일정 협의

임원과 코치의 상견례 및 성과 창출을 위한 공감대 형성

5) 코칭에 임하기 전 자세 재 정립 및 준비물

(1) 1차 세션 준비

오리엔테이션이 끝나고 1차 세션에 들어가기 전에 코치는 다음과 같이 준비한다.

가. 1차 세션의 시간과 장소를 점검하고 고객들과 공유한다.

나. 1차 세션에서 코칭의 정의, 특징, 프로세스 등에 관한 자료를 제공하여 고객들이 미리 읽어오도록 한다.

다. 가지고 올 필기구나 자료 등 준비사항을 다시 한번 주지 시킨다.

라. 세션에서 사용할 양식과 자료 등을 준비한다.

마. 교육 자료, 교보재, 세션 일지, 성찰 일지 등 1차 세션에서 필요한 준비물을 갖춘다.

(2) 코치로서의 자세 재 정립

가. 다시 한번 이번 코칭을 통해 고객이 진정으로 변화하고 성장하기를 바라는 **"진정성"을 갖는다.**

나. 1차 세션을 고객의 상황에 맞추어 실제로 코칭하는 상황으로 이미지 **리허설을 해 본다.**

다. 자신의 심리 상태를 정리하여 **평온한 상태**(平靜心)를 만든다.

라. 아래와 같이 고객들이 코치에게 바라는 역할에 대해 다시 한번 기억하여 **역량을 개발하려고 끊임없이 노력한다.**

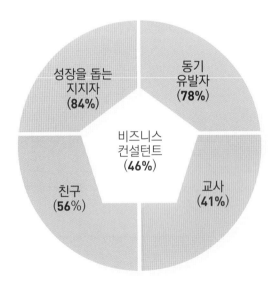

코칭 고객 조사 결과(ICF)

(3) ICF 11가지 핵심 역량(Core Competency)

코칭을 잘 할려면 여러 가지 자질과 기술과 역량이 필요하다. 특히 새로운 사람을 만나서 그 사람을 근본적으로 새롭게 변화시킨다는 것은 쉬운 일이 아니다.

비즈니스 코칭에서는 고객사와 고객이 처한 상황과 니즈가 너무나 다양하기 때문에 마치 수학 공식처럼 한 가지 방법으로만 코칭하는 것은 매우 어리석고 위험하여 당연히 좋은 성과를 이끌어 낼 수 없다. 따라서 다양한 비즈니스 코칭 상황과 니즈에 대응하기 위해서는 기본을 튼튼히 하여 응용력을 배양하여야 어떠한 코칭 상황하에서도 유효 적절하게 대처를 할 수 있는 것이다.

코칭 프로세스에서의 기본은 ICF(International Coach Federation)에서 제시하는 코치가 갖추어야 할 '11가지 핵심역량'이다. ICF에서 코치들에게 요구되는 가장 핵심적이고 근본적인 역량을 11가지로 정리하여 제시하였고, 이는 세계 전역에서 활동하는 전문 코치들의 인증 기준이 되었다. 한국코치협회 역시 코치의 인증 기준으로 체택하여 실기 시험을 통해 전문코치를 선발하고 있다.

ICF 11가지 핵심 역량(Core Competencies)

기초 확립 (Setting the foundation)	1. 윤리기준 및 직업기준 충족(마음가짐) 시키기 2. 코칭 합의서 만들기(주제 동의)
상호 관계 조성하기 (Co-creating the relationship)	3. 고객과의 신뢰 및 친화적 관계 구축 4. 코칭 프레젠스(함께 해주는 코칭)
효과적으로 대화하기 (Communication effectively)	5. 공감적이고 적극적인 경청 6. 강력한 질문 7. 직접적인 의사소통
학습과 결과 지원하기 (Facilitating Learning and results)	8. 자각 인식하기 9. 행동목표 설정 10. 세부실행계획 수립 11. 진행상황과 상호 책임관리

세부 내용은 《실전 비즈니스 코칭 매뉴얼》 정재완, 매일경제신문사 참조

가. 기초 확립(Setting the foundation)

가) 윤리기준 및 직업기준 충족시키기

코치가 코칭의 전 과정에서 반드시 지켜야 할 윤리와 기준을 이해하고 적용하는 역량을 갖추는 것을 목표로 한다. 코치는 코칭을 시작하기 전에 이 윤리기준을 반드시 따름으로써 고객의 비밀과 사생활을 보호하는 것은 코치가 지켜야 할 가장 기본적인 자질 중 하나이다. ICF에서는 특히 금전 문제, 고객과의 이성적인 문제, 코칭의 잘못된 적용 등을 민감하게 다루고 있으며, 전문코치가 이 규정을 어길 경우에는 윤리위원회를 거쳐 코치의 자격을 박탈하는 경우도 있다.

또한 코치는 코칭을 시작하기 전에 고객에게 이 윤리규정을 지킬 것을 언약하고 시작하여야 한다.

나) 코칭 합의서 만들기(주제 동의)

코치는 고객이 무엇을 필요로 하는지 정확히 파악하여 코칭을 통해 성장과 변화를 이끌어 내기 위한 주제를 상호 합의를 통해 잘 이끌어내야 한다. 만약 이 코칭 주제가 명확하게 설정되어 있지 않으면 코칭 과정에서 코치와 고객 모두 목표와 방향감각을 상실하여 효과적인 코칭을 할 수가 없기 때문에 시간이 조금 걸리더라도 신중하고 충분하게 상호 합의를 하여야 한다.

특히 중요한 합의 중 하나는 코칭이 컨설팅이나 카운셀링과 다르다는 사실을 명확하게 하는 일이다. 코칭이 코치와의 대화(Communication)를 통해 스스로 답을 찾는 과정이라는 것을 충분히 합의하지 못하고 진행하게 되면, 고객은 코칭이 끝난 후에 만족감을 얻을 수 없게 된다. 따라서 코칭은 고객이 스스로 문제를 해결하고 목표를 달성해 나간다는 사실에 반드시 합의해야 한다.

또한 중요한 것은 코칭 주제에 대한 합의다. 가끔 코치가 자신이 이야기하고 싶은 주제로 코칭을 이끌어가려는 경우가 있다. 그러나 코칭은 고객을 중심으로 코치와 함께 만들어 가는 과정이기 때문에 반드시 고객에게 필요한 주제에 대해 명확히 확인하고 합의한 다음에 진행하여야 한다.

기타, 고객과 코칭 관계의 가이드라인과 구체적인 조건들(코칭 일정 및 방법, 코칭료, 세부 지원 사항, 코칭 일정, 기타 필요한 사항)에 대해 합의한다.

나. 상호관계 조성하기(Co-creating the relationship)

가) 고객과의 신뢰 및 친화적 관계 구축하기

"모든 조건이 같다면, 사람들은 자기가 좋아하는 사람과 함께 일하고 싶어할 것이다. 모든 조건이 같지 않더라도 그럴 것이다" 이와 같은 존 맥스웰의 말 처럼코치와 고객은 서로 친밀한 관계를 맺어야 하고 서로의 존재에 편안함을 느껴야 한다. NLP(Neuro Linguistic Program : 신경언어프로그램) 이론에 따르면 친밀감은 완전히 똑같을 필요는 없지만 어느 정도 상대방의 모습을 반영하는 행동을 보일 때 형성된다. 즉 사람들은 자신과 가장 비슷한 사람을 좋아하게 된다. 따라서 고객의 자세, 제스처, 표정, 눈 맞춤 뿐만 아니라 말투, 말의 속도, 감정, 열정 수준까지도 맞추어 줌으로써 정신적 뿐만 아니라 감정적으로도 연결이 되어 상호 신뢰와 존중을 바탕으로 우호적인 분위기를 형성하게 된다.

따라서 코치는 고객의 말과 의도를 관찰과 함께 경청을 하여 고객에게 진정성을 가지고 지지하고 사랑하는 마음을 가져야 한다. 이러한 환경이 갖추어져야만 비로서 고객은 안정감을 가지고 자신의 마음속에 있는 문제들을 허심탄회하게 털어 놓게 된다. 아울러 코치와 함께 평소와 다른 과감한 실천까지도 하게 될 수 있는 것이다.

나) 코칭 프레젠스(코치로서의 존재감)

어떤 상황에서도 코치다운 태도를 유지하고 존재할 수 있는 역량을 말한다. 코치는 "고객이 정말 잘 되었으면 좋겠다"라는 진정성을 가지고 고객에게 온전히 몰입하는 자세를 기본으로 친밀함과 신뢰성 그리고 유연하고 자신감이 넘치지만 겸손한 자세로 고객과 자연스러운 관계를 만들어 내는 역량이 필요하다. 코치가 친밀감과 자신감을 가지고 고객에게 온전하게 집중할 때 고객은 코치로부터 많은 유익을 얻게 되므로 진정한 성장과 변화를 할 수 있게 된다.

이를 위해 코치는 스스로 '자신의 삶에 대한 가치와 성찰'에 대해 평소에 꾸준한 노력과 삶을 실천 함으로써 고객에게도 좋은 본보기가 되어야 한다. 또한 코칭 전 코치 스스로 셀프코칭을 한 후 코칭에 임하여야 한다.

- 코칭 과정에서 매 순간 집중한다. 즉 코칭의 순간 순간에 집중할 때 자연스럽게 가장 강력한 질문을 할 수 있다.
- 직관력을 발휘하라. 직관은 우리가 살아오면서 쌓아온 정보, 지식, 그리고 경험들이 한데 어우러져 순간적인 자극에 의해 하나의 사고로 불쑥 튀어나오는 것으로 아주 짧은 시간 안에 굉장히 정확한 판단을 내릴 수 있는 능력을 말한다. 즉, 경청과 관찰 그리고 직관은 '결정적 코칭 대화 과정'에서 핵심 요소이며 서로 유기적으로 하나가 되어 작용한다.
- 유연하고 융통성이 있어야 한다. 지나치게 규칙과 매뉴얼에 따라 코칭을 진행하다 보면 자연스럽지 못하여 고객에게 부담을 줄 수 있기 때문이다.
- 솔직하게 말하여야 한다. 모르는 것은 솔직하게 모른다고 하고, 고객을 칭찬할 때도 솔직하여야 하며, 고객에게 문제가 있을 때에도 문제에 대해 솔직하게 이야기함으로써 올바른 방향으로 해결할 수 있도록 하여야 한다.
- 사전에 셀프 코칭을 통해 친밀하고 활기찬 코칭 분위기를 조성하고, 적절한 유머를 사용하여 고객에게 친근감을 준다.
- 고객이 생각을 전환하고 새로운 가능성에 대해 망설일 때 자신감있는 어투와 확고한 태도로 유도한다.
- 코치 자신의 내면 관리를 철저히 하여 잡생각이 들거나, 고객의 감정에 휘둘리거나 휩쓸리지 않도록 한다.

다. 효과적으로 대화하기(Communication effectively)

가) 공감적이고 적극적으로 경청하기

코칭에서 경청은 질문하기와 더불어 가장 중요한 소통의 방법이다. 즉 경청은 고객을 진정으로 이해하기 위한 가장 기본적이며 중요한 방법이다. 사람들은 누구나 자신의 이야기에 귀 기울여주는 사람에게 호감을 갖고 신뢰감을 형성하게 된다.

따라서 코칭에서의 경청은 라포의 형성과 상호 신뢰감 및 친밀감 형성을 비롯하여 코칭의 전 과정에 큰 영향을 미친다.

경청은 고객이 말하는 것뿐만 아니라 말하지 않는 측면까지 헤아려서, 배후에 숨겨진 진정한 의도와 의미를 올바로 이해하여 고객의 의사와 표현을 지지할 수 있는 능력을 말한다. 또한 효과적인 질문을 하기 위해서도 먼저 효과적이고 적극적인 경청이 반드시 선행되어야 한다.

나) 효과적이고 강력한 질문하기

코칭에서 고객에게 필요한 정보를 이끌어 내는 질문을 하는 능력을 말한다. 코치는 고객의 이슈를 해결하거나 과거의 시각에서 현재, 또는 미래의 시각으로 전환하도록 돕기 위해 강력하고 효과적인 질문들을 사용한다. 해답을 직접 주거나 충고를 하지 않고 고객의 시각을 전환시키기 위해서는 고도의 질문 기술이 필요하다.

- 열린 질문을 하라.
- 문제를 질문으로 전환하라.
- 기적의 질문을 던져라.
- 상호 책임질 수 있는 질문을 던져라.
- 적극적으로 경청하고 고객의 입장과 관점을 이해한 후에 질문하라.

- 고객 스스로를 성찰하거나 새로운 실천을 이끌어내는 질문을 하라.
- 단순한 터치가 아닌 생각의 깊이를 더할 수 있도록 심도 있는 질문을 하라.
- 새로운 것을 창조하거나 가능성을 높여주는 개방형 질문을 하라.
- 과거 지향적인 질문은 지양하고 현재 문제해결과 미래 지향적인 질문을 하라.

다) 직접적인 의사소통

코칭을 할 때 효과적이고 효율적으로 의사소통을 하고, 고객에게 가장 큰 효과가 있는 언어로 대화할 수 있는 능력을 말한다. 코치가 고객이 처한 상황을 너무 배려하거나 고객의 눈치를 보는 경우에는 정작 해야 할 말을 못하거나 문제의 본질이 되는 사항을 지적하지 못하고 슬쩍 넘어가는 경우가 생길 수 있다. 따라서 코치는 코칭 중 어떤 상황하에서도 스스로를 관찰하여 코치로서의 자세와 태도를 견지하는 노력을 하여야 한다. 따라서 유능한 코치들은 다른 코치에게 코칭을 받거나 다른 코치들과의 상호 피드백을 통해 개선해 가는 노력을 하는데 많은 시간과 정성을 들인다.

또는 이와는 반대로 고객의 상황을 전혀 고려하지 않은 채 코치의 개인적인 의견을 일방적으로 나열하거나 자신의 의견을 강요하려는 욕망이 생길 수도 있다. 따라서 코치는 어떠한 경우에도 반드시 고객에게 주도권을 주어야 하며 개인의 의견은 제안의 형식으로 하여 결국 고객이 선택하게 하여 코칭의 성과를 올릴 수 있도록 커뮤니케이션을 하여야 한다.

- 코칭 과정에 대한 피드백을 확인하라.
- 상대를 존중하는 언어를 사용하라.
- 방어적 표현이 아닌 지지적 표현을 사용하라.
- 명확하게 의사 전달을 하고 솔직한 피드백을 제공한다.
- 고객이 무엇을 원하는지를 명확히 하기 위해 고객의 이야기를 재 구성해서 정확하게 정리해 준다.

- 코치의 목표와 주제 및 실천 사항들에 대한 의미를 분명하게 공유한다.
- 고객에게 상식적이고 예의 바른 언어를 사용한다.
  (성 차별, 문화 및 인종 차별적 언어 등의 사용은 철저히 피해야 한다.)
- 고객의 상황과 유사한 사례 제시와 적절한 은유와 비유를 사용한다.

라. 학습과 결과 지원하기(Facilitating learning and results)

가) 자각 의식 확대하기

코칭 중에 나오는 다양한 정보를 정확하게 평가하고 통합할 수 있는 역량과 고객의 의식확대를 이끌어내어 목표한 결과를 얻도록 돕는 능력이다. 사람의 의식은 학습과 훈련 그리고 자극과 깨달음 등을 통해 성장하고 확장된다.

항상 똑 같은 환경에서 똑 같은 수준의 사람과만 교류하면 의식의 변화는 일어나기 힘들다. 따라서 코치는 평소의 교류로 인해 고정되어 있는 고객의 의식에 자극을 주어 확장시킴으로 새로운 목표에 도전하거나 그 동안 불가능 하리라 여겼던 일들에 대해 가능하도록 만들 수 있는 도전 정신과 역량을 가지도록 도와주어야 한다.

이와 같이 리더십 역량이나 잠재 능력 등을 발견하고 계발하는 것은 자신이 가지고 있는 고정관념이나 부정적인 사고 습관에서 빠져 나와야만 가능하다.

따라서 코치는 고객의 의식을 평소와 다르게 선정하고 확장시킴으로써 새로운 목표를 달성하고 리더십의 역량을 향상시키도록 도와 주는 전문가이다.

- 통찰력을 가지고 상대방의 관점을 전환시킨다.
- 불평불만을 멈추게 한다.
- 고객이 스스로의 "탁월성"을 발견하게 하여 새로운 도전을 가능하게 한다.
- 가장 중요한 문제를 집중적으로 확인하게 한다.
- 상황적 행동과 재발성 행동을 구분한다.

- 행동에 영향을 미치는 요인을 찾는다.
- 고객의 말 이면에 감추어진 의도를 파악하여 실제로 원하는 것을 발견할 수 있도록 도와 준다.
- 고객의 말과 행동이 일치하지 않을 경우에는 그 원인을 분석하여 일치할 수 있도록 도와 준다.
- 고객이 다른 관점과 시각을 갖도록 도와 준다.
- 고객이 도전을 통한 새로운 가능성을 찾도록 도와 준다.

나) 행동 목표 및 계획 설계하기

"코칭은 체험이다" 즉 체험을 통한 깨달음이 없이 단순히 머리로만 습득하는 지식이나 정보는 성장과 변화가 나타나지 않는다. 코칭은 직장이나 개인생활 가운데서 지속적으로 학습과 체험을 통해 새로운 행동을 설계하도록 돕는 능력이다.

코칭 과정 중에 깨닫거나 결심한 것들, 직장이나 개인적으로 직면해 있는 현안 과제들을 실제로 실행 가능하도록 행동 계획을 설계하는 것은 코칭에서 매우 중요한 단계이다. 고객은 매 차수에 실행 가능한 행동 계획을 세우고 그것을 실제 생활에서 체계적으로 실천함으로써 다음 단계로 전진하게 되어서, 결국 문제가 해결되며 성장과 변화가 이루어지는 과정을 체험하게 되는 것이다.

- 고객이 자신의 목표와 방향이 일치하는 전향적 관점을 갖도록 지원하고, 관점을 다양하게 하도록 존중하고 지지해 준다.
- 고객이 스스로 설정한 목표에 대한 달성 모습을 상상(心想化)하게 하고, 의미를 부여할 수 있도록 지원한다.
- 고객의 간절한 목표를 달성했을 때의 모습이 연상이 되도록 확언(確言)을 만들어 매일 실천하도록 지원한다.
- 구체적인 관심과 기회를 탐구하도록 한다.
- 자기 발견을 촉진시킨다.
- 새로운 아이디어를 유발시킨다. 때로는 상대의 시각의 문제를 제기한다.

- 즉시 행동할 수 있도록 지지하고 지원한다.
- 고객이 새로운 사실을 배웠다는 점을 일깨워주고, 배운 것을 실행하거나 학습을 심화시킬 수 있는 행동을 찾도록 도와준다.
- 고객 스스로가 여러 가지 아이디어와 해결 방안들을 탐구하고, 선택 방법들을 평가하고 결정을 내리게 한다.
- 고객이 코칭 중에 깨닫고 학습한 것을 직장이나 개인 생활에서 즉시 적용할 수 있게 지지하고 체험 후 반드시 피드백을 하여 정착하는 것을 지원한다
- 고객의 성공 체험과 미래의 성장 능력 발견 시 진심으로 축하해 준다.

다) 계획 수립과 목표 설정

고객과 함께 간절하고 실질적인 코칭 목표를 설정한 후 달성 계획을 수립하고, 그 계획을 실행할 수 있는 능력을 말한다. 코칭 목표를 설정하고, 행동 계획을 설계하고, 그것을 실행하기 위한 단계적인 실천계획을 수립하는 일은 코칭의 성과를 실질적으로 달성하기 위해 필요한 매우 중요한 단계이다.

고객의 성장과 변화를 이끌어 내는 본질적인 목표와 마스터 플랜(Master Plan)을 세우고 나면, 그것을 이루기 위한 세세한 행동 계획들을 매 세션마다 세우는 것은 비교적 수월해진다.

따라서 목표를 세울 때는 고객의 간절함과 고객과의 실질적인 연관성, 달성 가능성, 목표를 달성하기 위해 필요한 자원(평소와 다른 관점에서의 리소스), 해결해야 할 장애 요소, 달성 시한 등을 신중히 고려하여 정해야 한다.

- 측정 가능한 목표를 세우고, 달성 시한을 구체적으로 정하라.
- 장애요인을 제거하고, 달성 가능한 자원을 확인하고 발견할 수 있도록 지원하라.
- 달성 모습을 구체적인 그림으로 그려라.
- 수집된 정보를 고객과 함께 종합하여 정리하고, 학습과 계발이 필요한 부분과 관심사를 다루기 위한 코칭 계획과 개발 목표를 정한다.

- 달성과 측정이 가능하고 구체적이며, 날짜가 정해진 목표를 세워서 구체적 계획을 수립한다.
- 코칭 과정에서 다른 필요성이 대두되거나 상황이 변할 경우 계획을 수정한다.
- 고객이 학습을 위해 다른 자원(책이나 다른 전문가)을 찾아서 이용할 수 있도록 도와 준다.

라) 진행상황과 상호 책임관리

고객이 스스로 설정한 간절한 목표에 온전히 집중하여 전념할 수 있게 하고, 실행계획을 정확하게 실천할 수 있도록 하며 이의 실천 여부를 고객과 코치가 함께 상호책임을 지는 능력을 말한다. 코치는 단지 지식을 전달하거나 방법만을 가르쳐 주는 사람이 아니라 고객이 실제로 자신이 처한 이슈나 목표 달성을 위해 설정한 행동계획을 실행하여 목표를 달성하도록 돕기 위해 존재하는 사람이다.

이와 같은 일을 하기 때문에 코치를 "상호 책임자(Mutual Responsible Person)"라고 부르는 것이다.

대부분의 사람들은 성장과 변화를 하기 위한 열망을 가지고 수 많은 결심과 다짐을 반복하지만 실제 현실은 그렇게 녹록하지 않다. 하지만 누군가가 옆에서 자신의 성장과 변화를 지지하고 격려해 준다면 상황은 달라진다. 이와 같이 코치는 고객이 설정한 목표가 이루어질 때까지 곁에서 지지하고 격려해 주며, 진척되는 상황 등을 점검해 주고 달성 여부에 대해 '상호 책임'을 겨주는 동반자이자 친구이다. 따라서 "고객이 정말 잘 되었으면 좋겠다"라는 진정성을 가지고 고객과 함께 하면서 격려해 주고 진행 사항을 확인해 주는 것만으로도 코칭의 역할을 훌륭히 수행하고 있다고 할 수 있다. 코칭목표나 행동계획을 아무리 명확하게 세웠더라도 이와 같이 상호 책임을 지는 코치의 역할이 없다면 그 계획은 실현되기 어렵다. 따라서 코치의 상호책임 역할은 매우 중요하다.

- 고객에게 스스로 정한 목표를 향해 당당하게 나아가도록 명확하게 요구하며

실행하지 못한 사실에 대해서는 긍정적으로 인식시켜 준다

- 코칭에서 약속했던 "실천 약속"에 대해 질문하고 진행상황을 점검한다.

- 고객이 실천한 실행 결과에 대해서는 진정으로 인정해 주고 축하해 준다.

- 코칭 과정이나 "코칭 체험"을 통해 배우는 능력을 개발하여 목표달성을 위한 자원이 될 수 있도록 한다.

- 고객이 지난번 코칭 이후 스스로 했거나 하지 않은 것, 배운 것, 알게 된 것을 깨닫게 하고 실제 적용을 할 수 있도록 지원한다.

- 고객이 정한 목표와 실행계획이 일관성을 갖고 실천할 수 있도록 지원한다.

- 상황과 이슈의 변화에 따라 고객과 합의 후 언제든지 유연하게 수정한다.

- 코치의 "상호 책임"의 역할에 대해 고객과 충분하게 공유를 한다.

(4) 1차 세션 준비 양식(샘플)

내 용	양식 / 준비물

1. 상견례(코칭을 통해 소중한 만남에 감사)
 	
2. 코칭 오리엔테이션
   – 코칭 경험 유/무? – 코칭 이란? – 코칭에 임하는 마음 / 각오?
   – 이번 코칭에 기대(바라는) 사항? – 다루었으면 하는 영역?
   – 코칭 진행 이해 → 총 8회, 시간, 쉐도우, 팔로우업 코칭 등
 	
3. 코칭 이해
   – 코칭 숫자(53, 70, 88%, 1265%) 잭 웰치(피터), 카를로스 곤
   – 어떤 리더가 되기를 원하세요? – 어떤 직원이 되길 원하세요?
   – "인간을 가장 인간답게" 다루는 기술 → 인간 다룰 때는 언제?
   – 코칭 철학 → "인간은 스스로 문제를 해결 할 수 있다.
   – 박병호, 마쓰시다, 오프라 윈프리, 김성근 , 카를로스 곤
 	
4. 코칭 기대효과 공유
  1) 코칭 리더십 역량 → 코칭 리더 → 조직/가족/개인
                       → 존경 받는 선배(롤 모델), 히딩크(감사)
  2) 코칭 주제 별 목표 설정 → 실천 → 피드백
  3) "삶"을 돌아 보고 성찰(고은 "그 꽃")
 	
5. 인터뷰 피드백 → 느낀 점 / 시사점(이번 코칭에 반영할 것?)
 	
6. 내면 성찰 → 자존감 고양 질문
   – 평생 케어 3명 → 소방관1원칙 → 본인이 넘쳐야
   – 눈 감고 숫자(count) → "센터랑"(탁월한 리더)
   – 과거 → 스스로 가장 성취/보람/자랑 → 3가지 요인
             본인 장점(탁월성 질문2)? / 남들이 인정하는 3가지
                → 지금 활용한다면 무엇을 어떻게 하고 싶으십니까?
   – 가장 행복 했던 때는? 본인에게 행복이란?
   – 본인에게 성공이란? → 행복한 성공을 위해 무엇을 어떻게?
 	
7. 이슈 코칭(지금 머리 속에 꽉 차 있는 생각 1,2는?)
	코칭 이해
	
	인터뷰 피드백

과 제	양식 / 준비물
1. 탁월성 청취 2. 코칭 주제 별 목표 구상 3. 정기적 요일 /시간 선정	탁월성 양식 목표 합의서 (샘플 제시)

4 세션별 실행 단계

1) 비즈니스 코칭 세션별 진행 테마 & 프로세스

여기서는 임원을 대상으로 1대 1 코칭의 프로세스에 대해 언급하고 그룹 코칭은 별도의 세션에서 다룬다. 지금까지 비즈니스 코칭을 하기 전에 갖추어야 할 것, 코칭 준비 단계에서 할 것들에 대해서 알아 보았다.

이 장에서는 코칭을 실시하는 단계를 알아 보고자 한다. 통상 10회를 기준으로 진행이 되며 차수당 1시간(실제로는 1시간 전 후 유연하게 진행)으로 진행이 되며 차수별 주요 테마는 다음과 같다. 아래 제시하는 세션의 순서는 참조용이며 코칭 상황에 따라 순서를 바꿀 수 있으며 다른 내용들을 추가 및 수정하거나 스킵(Skip)할 수 있음을 알려 둔다.

비즈니스 코칭 세션 별 진행 테마 & 프로세스

센터링, 신뢰/친밀도 강화 진단결과 공유, 자존감 고양	유형별 코칭 주제 및 달성 목표 설정 (조직 / 리더십 / 개인)
Life Story 경청(식사) 내면 탐색 , 친밀도/신뢰도 향상	코칭 리더십 "배려" DISC 이해 및 실습, 부하 선정 "칭찬"
경청 3단계/ 3F 이해 및 실습 주제별 목표 실천 점검	코칭 대화(1)법 이해 및 실습 부하 선정 경청/코칭 대화 실천
코칭 주제별 목표 달성 점검 및 독려 쉐도우 코칭 피드백	내면 성찰, 삶의 의도, 동기가치, 소중한 꿈, 비전/ 옵션 도출
주제별 목표달성 점검 종합 실습(배려, 경청, 대화) 실습	코칭 주제별 목표달성 점검, 총 정리, 향후 셀프 코칭 주제

보고 (코칭 일지 작성, 중간 보고 → 최종 보고)
실행 내부 점검 시스템 구축, 이메일 / 전화 실행 점검 및 독려

2) 코칭 세션 별 진행 기본 프로세스

코칭 세션 1시간을 진행하는 데 있어 통상 사용되는 기본 순서는 다음과 같다. 실제 진행을 할 때는 코칭의 상황과 고객의 상태에 따라 유연하게 운영을 하는 것이 바람직하다 하겠다.

코칭 세션 진행 기본 프로세스

순 서	내 용	소요 시간
1. 라포 형성 (관계 맺기)	만나자 마자 바로 코칭 주제를 다루는 것보다는 고객의 근황과 심경을 미리 파악함으로써 친밀도를 형성함은 물론 코칭에 몰입할 수 있는 리드 타임을 갖는다. 이때 고객의 상황에 따라 코치는 "이슈 코칭"으로 바로 전환할 것인가를 판단한다.	3'
2. 지난 세션 코칭 체험 (실천 약속) 피드백	코칭은 실천을 통한 체험의 느낌을 가지고 리더십을 발휘하는 것이 핵심이다. 따라서, 반드시 실천 약속에 대한 피드백을 나누어야 한다. 코치는 고객이 반드시 실천할 수 있도록 의미 전달은 물론 칭찬을 포함한 다각적인 노력을 하여야 한다.	10'
3. 주제(일/개인) 목표실천사항 점검 및 피드백	2차 세션에서 고객과 이번 코칭 기간 동안 달성할 주제(일,리더십,개인적)별 목표를 설정하고 코치 및 스폰서와 합의하게 된다. 따라서 매 세션 별 목표 달성을 위한 실천 사항을 코치와 함께 점검하고 피드백을 나누는 것이 바람직하다.	10'
4. 본 세션 주제다루기 (언제든지 "이슈 코칭" 전환 가능)	코칭을 통한 기대효과(주제별 목표, 코칭 리더십 역량 습득, 내면 성찰, 이슈 코칭)가 달성이 되도록 각 세션 별로 배분하여 주제를 다룬다. 특히, 코칭 리더십 역량 습득은 학습과 실천이 반드시 포함되어야 한다.	25'
5. 정리 (자기 성찰)	코칭 세션에서 진행한 것에 대해 스스로 정리를 함은 물론 코칭을 통해 깨달은 점이나 유익한 점에 대해 이야기를 하게 한다. 또한 실전에 적용할 것에 대해 고객 스스로 도출하게 함으로써 코칭 성과와 연결되게 유도한다.	5'
6. 다음 세션 코칭 체험 (실천 약속) 정하기	이번 세션에서 학습한 것에 대한 실천과 다음 세션에서 진행할 것에 대한 준비를 하게 한다. "과제"라는 피동적인 용어 보다는 "실천 약속"이라는 고객 주도적인 용어가 좋다.	5'
7. 마무리 및 인사	인사는 밝게 나누며 반드시 다음 세션 일정에 대한 상호 확인을 명확히 하고 헤어진다.	2'
		60'

마무리 단계

1) 코칭 마지막 세션

오늘이 공식적으로 마지막 세션이다. 일단 오늘의 마지막 세션이 오기까지 약 3개월 동안 고객이나 코치 모두에게 그 동안 함께 했던 많은 코칭 대화와 깨달음들이 머리에 스쳐 지나갈 것이다. 마지막 세션은 그 동안의 세션과는 달리 처음 시작할 때부터 "그 동안 바쁜데도 불구하고 코칭에 열심히 임해 주어 진심으로 고맙다"라는 인사를 먼저 건네고 시작하는 것이 "이게 진짜 마지막이구나"라는 느낌을 갖게 해 주며, 그 동안의 코칭과는 구분되는 분위기를 자연스럽게 형성할 수 있다. 마지막 세션에서는 다음 3가지를 중점적으로 다루게 된다.

1. 그 동안 고객과 코치가 함께 추진했던 "주제별 목표의 달성 여부 최종 확인"
2. 코치와 함께 하는 마지막 세션이 끝나고, 이후 스스로 코치가 되어 조직이나 본인에게 코칭(셀프 코칭)할 주제 및 계획 발표
3. 코칭 과정 총 정리 및 마무리 인사

2) 코칭 주제별 목표 달성 최종 확인

코칭 주제별 목표 즉 일, 리더십, 개인적 목표에 대한 달성 여부를 최종 확인을 한다. 애초 목표 달성여부가 정량화로 되어 있는 목표는 정량적으로 확인이 가능하기 때문에 수치로 평가하면 된다. 그러나 정성적인 목표에 대해서는 사전에 설정한 고객의 주관적 지표를 기준으로 평가하거나 해당 서포터즈들의 설문 및 인터뷰 결과를 가지고 평가할 수 있다. 물론 이 평가방법에 대해서는 목표를 설정할 때 사전에 코치와 협의하여 결정을 하고 그 내용(예를 들어 설문지 구성이나 질문 항목 및 인터뷰 할 때 질문 항목 등)에 대해서는 사진에 준비를 마쳐야 한다.

설문지 작성 및 인터뷰 대상은 해당 직원에 대해 실시하되, 코칭 전에 인터뷰를 하였던 스폰서와 서포터즈 인원에 대해서는 반드시 인터뷰를 실시하여 사전 사후에 대해 비교 평가를 한다.

애초 정했던 목표를 달성했을 경우에는 축하와 함께 그 동안의 노고에 대해 치하를 해준다. 사전에 목표 달성 시 고객이 스스로에게 선물을 주기로 한 것이 있었으면 시행하도록 격려를 해주고, 코치도 작지만 의미 있는 축하의 선물을 주는 것도 좋다.

또한, 목표에 미달했을 경우에는 고객 스스로가 미달한 이유에 대해 분석을 하게 하여 무엇이 문제인지에 대해 스스로 깨닫게 한다. 아울러 미달된 목표에 대해서는 공식적인 코칭이 끝난 이후에라도 고객이 그 목표를 계속 달성할 의지가 있는 경우에는 향후 셀프 코칭 주제로 연계하여 계속적으로 추구하도록 권유 한다.

3) 추후 셀프 코칭 주제 선정 및 실천 계획 발표

코치와의 공식적인 코칭은 끝났지만 코칭 세션 이후에라도 진정한 코치 리더로서 스스로 코칭 주제를 선정하여 목표를 정하고 실천해 가는 셀프 코칭을 할 수 있도록 권유하는 것이다. 다음과 같이 비중을 두고 정하는 것이 좋으며 코치가 계속 지지하고 상호 책임을 진다는 인식을 공유하는 것에서 출발한다. 아울러, 셀프 코칭 주제와 목표에 대해 내부적으로도 계속 상호책임을 질 수 있는 시스템을 갖추어 주는 것도 코칭 조직문화를 접목하는 차원에서 필요한 조치이다.

1. 단기적 이슈(30%)
2. 중·장기적 이슈(70%)
셀프 코칭 주제로는 고객이 주도권을 가지고 결정하게 하는 것이 원칙이다. 그러나 주제별 코칭 목표를 최종 점검한 결과를 가지고 고객이 계속 추구할 의지가 있고 조금만 노력하면 목표가 달성될 가능성이 있는 주제는 계속 연장하는 것도 바람직하다.

또한 주제별 목표를 설정할 때 애초부터 장기적 목표를 가지고 1단계 추진 목표로 설정하여 추진한 경우에는 당연히 2단계 목표로 주제를 바꾸어 계속 추진하게 한다.

또한 개인적인 목표로서 은퇴 이후의 생활에 대한 목표를 설정하게 하고 그 목표 달성을 위해 지금부터 무엇을 준비해야 하는지에 대해서도 자연스럽게 셀프 코칭 주제로 하는 것도 바람직하다. 실례로 모 임원은 은퇴 이후의 생활에 대해 막연한 생각만 있었지 구체적인 계획은 없었는데 셀프 코칭 주제를 선정하면서 오랜 동안 인도네시아에서 근무한 경험을 살려 국내에 있는 인도네시아 외국인 근로자들을 위해 부부가 함께 봉사활동을 하고 싶다는 목표를 세웠고, 이를 위해 외국인근로자 봉사 단체에 가입을 하여 부부가 한달에 한 번씩 봉사단체에 가서 봉사하는 실천 계획을 설정하기도 하였다.

이 외에도 은퇴 이후에 하고 싶은 일을 위해 사전에 준비할 것들을 정하여 실천한다는가, 책을 쓰기 위해 자료를 수집한다든가 또는 북한 탈주민을 위한 단체 운영 등의 제 2의 인생에 대한 목표를 구체화하고 준비해 나가는 실천 계획 등을 셀프 코칭 주제로 선정하는 경우가 있다. 이와 같이 많은 리더들이 현업에 바쁘다 보니 은퇴 이후의 인생 2모작에 대한 생각은 갖고는 있지만 구체화하는 것에 대해서는 시간적, 정신적 여유가 없었는데, 코칭을 통해 셀프 코칭의 주제로서 구체적으로 다루게 되는 계기가 되어 의미 있어 하는 리더가 많다.

셀프 코칭 주제 및 목표 설정

주 제	목 표	실천 계획(핵심)	비 고

4) 코칭 전체 리뷰 & 평가

그 동안의 코칭 전 과정에 대해 리뷰를 해 보고 종합적으로 평가를 해 보는 시간이 필요하다. 처음 코칭 전에 가졌던 생각과 끝난 시점에서의 생각과의 비교, 유익했던 점이나 앞으로 계속 적용하고 싶은 것 등 주요 질문은 다음과 같다.

이번 코칭을 통해 느낀 점이나 깨달은 점은 무엇입니까?

특별히 유익했던 것은? 앞으로 실전에서 적용해 볼 것은 무엇입니까?

이번 코칭을 통해 영감(자각)을 받았던 3가지는 무엇입니까?

자신이 코치 리더라고 주장할 수 있는 변화된 사례 3가지는 무엇입니까?

코칭을 통해 새롭게 인식된 리더십 가치는? 향후 추구하고자 하는 새로운 리더십 스타일은 어떤 것입니까?

5) 회사에서의 성공 모습 촬영 및 핵심 실천계획 도출

이제 마지막 질문으로 회사에서 가장 성공적인 모습(언제,어디서 무슨 일을 하고 있으며 사람들은 어떤 리더라고 하나요?)을 상상하게 한 후 상상속에서 포즈를 취하게 하고 사진을 찍어 뇌에 그 모습을 각인(心想化)시킨다. 그리고 그 모습을 달성하기 위해 지금부터 무엇을 해야 하는지에 대해 도출하게 함으로써 궁극적으로 준비하여야 할 것들을 스스로 깨닫고 준비하게 한다.

회사에서의 성공 모습 촬영 및 핵심 실천 계획 도출

회사에서 가장 성공한 모습을 그려보고 쓴다. (언제, 어디서, 무슨 일을 하고 있으며 사람들이 당신을 어떤 리더라고 말을 하나요?)

눈을 감고 가장 성공한 그 모습을 생생하게 느껴보라.

"찰깍"

성공하기 위해 지금부터 갖추어야 할 꼭 필요한 3가지는?
1. 2. 3.

6) 공식적인 마무리 인사 / 허그

　이제는 진짜 마무리 할 순서이다. 다시 한번 코칭을 통해 소중한 만남에 감사하고 성실히 코칭에 임해 주어 감사하다는 말을 전달한다. 책이나 가벼운 선물을 주고 받는 것도 좋은 방법이다. 헤어질 때 백마디 말보다 진정성이 담긴 서로의 허그도 좋은 방법이라고 생각한다. 아울러 아래와 같이 고객이 언제 어느 때고 항상 고객을 지지하는 코치가 있다는 인식을 강하게 심어 주는 것도 의미가 있는 마무리가 아닌가 싶다.

수고 하셨습니다.
여러 가지 어려운 여건하에서도
열정적으로 코칭에 임해 주신 OOO님께
가슴으로 감사 드립니다.
멋진 리더로 활약하실 OOO님의 모습을
미리 축하 드립니다.

그리고
OOO님이 언제 어떤 모습일지라도
끝까지 격려, 지지하고 있는
한 코치가 있다는 사실도
꼭 기억해 주시길 바랍니다.
사랑합니다!.

6 지속적인 사후 관리

1) 지속적인 지원체계(Support System) 구축

고객의 목표달성을 위해 애쓰고 지속적으로 격려해주는 일 외에도 코치가 해야 할 중요한 일이 있다. 그것은 바로 고객의 성공 가능성을 극대화해 줄 지원 체계를 만드는 것이다. 지원체계는 도중에 의욕을 잃는 것을 막고 계속 전진하도록 도와 준다. 고객은 지원 체계의 도움으로 새로운 행동 습관을 잘 유지하고 더 많은 것을 성취할 수 있게 된다.

사람들은 큰 목표를 이루기 위해 행동을 하면서 원하는 것을 이루는 데는 많은 노력과 희생이 필요하다는 사실을 깨닫는다. 이럴 때 사람들은 의욕을 잃을 수 있으며, 특히 장애물이나 어려움에 직면하게 되면 더욱 그렇게 되기 쉽다. 이와 같이 코칭을 통해 새로운 일을 시작하는 것은 그 동안 익숙했던 행동을 유지하는 것보다 훨씬 어렵다. 새로운 습관이 완전히 자리 잡으려면 최소 30일에서 90일은 공을 들여야 한다. 변화하는 일은 혼자서는 하기 힘들다. 하지만 다른 사람들의 도움을 받는다면 훨씬 더 많은 것을 이룰 수 있다. **가장 성공적인 삶을 사는 사람들은 일을 혼자 하려 하기 보다는 다른 사람에게 도움을 구하고 도움을 받아들이는 법을 아는 사람들이다.**

그 동안 코칭 세션에서는 점검해 주고 지지해 주는 역할을 코치가 맡았지만, 이제 코치가 옆에 없고 스스로 해쳐나가야 하는 상황이 오면 오래된 나쁜 습관으로 바로 돌아가 버릴 위험이 크다. 따라서 코칭 세션이 끝나더라도 지속적으로 코치와 같은 역할을 해 줄 지원체계(Support System)를 구축하는 것이 반드시 필요하다.

지원체계를 사용하는 기간이나 빈도는 고객이 이루고 싶은 목표와 해결방안의 특성에 따라 달라질 수 있다. 먼저 고객 스스로가 자신에게 적합한 지원체계를 고안하도록 하는 것이 훨씬 바람직하다. 물론 코치로서 고객의 동의를 얻어 몇 가지 아이디어를 제공할 수도 있다.

고객들이 자신의 상황과 필요에 따라서 사용할 수 있는 지원체계는 다음과 같다.

1. 후속 이메일, 문자나 카톡 등 SNS 활용
2. 고객과 짧은 전화 통화
3. 직장에서 지속적으로 보는 사람 중에 "스폰서나 서포터즈"를 선정하여 지원을 받음
4. 직장에서 일정 기간 동안 "책임 파트너"를 지명하여 집중적으로 도움을 받음
5. 가족 중에서도 일정 기간 동안 "책임 파트너"를 지명하여 집중적으로 도움을 받음
6. 플래너, 전자 수첩, 알람 기능이 있는 스케줄 프로그램 사용하기
7. 중요한 과제를 완수했을 때 가족, 친구, 동료들과 축하하기

2) Follow up 코칭

코칭 종료 후 일정 기간이 지난 시점에서 진행하는 코칭이다. 소요기간은 통상 1개월 ~ 2개월 정도로 정하고, 코칭 세션 후 너무 짧거나 길지 않는 기간이 적정하다.

즉 장기적인 코칭 효과는 궁극적으로 회사에서 정책적으로 리더의 코칭 리더십을 리더십 평가 KPI(Key Performance Index)를 도입하여 조직 내에서 코치 역할을 수행하도록 하고, 지속적으로 관리하여 **코칭 조직문화(組織文化)를 정착**하게 하는 것이다.

그 반면 Follow up 코칭은 코칭 세션이 끝난 후 그 동안 코치와의 함께 하였던 세션에서 벗어나 고객 홀로 스스로를 셀프 코칭하는 기간을 1달 ~ 2달 정도를 해보고 다시 코치와 만나, 마지막 세션에서 정했던 셀프 코칭 주제 별 목표 달성 여

부를 점검하고 피드백 하는 것이다.

고객 스스로 셀프 코칭할 때의 애로 사항을 청취하여 장애요인이 있는 경우에는 코칭을 통해 해결점에 대해 찾아 본다. 또한 필요하면 코치의 지속적인 도움이나 회사 내부의 "지원 시스템"을 보다 적극적으로 가동하게끔 하는 조치를 취해야 한다.

또한 셀프 코칭의 성과가 탁월하면 코치는 "칭찬"을 통해 축하를 해 줌으로써 더욱 더 자신감을 가지고 훌륭한 코칭 리더로서 성장하도록 "지지"를 보내 준다.

따라서 Follow up 코칭의 기대 효과는 10회 세션이 끝나고 일정 기간 동안 고객 스스로 셀프 코칭(Self Coaching)을 할 수 있도록 함으로써, 궁극적으로 조직 내에서 탁월한 코칭 리더가 되게 하는 가교(Bridge) 역할을 하는 것이다.

7 그룹 코칭 이해 및 전개 프로세스

1) 그룹 코칭이란?

그룹 코칭이란 그 동안 코칭의 전통 방식으로 진행 되어왔던 1:1 코칭에 대비되는 의미로 코칭을 받는 고객이 1명이 아닌 "다수가 참가하는 코칭"이라고 할 수 있다. 물론 1:1 코칭도 그룹 코칭도 모두 장·단점이 있을 수 있다.

그러면 그룹 코칭의 가장 큰 장점은 무엇일까? 그것은 개개인이 아닌 "집단의 힘"을 최대로 끌어내어 활용할 수 있다는 점일 것이다. 즉 개개인의 지식과 창의력을 모아 조직의 성과로 끌어내는 "집단지성"(Collective Intelligence,集團知性)을 활성화 하는 것이다. 이러한 집단지성이 제대로 작동하기 위해서는 호기심 있는 구성원들의 자발적 참여와 자율성, 개방성, 수평적 관계에서의 협업 등은 필수 전제 조건이 된다. 또한 1:1 코칭에 비해 아무래도 비용을 절감할 수 있다. 전통적인 방법인 1:1 코칭과 그룹 코칭의 장·단점을 비교해보면 다음과 같다.

2) 1대1 코칭과 그룹 코칭의 장 단점 비교

구 분	1:1 코칭	그룹 코칭
장점	• 개인의 프라이버시가 보장된다. • 개인 만의 맞춤 코칭이 가능하다. • 내면의 깊숙한 부문까지 다룰 수 있다. • 고객도 내면의 솔직한 부문까지 다 드러낼 수 있어 코칭이 실질적이고 효과적이다.	• 개개인이 아닌 "집단의 힘"을 활용할 수 있다. • 그룹 코칭 참여자들의 상호 자극 및 격려로 코칭 성과를 높일 수 있다. • 1:1 코칭에 비해 저렴하다. • 조직 내 참가자 상호 소통과 협조가 원활해진다.
단점	• 그룹 코칭에 비해 고비용이다. • 코치와 고객의 신뢰도와 친밀도가 처음부터 부족하면 끝날 때까지 반전의 기회가 어렵기 때문에 소기의 성과를 거둘 수 없다. • 개개인의 창의성과 아이디어는 그룹 코칭에 비해 한계가 있다.	• 개인 프라이버시가 보장이 안 된다. • 개인 만의 맞춤 코칭이 어렵다. • 내면의 깊숙한 부문까지 다루는 데는 장소와 시간의 제약으로 한계가 있다. • 참여자의 부정적인 영향에 의해 어려움을 겪을 수 있다.

따라서, 그룹 코칭을 설계할 때 1:1 코칭을 병행하는 것이 바람직하다.

3) 그룹 코칭의 진행 방식과 구조

그룹 코칭은 그룹 코칭을 하는 기업의 니즈와 목표, 그룹의 규모, 시간, 회차 등에 따라 다양하게 설계되어 진행할 수 있다. 아래는 그룹 코칭을 설계하는데 필요한 진행방식과 구조이다.

그룹 코칭의 진행 방식과 구조

구 분	내 용	비 고
그룹 규모	• 4~8명 정도 인원으로 구성 • 상호 실습을 위해 짝수로 구성 • 국제코칭연맹(ICF)에서는 15명 이내로 제한	• 인원이 **너무 적으면** 상호작용을 통해 일어나는 그룹의 역동성이 떨어진다. • **너무 많으면** 일부 참가자가 아웃 사이더가 되어 수동적인 태도를 보일 수 있다. 또 시간관리에도 어려움을 겪을 수 있다.
세션 시간	• 통상 2시간이 적정 • 주제 및 진행 방법에 따라서는 3시간 까지도 가능	• 여러 사람과의 대화나 토론, 발표, 티칭 등에 참여하는 최소한의 시간 확보
횟수	• 통상 6차 ~ 12차 수 진행 • 목표와 상황에 따라 설계	• 횟수가 너무 적으면 목표와 실행 계획을 세운 다음 이를 현장에 적용해보고 다시 피드백, 실행 및 체득화 과정이 빈약
빈도	• 통상 2주 간격 실시 • 목적과 상황에 따라 매주 혹은 매월 1회 실시	• 그룹 코칭의 결과를 현장에서 적용해보고 피드백 할 수 있는 기간확보가 필수적임
구조	그룹 코칭은 다수의 사람이 참석하기 때문에 1:1 코칭과는 보다 그룹을 효과적으로 운영하기 위하여 구조화된 환경을 사전에 조성하여야 한다. 1. 비 구조화 : 전체 주제 안에서 각 회차 마다 참가자들이 가지고 오는 이슈에 따라 주제를 정하여 코칭 진행 2. 준 구조화 : 전체 주제와 각 회차의 주제를 미리 정하고, 각 회차의 주제 안에서 참가자들이 가지고 오는 이슈에 따라 코칭 진행 3. 구조화 : 전체 주제와 각 회차의 주제를 사전에 정하는 것은 물론, 각 회차별 주제와 관련된 내용 또한 미리 제공하여 코칭 진행	

따라서, 그룹 코칭의 진행 방식과 구조는 코칭의 목표 및 상황에 따라 설계한다.

4) 그룹 코칭 프로세스

  그룹 코칭은 참가자가 다수이므로 미리 이정표인 프로세스를 정하여 공유하는 것이 시행 착오를 겪지 않고 효율적으로 진행할 수 있는 지름길이 된다. 다음은 그룹 코칭 프로세스 실시의 기대 효과이다.

그룹 코칭 프로세스 실시의 기대 효과

1. 그룹 코칭 전체를 진행하는 큰 틀을 제공한다.
2. 목적을 향해 나아가는 과정을 미리 예측할 수 있어 그룹 코칭의 성과, 품질에 대한 확신과 함께 달성도를 높여 준다.
3. 서로 합의한 프로세스가 존재함으로 해서 상호 협력하는 환경을 만들어 준다.

> 한번 정한 프로세스라 하더라도
> 상황의 변화에 따라 유연하게 적용되고 운영되어야 한다.
> 물론, 참가자들의 사전 공감대는 필수이다.

그룹 코칭 프로세스 실시의 기대 효과

Pre-Stage	Coaching - Stage	Follow up -Stage
• 기업의 코칭 목표 니즈 파악 • 오리엔테이션 실시 - 상호 인사 - 코치 소개 - 향후 일정 안내	• 라포 형성 • 그룹 형성 • 그라운드룰 결정 • 진단 결과 리뷰 • 코칭 니즈 파악 • 코칭 목표 설정 및 합의 • 실행 항목 도출 및 합의	• 심화 그룹 코칭 • 1:1 코칭 병행 • 중간 피드백 - 만족도/개선사항 • 진단 결과 리뷰	사후평가서 및 사전 인터뷰지 비교분석
		• 코칭 목표 달성 점검 • 개인별 성과 나누기(축하) • 향후 실행 다짐	사후 실행계획 → 최종 보고 → **후속 조치** - 내부 시스템 구축 - 코칭 종료 후 3개월 간 이메일/전화 격려/지지 - Follow up 코칭

5) 그룹 코칭 세션 별 진행 기본 프로세스

그룹 코칭 세션을 진행하는 데 있어 통상 사용되는 기본 구조는 다음과 같다. 실제 진행을 할 때는 코칭의 상황과 고객의 상태에 따라 유연하게 운영을 하는 것이 바람직하다 하겠다.

그룹 코칭 세션 진행 기본 프로세스

시간	구 분	내 용
10분	라포 형성(관계) 아이스브레이킹 근황 공유	• 만나자 마자 바로 코칭 주제를 다루는 것 보다는 고객의 근황과 심경을 미리 파악함으로써 친밀도를 형성함은 물론 코칭에 몰입할 수 있는 리드 타임을 갖는다.
30분	지난 세션 리뷰 및 실천 약속 피드백	• 코칭은 실천을 통한 체험의 느낌을 가지고 리더십을 발휘하는 것이 핵심이다. 따라서, 반드시 실천 약속에 대한 피드백을 나누어야 한다. 코칭 실천 중에 있었던 도전과 보람 등을 나누면서 서로 인정하고 칭찬해 준다. • 또한 과정에서 겪은 어려움과 성공 스토리를 나누면서 서로의 경험에서 많은 것을 배운다.
50분	이번 세션 주제 다루기	• 코칭을 통한 기대효과(주제별 목표, 코칭 리더십 역량 습득, 내면 성찰, 이슈 코칭)가 달성이 되도록 각 세션 별로 배분하여 주제를 다룬다. 특히, 코칭 리더십 역량 습득은 학습과 실천이 반드시 포함되어야 한다. • 상황에 따라 그룹원들 중 한 사람이 시급하게 코칭을 받고 싶은 구체적인 상황을 설명하고 "이슈 코칭"을 받을 수 있다
10분	정리 자기 성찰 - 성찰 시트 작성	• 코칭 세션에서 진행한 것에 대해 스스로 정리를 함은 물론 코칭을 통해 깨달은 점이나 유익한 점에 대해 이야기를 하게 한다. 또한 실전에 적용할 것에 대해 고객 스스로 도출하게 함으로써 코칭 성과와 연결되게 유도한다. • 각자 자아 성찰 시트에 기록한 후 상호 내용을 공유한다.
5분	다음 세션 실천 약속 공유	• 이번 세션에서 학습한 것에 대한 실천과 다음 세션에서 진행할 것에 대한 준비를 하게 한다. "과제"라는 피동적인 용어 보다는 "실천 약속"이라는 고객 주도적인 용어가 좋다.
5분	인사 및 마무리	• 인사는 밝게 나누며 반드시 다음 세션 일정에 대한 상호 확인을 명확히 하고 헤어진다. (상호 악수와 허그)

장기(CEO)코칭의 이해와 전개 프로세스

1) 장기(CEO)코칭이란?

미국의 국제코치연맹이 2014년에 포춘지 500대 기업을 대상으로 조사하여 발표한 자료에 보면 "CEO의 약 50%가 상시 코칭을 받고 있다"라고 한다. GE(General Electric)의 최고경영자인 잭 웰치(Jack Welch)와 그의 코치였던 "경영학의 아버지" 피터 드러커(Peter Drucker)와의 아래의 코칭 대화는 잭 웰치에게 "고쳐라, 매각하라, 아니면 패쇄하라"는 사업 구조 대 변혁을 하는 영감을 주어 지금의 GE가 되는 중요한 기틀을 만들었다.

"어떻게 하면 GE를 성장시킬 수 있을까요?"

"새로 하라고 하면 지금의 46가지 사업을 다시 하겠는가?"

위와 같이 기업을 책임지고 있는 최고경영자들은 본인의 생각과 의사 결정이 미치는 영향이 지대하며, 항상 스스로에게 다음과 같은 질문을 해봐야 한다.

1. 무슨 일이 일어나고 있는 것 같은가?
2. 우리가 직면할 가능성은 무엇인가?
3. 이것에 대해 나(우리)는 무엇을 하여야 하는가?

'Choosing the Future - 전략적 사고 : 미래예측을 위한', Stuart Wells

기업의 최고경영자가 혼자만의 생각으로 중요한 의사결정을 내리는 데는 많은 리스크가 따른다. 따라서 비즈니스 코치와 정기적인 코칭을 통해 자신을 돌아 보고, 중요한 의사 결정을 하는 데 결정적인 "영감"을 얻고 생각을 정리하는 시간을 갖는 최고경영자들이 많아지고 있는 이유다.

2) 장기(CEO)코칭 방법

CEO와의 장기적인 코칭은 통상 최소 1년 이상으로 진행이 되며 코칭 간격은 2주 또는 1달 1회가 적정하다. 다루는 주제는 앞 장에서 다루었던 비즈니스 코칭의 기본적인 목표인 코칭 주제별(조직, 리더십, 개인적) 목표 달성, 코칭 리더십 역량 강화, 내면 성찰 및 "이슈 코칭"등을 다룬다. 그러나 1년 이상의 장기적인 코칭에서는 이것만 가지고는 한계가 있다. 따라서, 아래와 같은 역할을 함께 하는 것이 바람직하며 무엇보다 중요한 것은 고객의 변화와 성장을 진심으로 바라는 '**진정성(眞情性)**'을 갖는 마음이다.

장기(CEO) 코칭에서의 비즈니스 코치의 역할

성장을 돕는 지지자	• 개인과 조직의 변화와 성장을 돕는 지지자 • 중장기 비전을 설정하여 지속적으로 점검 • 미래 트랜드 예측을 통한 선제 대응방안 강구
동기 유발자	• 코칭 대화를 통해 '자각'과 '영감' 제공 • 성공 가능성에 대한 확신 과 자신감 고양 • 다양한 사례의 간접경험으로 동기 유발
친구(힐링)	• 누구에게도 말 못할 고민을 함께 나누는 친구 • 인간적인 면에서의 다정다감한 친구 • 소소한 행복, 기쁨, 외로움, 슬픔 등을 함께 나누기
비즈니스 컨설턴트	• 명확한 진단과 분석을 통한 솔류션 제시 (동의 하에) • 중요한 의사결정을 하는데 있어 냉철한 판단 유도 • 다양한 성공/실패 사례를 통한 벤치마킹 자료 제공
교사	• 지속적인 학습 기회 제공 (외부 포함) • 코치와 독서 토론 진행 • 강사화 (가장 좋은 학습은 남을 가르치는 것이다)

CEO와의 장기적인 코칭에 대해 국내에서는 아직 많은 연구와 자료가 나와 있지는 않다. 그러나 향후, 비즈니스 코칭의 중요한 유형이 될 것으로 전망이 되기 때문에 좀 더 많은 연구와 사례가 나오리라 예상이 된다.

CCPI 전개 디테일

1 CCPI 전개 프로세스

1) CCPI 프로세스의 의미와 배경

CCPI 코칭 & 컨설팅을 하기 위한 CCPI 프로세스의 의미와 존재 배경을 살펴보면

1. 컨설팅을 통해 도출 된 해결방안들을 실제 현장에서 실천할 주체들이 진정 자기의 것이라고 여길 때 그 효과는 극대화된다.
2. 현장에 근무하는 실무자들이 그 문제에 대해 가장 잘 알고 있고 내부에 해답이 있다. 즉, "인간은 스스로 해답을 창조할 수 있다. 이것을 끌어내기 위해 코치가 필요하다" 가 코칭의 철학이다.

CCPI는 전략도출에 필요한 내용들에 대해 **현장의 실천 주제자 들을 참여시켜 도출하는 방법을 주(主, Main)으로 하고 과학적인 조사나 방법들은 부(部,Sub)로 하여 상호 융합을 시켜 전략을 도출**한다. 즉 조직의 실천 주체자들이 전략 도출의 모든 과정에 참여함은 물론 도출 된 결과에 대해서도 반드시 소통과 공감을 한다. 물론 이 과정에서 조직의 규모나 프로젝트 상황에 따라 전체 임직원을 참여시켜 의견을 반영하는 방법도 있고, 경영진을 포함한 해당 부분의 TFT(Task Force Team)만 참여 하는 방법도 있다. 어떠한 경우에도 전 임직원의 생각과 의사를 반영하는 방법을 병행하는 것이 좋고, 결과는 반드시 피드백을 하여야 한다.

2) CCPI 프로세스의 구성 및 방법

CCPI 프로세스의 구성 및 방법은

1. 먼저 해당 기업의 **전 임직원을 대상으로 사전 설문**을 실시하여 회사 현안 및 미래 회사 발전을 위해 필요한 요소 등 회사 전반적인 핵심 내용을 파악한다.

2. 전 임직원(규모에 따라 핵심 인력 참여) **참여 비전 전략 수립 워크샵**(사전 설문 및 인터뷰 결과를 분석하여 워크 시트 및 진행 테마와 방법을 사전 디자인) 실시로 임직원들과 소통 및 CCPI 코칭 & 컨설팅의 시작을 알리면서 이후 본격적으로 진행 되는 CCPI 프로세스에 전 사적인 협조와 자발적 참여를 유도하는 것에 목적이 있으며 이를 위해 워크샵 결과는 워크샵 참여자는 물론 전사적으로 반드시 피드백을 하여 소통을 하여야 한다.

3. **외부 CCPI 팀과 내부 TFT와 함께 부문별, 사안별로 해당 임직원들을 참여시켜 워크샵 또는 인터뷰**(CCPI 양식 참조)**를 실시**하며 과학적 진단 방법과 병행하여 전략을 도출하며 이를 현장 실천 주체자들과 소통하는 것을 반복한다.

4. CCPI 프로세스 전개 시 사용하는 워크 시트는 현상 파악 및 전략 도출을 용이하게 하기 위하여 질문 형태로 구성되어 있다. 따라서 이를 사용할 때는 양식에 채우는 방식이 아닌 양식에 나온 질문에 충분한 토론과 자료 등의 분석을 통해 도출하는 것을 원칙으로 한다.

5. CCPI 워크샵이나 인터뷰 결과를 1차 자료로 하여 CCPI 팀과 내부 TFT는 자료 보강이나 객관적이고 과학적인 분석 툴을 사용하여 완성된 전략과 솔루션을 도출한 후 경영진과의 사전 조율을 진행 한다.

6. 이와 같은 과정을 통해 최종 도출 된 전략과 솔루션을 전 임직원 및 실천 주체자들에게 공유하며 적극적인 참여를 유도하는 커뮤니케이션을 실시한다.

3) CCPI 기본 프로세스

다음은 경영 컨설팅과 비즈니스 코칭 의 기본적인 프로세스 중에 중견/중소 기업에 맞추어 전개하는 CCPI의 기본적인 프로세스이다. 물론 이 프로세스도 각 기업의 상황에 맞추어 다 할 수 도 있고 아니면 축소 및 수정하여 할 수 있다. 즉 **가장 좋은 솔루션은 바로 그 해당 기업의 상황과 니즈에 맞는 '맞춤 솔루션'이기 때문이다.** 다음은 CCPI 전개의 기본적인 프레임(Frame)이다.

CCPI 전개 프레임

4) CCPI 프로세스 단계별 디테일 (1)

다음은 CCPI 프로세스를 진행하는 구체적인 프로세스이다. 각각의 단계별로 목적, 대상, 주요 내용, 방법, 결과물로 구성되어 있다.

단계	니즈 청취 제안서 PT	진단(조직/전략)	비전 수립 / 공유	핵심 전략 도출
목적	관계형성	진단	비전설정/공유	달성전략 도출
대상	CEO/경영진	외부/내부	전 임직원 참여	경영진 각 부서 핵심 인력
주요 내용	니즈 청취 (CEO/ 경영진) CCPI PT 목표/범위, 방법 프로세스/ 일정/비용	외부환경분석 - 산업/시장/경쟁 내부환경분석 - 비전 /미션 진단 - 전략(사업/기능)진단 - 조직문화진단 - 회사시스템 진단	기업이념/철학 비전 (사업/조직/프로세스) 비즈니스 도메인 미션 / 사명 비전 달성 시점 모습 / 공유	비전달성을 위한 Core Strategy - 사업(기존/신규)전략 - 기능별 전략 (마케팅/재무/생산/조직)
방법	인터뷰 Presentation	인터뷰/FGI/실사 조직 설문지(계량화) 5Force / BCG Value Chain / 7S	전 임직원 참여 워크숍	경영진 인터뷰 핵심인력 부서별 워크숍
결과물	CCPI 제안서 계약서	조직진단 (계량화) 진단 보고서	비전 - Master Plan 개인 - Dream Board	중장기 사업전략 (기존/신규) 기능별 전략 (인사/조직/마케팅)

CCPI 프로세스 단계별 디테일 (2)

단계	시스템 구축	리더십 개발 코칭 문화	학습조직 시스템 구축	신바람 일터 구축 (GWP)
목적	리더십 개발 & 시스템(평가/학습) 구축			GWP 접목
대상	CEO/각 팀	CEO/경영진	전 임직원 참여	전 임직원
주요 내용	조직 최적화 모델 인사 평가 / 보상시스템	개인 리더십 진단 (다면평가) 삶의 의도/ 목표 명료화 코칭 리더십 역량 개발 직관적 경청 실천 코칭 대화법	년간 학습시스템 구축 - 직급/부문별 역량 개발 - 외부/내부 교육 시스템 구축	전 임직원 니즈 청취 성공사례 벤치마킹 자체 GWP 팀 운영 GWP INDEX 설계
방법	조직구조 최적화 설계 역할과 책임 평가/보상 시스템설계	1대1 코칭 그룹 코칭	전 임직원 직급/부문별 역량개발 지표 설계	벤치마킹 자체 GWP팀 운영 아이디어 도출/보고
결과물	조직 최적화 모델 인사/보상 평가 시스템	코칭 주제 (조직/리더십/개인)별 목표 달성 코칭 리더십 역량개발 (다면평가/인터뷰)	년간 학습 시스템 외부/내부 교육 운영 프로그램	자체GWP 팀 결성 GWP 팀 활동 실천 및 피드백

CCPI 프로세스 단계별 디테일 (3)

단계	실행 및 실행 지도	평가 및 종결
목적	실행 및 피드백	평가 및 종결
대상	전 임직원	CEO/전 임직원
주요 내용	핵심 전략(과제) 실행 조직 최적화 모델 인사 평가/보상시스템 학습조직 시스템 신바람 일터 구축	일정 경과 후 (1차 / 2차) CCPI 결과 종결 (1차) CCPI 결과 평가 (1차)
방법	Action & Feed back	실행 평가/피드백 보고 차후 진행 제안
결과물	정기적인 점검 및 지도 결과 실행 지도 계약서	최종 보고서 차후 진행 제안서

2 CCPI 프로세스 단계별 디테일

1) 고객사 니즈 청취를 통한 제안서 제출 및 계약 단계

CCPI 프로세스 디테일 첫 번째 단계는 고객사와의 미팅을 통해 고객사의 니즈를 청취한 후 CCPI 제안서를 제출하고 프리젠테이션을 하여 계약까지 하는 단계이다.

미팅과 상담의 대상은 담당자와 경영진이 될 수 있다. 중소기업의 특성 상 대표이사와의 상담은 필수적이다. 왜냐하면 중소기업의 경우 대표이사의 생각과 행동이 차지하는 비중이 거의 결정적인 경우가 많기 때문이다.

고객사의 니즈를 파악 하고 나면 CCPI제안서를 작성하고 프리젠테이션을 실시 한다. CCPI제안서의 주요 내용으로는 CCPI 필요성 및 기대 효과, CCPI목표 및 프로젝트 범위, 프로젝트 추진 프로세스, 그리고 일정, 소요 비용 및 참여자 프로필 등이다.

CCPI 프리젠테이션 후에는 상호 계약을 체결한다. 이 단계의 결과물로는 CCPI 제안서와 계약서가 된다.

단계	목적	대상	주요 내용	방법	결과물
니즈 청취 제안서 PT	계약 체결 관계 형성	CEO/ 경영진	니즈 청취 (CEO/ 경영진) CCPI PT 목표/범위, 방법 프로세스/일정/비용	인터뷰 Presentation	CCPI 제안서 계약서

2) 진단 단계

CCPI 프로세스 디테일 두 번째 단계는 고객사에 대한 진단 단계이다. 진단은 사업구조와 전략 및 조직이 주 대상이 되며 다양한 진단 방법 중 프로젝트 목표 달성을 위한 진단 방법을 선택하여야 한다. 이때 진단 방법을 선택하는 고려사항으로 추진 일정과 비용 등이 변수가 된다.

진단은 고객사를 둘러 싸고 있는 외부와 내부로 나누어 진단한다. 외부환경 진단은 고객사가 속해 있는 산업 분석, 시장 분석, 경쟁사 분석 등에 대해 진단한다. 내부환경 진단으로는 비전, 미션, 경영 철학, 전략(사업 전략, 기능전략, 지원 전략) 내부 시스템, 그리고 기업문화 진단 등을 한다.

단계	목적	대상	주요 내용	방법	결과물
조직 전략 진단	진단	외부 내부	외부환경분석 - 산업/시장/경쟁 내부환경분석 - 비전/미션 진단 - 전략(사업/기능) 진단 - 조직문화진단 - 회사시스템 진단	인터뷰/FGI/실사 조직 설문지(계량화) 5Force/BCG, Value Chain/7S	조직 진단 (계량화) 진단 보고서

본격적으로 외부 환경과 내부 환경을 진단하기 전에 약식으로 하는 다음 페이지의 설문을 받아 분석하여 활용하면 단 시간에 해당 기업에 대한 전반적인 상황을 파악할 수 있다. 또한 이 설문의 결과를 근거로 전 임직원 참여 워크샵을 설계하거나 이후 인터뷰 및 조사하는데 질문 항목으로 적절하게 활용할 수 있기 때문에 적극적으로 사용하면 좋다.

아울러 계약 체결 전이라도 이와 같은 약식 설문지를 활용하여 제안할 때 참조를 하면 고객사의 상황에 적합한 제안을 할 수 있어 계약 체결의 확률이 당연히 높아진다. 또한 고객사 입장에서도 아직 계약이 체결 되기 전에 비용 부담을 하지 않으면서도 프로젝트 참여 회사를 선택하는 리스크를 줄일 수 있어 서로에게 좋은 방법이 된다.

(1) 사전 설문 조사 및 요약 브리핑

전 임직원 참여 비전 Workshop 설계를 위한 사전 설문 조사 (양식)	
우리 회사의 장점/경쟁 우위요소는?	우리 회사가 개선 및 보완하여야 할 사항은?

현재 우리 회사가 처해 있는 상황과 시급히 해결해야 할 당면 과제는 어떤 것들이 있습니까?

미래 성장 요인 (우리 회사가 미래 성장하기 위해 필요한 요소들은 어떤 것들이 있습니까?)

이번 전 임직원 참여 워크샵에서 얻고자 하는 기대효과와 토의 주제는 어떤 것들이 있습니까?

사전 설문 조사 요약 브리핑 (사례)

분위기 쇄신/조직 인화단결

- 회사 및 각개인의 새 출발 하고자 하는 계기
- 새로운 관점과 긍정적인 마인드 고취
- 회사분위기의 쇄신을 통한 조직 사기충천
- **직원간의 의사소통 부재 및 부서간 연대감 미흡에 따른 직원들 간 화합의 장**
- 회사 직원간의 상호 신뢰/존중,결속 강화
- 회사에 대한 애사심/주인의식 고취
- 구성 개개인에 대한 관심부터 접근

체계적 시스템 구축을 통한 조직력 강화

- 업무효율성 증대
  - 체계적/효율적인 근무환경 조성
  - 업무분장/각 부서 업무효율 적정선 검토
- 회사체질 개선/시스템(조직) 정비
  - 체계적 시스템 구축
  - 직급별 권한 및 책임위임 적정 검토
  - 업무시스템 검토 및 원인 분석

냉철한 상황인식 및 사업/조직 선택 집중화

- 사업 방향 설정 및 선택 / 집중화
  - 회사상황인식 및 문제해결의 공유
  - 사업영역 재검토하여 가치 있는 품목에 집중하기
- 전문인력 재 배치 및 업무 전문화
- 신규사업의 냉철한 판단 및 대응방안
- 학습조직 강화로 맨 파워 강화
- 냉철한 상황인식을 통한 문제 해결방안 도출
  - **회사 상황 인식 및 문제 해결의 공유**
  - **회사 및 각 부문별 문제점 및 개선방안 도출**

비전(회사/구성원) 제시 /공유 및 리더십 강화

- 비전 수립 및 공유
  - 회사가 나가야 할 방향설정 및 공유
  - 바람직한 미래모습(단기/중장기) 만들기
  - 수익구조 다변화 및 미래성장분야 탐색
  - 회사발전을 위한 다각적인 문제 공유
  - 혁신적인 사고 전환
- 리더십 강화
  - **혁신적인 사고 전환**
  - 경영진의 솔선 수범과 리더십 강화

냉철한 상황 인식을 통한 선택 집중화
사업 아이템의 냉철한 분석으로 선택 집중하기
사업/ 조직의 최적화로 성과 창출 향상

비전 설정/ 공유 및 인화 단결로 조직 활성화
회사 개인의 비전 수립 및 공유
GWP(Grate Work Place)로 새로운 도약기반 마련

희망찬 미래 모습 만들기 → 새로운 도약을 위한 전기 마련

(2) 외부 환경 및 내부 역량 분석 방법 및 프로세스

진단 방법으로는 인터뷰, FGI(Focus Group Interview), 실사, 설문지, 계량화 분석, SWOT Matrix 분석, 5 Force 분석, BCG 분석, Value Chain 분석, 7S 분석 등을 사용하며 앞에서 언급 했듯이 기업의 상황에 가장 적절한 방법을 추진 일정과 비용 등을 고려하여 실시 한다. 예를 들어 외부 고객을 대상으로 계량화된 분석 자료를 얻고자 하면 표본 수에 따라 비용이 결정이 되고, 설문지 설계, 실사, 분석하는 일정이 최소 3주 이상이 소요되기 때문이다.

외부 환경 및 내부 역량 분석 방법 및 프로세스

I. 환경분석 및 내부역량 분석	
I-1. 시장의 객관적 검증	**I-2. 내부 역량 분석**
미시적 & 거시적 환경분석	산업 현황 분석
기존사업 시장환경 및 TREND 분석	직원 및 관련업체 의식조사
신규사업 시장환경 및 TREND 분석	산업 기능 / 부문별 분석
구매자 · 유통점 분석 · 경쟁 상황 분석	성장성 / 수익성 분석

정성적 조사(잠재 의식)	정량적 조사(계량화)

1. 전문가 인터뷰(Delphi Technique)
2. 간이(약식) 설문지
2. 인터뷰 1차(전수 & 선택)
3. 인터뷰 2차
 (1차 Agenda 발굴 후)
4. FGI(Focus Group Interview)
5. 현장 실사(Field Research)
6. Desk Working
	1. 조직진단 설문지(계량화)
	2. 리서치
	 – 시장, 고객, 경쟁사 등 조사 설계
	3. 컨설팅 진단 툴 활용
	 – Value Chain Analysis / SWOT
	  Matrix/ PCA / VETA / STP / 7S
	 – GE /BCG Matrix / 5 Force RAEW
	  / Benchmarking / VOC 등

전 임직원 참여 형 워크숍

(3) 조직문화 및 직원 만족도 조사 Frame

고객사 기업문화에 대한 진단을 통해 현재 기업문화의 스타일을 파악하고 향후 지향해야 할 기업문화의 방향을 설정하고 공유하는 것은 매우 중요하다. 아울러 각 요소 별 직원 만족도 조사 결과를 근거로 향후 보완하여야 할 요소들을 찾는 것도 중요한 진단 항목이다.

가. 기업 문화 조사 및 활용 프레임

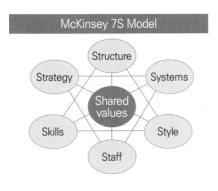

McKinsey 7S Model	Weisbord 6 Box Model	
Structure, Systems, Style, Staff, Skills, Strategy, Shared values		

Weisbord 6 Box Model		
조직의 목표 • 조직목표 공유 • 환경에 적합 • 목표 명확성	리더 십 • 조직 내 통합 • 균형/환경 적응 • 목표 설정/갈등 해결	상호 관계 • 개인/부서조화 • 개인/업무조화 • 협조와 갈등

보조매커니즘
• 기획/예산
• 통제 등 통합
  매커니즘 적합
	구조
	• 업무 구분
	• 조직구조
	• 목표에 맞게
		보상
		• 보상 체계
		• 조직/구성원
		  기대와 조화

성과지향 문화 / 위계/질서 문화 / 혁신지향 문화 / 인간중심 문화

Competing Value Model	
관계지향	혁신지향
위계지향	과업지향

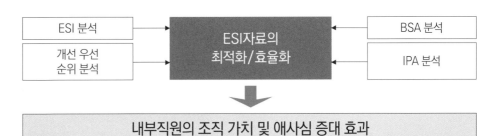

| ESI 분석 | → | ESI자료의
최적화/효율화 | ← | BSA 분석 |
| 개선 우선
순위 분석 | → | | ← | IPA 분석 |

내부직원의 조직 가치 및 애사심 증대 효과

나. 직원 만족도 조사 프레임

(4) 전 임직원 참여형 비전 전략 수립 워크샵

진단이 어느 정도 진행이 되고 일부 진단 결과 특히 계량화 된 "기업 문화 조사" 결과 자료와 설문지 및 인터뷰 분석 결과를 가지고 전 임직원 참여(직원이 30명 ~ 50명 이내인 경우는 전 임직원 참여, 50명 이상 조직은 팀장급 이상 핵심 인력 전원 참여가 바람직함) 비전 전략 수립 워크샵을 설계하여 진행한다. 최소 6시간에서 1박 2일까지 고객사의 상황에 맞추어 결정한다. 워크샵이 끝나면 직원 단합을 위한 프로그램을 병행하는 것도 바람직하다.

전 임직원 참여형 비전 전략 수립 워크샵 프로그램

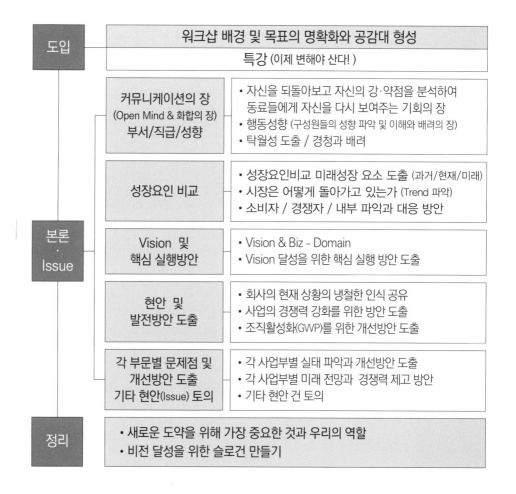

진행 프로그램은

1. 워크샵 배경 설명 및 공감대 형성 (10 ~ 20분)

- 우리 기업이 지금 이 시점에서 왜 이러한 워크샵을 진행해야 하는지에 대한 배경과 필요성에 대해 먼저 공감하여야 한다. 그래야만 워크샵에 적극성을 가지고 각종 토론에 실질적으로 임할 수 있기 때문이다. 사전에 약식 설문지의 결과와(약식 설문지 양식 및 사례 참조) 그 동안 진단 결과를 활용하여 설명하면 효과적이다. 시간은 전체 시간 구성을 고려하여 20분 이내가 바람직하다.

2. 특강 ("변해야 산다": 30 분)

- 임직원들의 기존 사고에 변화를 줄 수 있는 혁신적인 내용을 주제로 하여 약 30분 정도 진행한다. 가급적이면 혁신에 관한 일반적인 내용의 나열 보다는 임팩트(Impact) 있고 약간은 쇼킹한 내용으로 구성하여 임직원들에게 자극을 주는 것이 바람직하다.

3. 소통과 화합의 장 (50분)

- 4명 ~ 6명을 팀으로 편성하여 팀장을 선출 후 "자기 소개"(자기 소개서 양식 참조)를 진행한다. 자기소개서를 작성하면서 자연스럽게 자기자신을 되돌아 보는 시간을 갖게 된다. 워크샵 시간을 절약하기 위해 "자기 소개서"를 미리 작성하여 지참하게 하는 것도 좋다. 서로 돌아 가면서 자기 소개를 하면서 서로에 대해 그 동안 몰랐던 부분들에 대해 알아가는, 즉 서로에 대해 진정으로 이해하는 시간을 갖는다. 자기 소개가 끝나면 발표자는 **"제게 칭찬의 선물을 주세요**"라고 한다. 이 때 각 팀원들은 자기 소개를 한 직원에 대해 최소 2개 이상의 칭찬을 해 줌으로써 서로를 인정하고 존중하는 마음을 갖는다.
- 사전 DISC(행동 성향)검사를 통해 나온 결과를 가지고 각 성향별로 팀을 재구성하여 "좋아하는 것"과 "싫어하는 것"에 대해 작성하고 발표하게 한다. 임직원들이 자기의 성향에 대해 파악함은 물론 다른 직원들의 성향에 대해서도 알아가는 기회를 갖게 되므로, 서로의 성향에 대해 배려하는 조직문화를 조성하는 계기가 된다.

자기를 멋지게 소개 하세요. (양식)	
구 분	내 용
• 출생(태몽,이름 소개) / 입사일 • 현재까지 살아오신 것을 간략하게 소개	
• 자신의 장점/단점은?	
• 가족 관계는?	
• 취미생활은 ? • 자신만의 스트레스 해소법은?	
• 좋아하는 / 잘 하시는 음식은?	
• 가장 잘 부르는 노래는? • 이유는?	
• 가장 감명 깊게 본 영화/책 또는 말씀(내용소개)	

• 살아오면서 가장 인상 깊었던
  사람은? 이유는?
  [고객/스승/선배/동료/직원]
• 인생 모델로 삼고 있는 분은?
• 이유는?	

• 살아오면서[근무 중] 가장 보람 있었을 때가 언제? 이유?	
• 어떤 자녀/배우자를 원하십니까?	
• CCPI에 기대하는 것은? • CCPI를 어떻게 활용하시겠습니까?	
• 평생 반드시 이루고 싶은 목표는? 달성 후 모습은?	
• 인생을 살아 가는데 좌우명은? • 이유는?	

"제게 칭찬의 선물을 주세요!"

4. 성장 요인 비교 및 미래 성정 요인 도출 (50분 ~)

- 소통과 화합의 시간이 지나면 워크샵 분위기가 매우 역동적으로 바뀌어져 있다. 이때 첫 번째 토의 주제로 **"우리 회사가 과거에 성장할 수 있었던 요인"**, **"우리 회사가 현재 처한 상황과 당면 과제"** 그리고 **"우리 회사가 미래에 발전하기 위해서 필요한 요소"**에 대해 토의하고 각 팀 별로 발표하여 공감을 갖는 시간을 갖는다.
- 각 팀 별로 발표 시 타 팀들과의 질문과 답변을 하면서 토론을 하는 것도 좋다.
- 이 세가지 주제는 회사의 과거, 현재, 미래에 대해 전 임직원이 함께 토론하고 발표와 공감을 하는 매우 의미있는 시간이 된다. 따라서 진행시간은 상황에 맞추어 너무 시간 제한을 두지 말고 유연하게 운영하는 것이 바람직하다.

5. 비전 수립 (50분 ~)

- 자, 이제 현재의 모습에 함몰되어 있는 것에서 벗어나 우리 회사와 직원들의 미래의 멋진 모습을 그려 보도록 한다. 이때 CCPI컨설턴트/코치는 비전을 작성하는 방법과 타 회사의 사례를 들에 사전에 설명 해주고 나서(아이디어 도출에 자극 제공) 작성하도록 한다.
- 각 팀 별로 발표하고 공유하는 시간을 갖는다.
- 이 때 작성된 비전들은 완성이 되지 않은 스케치 수준이 많다. 따라서 CCPI컨설턴트/코치는 이후 워크샵 결과 보고 시에 완성도를 높여 보고를 하고 워크샵 참석 인원들과 공유를 한다.

6. 회사의 현안에 대한 토론 (50분 ~   )

- 사전 설문조사나 인터뷰 결과 지금 회사에서 의사결정을 해야 할 중요한 현안이 파악되면(CCPI컨설턴트/코치는 토론 주제에 대해 사전 진단 결과에 따라 미리 준비하여 제공하여야 한다.) 이 현안에 대해 전 임직원의 의견을 들어 보는 시간이 필요한데, 이것은 문제해결을 위해 매우 실질적인 방법이 된다.

- 또한 워크샵에서 서로 토론하고 공감을 한 현안의 의사결정의 실천은 매우 강력한 "공유가치의 힘"(Shared Value Power)을 갖게 되는 효과가 있다.

7. 각 부문/기능 별 문제점 및 개선방안 도출 (50분~)

- 시간이 허락되면 팀을 각 부문별로 재구성하여 부문별, 기능별로 스스로 성찰하게 함으로써 평소와 달리 허심탄회한 분위기와 소통으로 실질적인 개선방안이 많이 도출된다.
- 또한 평소에는 기본적인 업무와 신속한 일 처리 때문에 소홀히 했던 본질적이고 중요한 문제들을 다루는 게 좋다.

8. 전 임직원 참여형 비전 전략 수립 워크샵 (10분)

- 마지막으로 정리하는 시간을 갖는다. 주제로는 "우리 회사가 오늘을 계기로 하여 미래에 새로운 도약을 하기 위해 가장 중요한 것과 나의 역할"을 토론하고 발표한다.
- "비전 달성을 위한 슬로건"을 각 팀별로 발표하고 1위로 뽑힌 슬로건을 전 임직원이 외침으로써 워크샵을 마무리 한다.
- 대표이사의 마무리 멘트와 토론 우수 팀에 대한 시상(대표이사 금일봉)을 한다.

3 본격적인 CCPI 프로세스 실행 (CCPI TFT)

지금부터는 전 임직원이 참여한 1차 워크샵이 시행된 후 본격적인 CCPI프로세스를 진행한다. 1차로 진행되었던 전 임직원 참여 워크샵은

1. CCPI 프로젝트의 킥 오프(Kickoff)를 전 임직원에게 알리는 것
2. 상호 화합 및 소통
3. 회사 전반에 관한 토론 및 공유
4. 회사 이슈에 관한 토론 및 해결을 위한 기본 방향 도출
5. 기타 사안 별 기대효과를 사전에 정하여 활용 등의 목적을 가지고 진행하였다.

이후 진행되는 본격적인 CCPI 워크샵및 인터뷰는 주로 CCPI 컨설턴트/코치와 회사 내부의 파트너로서 결성된 CCPI TFT(Task Force Team)와 주로 진행하며 사안 별 해당 부서 및 담당들과의 인터뷰를 수 차례에 걸쳐 다양한 방법으로 진행한다.

CCPI 참여형 워크샵 및 인터뷰 프로세스

• 팀 빌딩	• 미래 성장 요소 및 당면과제 도출
• 비전 만들기	• 비전 달성을 위한 전략 수립
• 브랜드 개발 및 운영전략 수립	• 마케팅 전략 수립
• 판매촉진 전략 수립	• 내부 역량 진단 및 개선 전략 수립
• 조직 평가 및 보상 시스템 구축	• 코칭 리더십 구축
• 학습 조직 시스템 구축	• "신바람 일터" 구축
• 실행 및 피드백	

1) 팀 빌딩

    CCPI프로젝트가 본격적으로 진행되는 단계에서 첫 번째 할 일은 회사 내부 CCPI TFT를 구성하여 함께 활동하는 것이다. TFT를 구성한 후 다음과 같이 팀 빌딩을 진행한다. 이 단계에서 CCPI TFT의 팀웍 및 팀 미션 등의 핵심 요인들을 도출하고 공유하는 것은 CCPI 프로젝트의 성공여부에 큰 영향을 차지하므로 매우 중요한 단계라 할 수 있다.

아이덴티티가 명확하고 훌륭한 팀일 수록 성과 창출이 높다!

팀명(의미) / 상징(심볼) / 팀 미션 / 슬로건(구호) / 팀 규칙(Ground Rule) 정하기			
팀 명 (의미)		팀 미션	
구호		상징/심볼 (의미)	

팀 규칙(CCPI TFT 팀 구성원들이 지켜야 할 최소한의 행동규범) 정하기 (사례)

• 타인의 아이디어에 대하여 비판할 수 없다. • 생각나는 어떤 아이디어든 말할 수 있다. • 아이디어의 질보다 양이 우선이다. • 미리 나온 아이디어를 결합하고 개선해 나간다. • 천재지변이나 병가가 아니면 반드시 출석한다. • 시작 5분전까지 착석한다. • 휴대폰을 진동으로 한다. • 의제에 집중한다. • 타인의 발언을 상대방 입장에서 집중한다. • 발언은 2분 이내로 한다. • 의제마다 반드시 발언한다. • 다수의 의사에 승복한다. • 업무분담 임무를 완수한다. • 피드백은 진정성을 가지고 제대로 한다. • 시작과 종료 시 팀 명과 구호를 외친다.		

팀 비전 / 미션 / 팀 규칙 / 팀원 소개 (발표 및 공유)

팀의 특장점 / 아이덴디티 / 팀원 소개	팀 미션 → 존재 가치

슬로건 / 심볼(의미)

비전 → 이루고자 하는 산출 이미지
(정량/정성, 단/장기)

핵심 가치 & 팀 규칙
- 팀 활동을 어떻게 할 것인가?
- 팀 구성원들이 멋진 활동과 결과를 위해 지켜야 할 최소한의 규범

팀원 배려사항 기록 & "칭찬 선물" 릴레이

성 명	특 징	배려 사항

"제게 칭찬의 선물을 (3) 주세요."

2) 미래 성장 요소 및 당면과제 도출

먼저, 기업의 과거와 현재 그리고 미래에 대한 내용을 아래 질문들을 통해 알아본다. 임직원 및 TFT가 팀 별로 모여 상호 토론하여 발표하면서 상호 공감하는 자리를 갖고 아래와 같은 내용을 함께 나눈다.

- 우리 회사가 과거 성장할 수 있었던 요인 도출
- 우리 회사의 역사 (History : 연도별 주요 의미, 사건 등) 정립
- 현재 회사가 처한 상황 (외부/내부) → 상황 공유
- 상황극복을 위한 당면과제 도출
- 우리 회사가 미래에 성장하기 위해 필요한 요소 도출

과거 회사의 성장 요인 분석
및
기업 History 정립

현재, 우리 회사가 처한 상황(외부·내부) → 공감
상황 극복을 위한 당면 과제 도출

우리 회사가 미래 성장하기 위해 필요한 요소 도출

(1) 미래 성장 요소 및 당면과제 도출 작성 방법

가. 우리 회사가 과거에 성장할 수 있었던 요인 도출

CCPI코치/컨설턴트는 팀을 편성할 때 사전에 내부 TFT와 아래와 같은 사항을 고려하여 팀 별로 적절히 배분하여 팀을 구성한다.

- 직급별, 부서별, 근무 연차 별, 성향 별(외향형,내향형 등 고려)

회사의 과거 성장 요인은 주로 창업멤버나 근무 연차가 오래된 임직원들이 주도적으로 이야기를 하고 근무 연차가 적은 임직원들은 주로 경청을 한다.

이 때 회사가 설립된 배경이나 창업 시 기업이념이나 철학 등을 함께 공유한다. 또한 회사가 성장하게 되는 과정에서의 비하인드 스토리(behind story)나 에피소드(episode) 등을 흥미 있게 나눔으로써 좋은 토론 분위기를 갖는다.

성장요인을 도출하는 과정에서 회사 소속원으로서의 자존감을 가질 수가 있고 과거의 선배사원들의 노고에도 감사하는 마음도 함께 나누면 좋다.

각 팀별 발표 후 창업자는 회사 설립 배경과 기업 이념 및 철학에 대해 참여 인원들과 함께 공유를 하고 그 동안 성장에 공헌한 직원들에 대해 감사의 표시를 하는 시간을 갖는 것도 의미가 있다.

나. 우리 회사가 미래에 성장하기 위해 필요한 요소 도출

현재 우리회사가 처한 상황 및 당면과제를 하기 전에 이 주제에 관한 토의를 진행한다. 그 이유는 현재 상황을 먼저 보면 현재상황에 매몰되어 미래를 제대로 보기 어렵기 때문이다. 회사의 미래(중장기 바람직한 모습)를 팀원들과 먼저 공유한 후 미래 바람직한 모습이 되기 위해 필요한 요소들을 도출한다. 이 때 팀장은 토론을 통해 도출된 미래요소들을 부문 별 또는 이슈 별로 정리한다.

다. 우리 회사가 처해 있는 상황(내부/외부) 및 당면 과제

회사의 과거 성장 요소와 미래 성장하기 위해 필요한 요소들을 공유한 후 이제는 회사가 처한 외부, 내부적인 상황을 냉철하게 도출하고 공유한다. 또한 이 상황을 가장 효율적이고 효과적으로 해결하기 위해 필요한 요소들을 당면과제로 도출한다.

미래성장 요소 및 당면과제 도출(양식)

과거에 우리회사가 성장할 수 있었던 요인

→

미래에 성장하기 위해 갖추어야 할 요소

현재 우리 회사가 처한 상황 (내/외부) 및 상황극복을 위한 당면과제는?

상황 외부 / 내부		당면 과제	

TIP

- 도출된 내용에 대해 각 팀별로 발표를 한다.
- 발표된 내용에 대해 상호 질문과 답변을 통해 내용 공유 및 아이디어를 발전시킨다.
- 이 세가지 주제의 토론 결과만으로도 회사의 주요 부분에 대해 통찰(insight)할 수 있다.

(2) 우리기업의 역사 변천사

이 주제는 회사의 상황(회사의 히스토리 자료 유무 및 관리 상태 여부)과 워크샵 상황(시간적 여유 등)을 고려하여 진행한다. 즉 회사 내부에 회사의 역사변천사에 관한 충분한 자료가 있는 경우에는 별도의 토론 없이 팀 별로 공유하는 자료로 활용하며 분류된 내용에 대해 의견을 듣는 정도가 바람직하다. 그러나 이런 자료가 없거나 이번 기회에 회사의 역사변천에 대한 분류가 필요하다고 판단 시에는 팀 별 토론을 통해 작성하여 본다. 하지만 토론만으로는 최종 결정할 수 없기 때문에 워크샵 때에는 서로 공감하는 수준으로만 다루고 이후 TFT에서 워크샵 발표 자료와 내부 자료 등을 통합 분석하여 경영진과 협의 후에 최종 확정한 후 전 임직원들에게 회사의 역사 변천사에 대한 내용을 공지하여 공유하는 절차를 밟는다.

회사 역사 변천사에서 다루는 주요 기준은

1. **환경 변화** : 그 동안 회사 역사가 진행되는 동안 겪은 환경 변화를 회사에 끼친 영향과 의미를 부여하여 연도별(해당 연도를 묶음)로 나누어 분류한다.
2. **기업 이념** : 창업 시 기업 이념과 회사가 성장하는 과정에서 필요하다고 판단되어 추구해 온 기업 이념을 주요 연도별로 나누어 분류한다.
3. **사업 전개** : 그 동안 회사 성장을 위해 전개한 사업 전개 내용(새로운 사업, 아이템, 상품 개발, R&D, M&A 등)을 연도별로 나누어 분류한다.
4. **기업 문화** : 그 동안 형성된 기업 문화의 변화에 대해 의미를 부여하여 연도별 분류하며 향후 바람직한 기업문화에 대한 내용도 언급한다.
5. **조직구성/기능** : 그 동안 회사의 성장을 위한 조직 구성과 기능의 변천사를 연도별로 분류한다.

우리 기업 역사 변천사			
연대	시기 (~)	시기 (~)	시기 (~)
환경 변화			
기업 이념			
사업 전개			
기업 문화			
조직 구성/ 기능			

TIP

- 환경변화는 회사에 영향을 끼친 환경을 중심으로 외부(산업,시장 등)와 내부(회사 변화에 영향을 끼친 획기적 사건 등)를 종합하여 결정한다.
- 사업전개는 회사의 성장, 침체 극복 등 사업의 흐름에 의미를 부여하며 연도별로 그룹핑을 하여 기록한다.
- 창업 시 기업이념/조직문화와 회사 성장 시 변화한 기업이념/조직문화를 연도별 의미를 부여하여 기록한다.

(3) 자사 성장요인 분석 및 미래성장요인 도출 디테일

이 주제는 워크샵 상황에 따라 앞선 '과거 성장 요인 및 미래 성장요소 도출' 주제와 동일하지만 질문 항목이 좀 더 세부적이기 때문에 이어서 다룰 수 있고, 다른 팀에서 동시에 이 주제를 다룰 수도 있다. 어떠한 형태이든 토론 후 발표 내용을 서로 공유하는 것은 필수 사항이다.

자사성장요인 분석 및 미래성장요소 도출 디테일에서 다루는 주요 내용은 다음과 같다.

1. 우리 회사가 제공하는 가치(Value)는 무엇인가?
   - 즉 우리 회사의 존재가치를 다루는 것이다. 이는 미래에 성장하기 위한 모든 선택의 기준이 되는 것으로 매우 중요한 항목이다.
2. 그 동안 어떤 업적이 있었는가?
   - 회사가 성장하는 데 결정적인 업적은 무엇인가? 어떤 계기가 있었고 성공할 수 있었던 요인은 무엇인가? 그 업적이 현재 어떤 영향을 끼치고 있는가?
3. 시장이 변화할 때마다 어떻게 대응하였는가?
   - 시장이 변화할 때마다 우리 회사는 적극적으로 대응했는가, 아니면 소극적으로 대응하였는가? 그 대응 결과를 평가(성공·실패 사례)해 볼때, 지금의 우리 회사의 모습에 어떤 영향을 끼쳤는가?
4. 우리 회사만의 핵심역량(경쟁요소)는 무엇인가?
   - 향후 회사가 성장하도록 하는 우리회사의 핵심이 되는 역량은 무엇인가? 이는 성과를 창출하기 위해 선택·집중해야 하는 역량을 발견하게 한다.
5. 미래 환경변화의 예상과 대응을 위해 무엇을 어떻게 준비하고 있는가?
   - 기업 내·외 환경 변화의 예상과 회사 각 부문별 대응 전략 도출
6. 우리 회사는 미래 어떤 모습이 되어야 가장 바람직한가? 그러기 위해서 우리 회사가 갖추어야 할 필수 요소는 무엇인가?

자사 성장 요인 분석 & 미래 성장 요소 도출 Detail	
우리 회사가 제공하는 가치(Value)는 무엇인가? – 존재가치	
그 동안 어떤 업적이 있는가? • 무엇/계기 • 성공 포인트는? • 현재의 모습은?	
시장이 변화 할 때마다 어떻게 대응하였는가? • 적극적/소극적 대응 • 대응 결과 평가	
우리 회사 만의 핵심 역량(경쟁요소)은 무엇인가?	
우리를 둘러싼 미래 환경 변화는 어떠 할 것으로 예상하고 있으며 어떻게 얼마나 준비하고 있는가?	
우리 회사는 미래 어떤 모습이 되있어야 가장 바람직한가?	

> **TIP**
>
> • 도출된 내용에 대해 각 팀별로 발표를 한다.
> • 발표된 내용에 대해 상호 질문과 답변을 통해 내용 공유 및 아이디어를 발전시킨다.
> • 여기서 나온 아이디어들에 대해 TFT는 추가적으로 충분히 분석하고 검토한 후 채택 여부를 결정하는 절차를 밟는다.

3) 비전 만들기

CCPI를 통해 회사의 비전(회사의 미래 가장 바람직한 모습)을 재정립하는 것은 새로운 출발(New Start)을 하는 의미가 있다. 기존 회사 비전을 미래 변화하는 환경에 맞추어 재정립한다. 이 때 임직원이 참여하고 공감할 수 있도록 다양한 방법을 적용하여야 효과를 볼 수 있다. 그 순서는 아래와 같다.

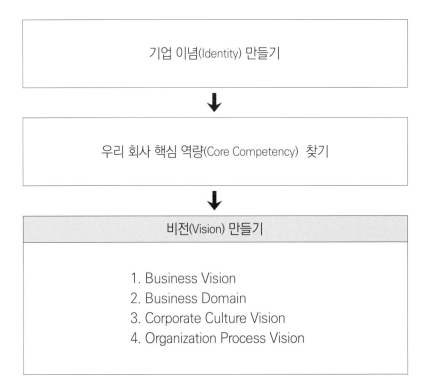

기업 이념(Identity) 만들기

↓

우리 회사 핵심 역량(Core Competency) 찾기

↓

비전(Vision) 만들기

1. Business Vision
2. Business Domain
3. Corporate Culture Vision
4. Organization Process Vision

(1) 비전 전략 수립

　진단이 어느 정도 진행이 되고 일부 진단 결과 특히 계량화된 "기업 문화 조사" 결과 자료와 설문지 및 인터뷰 분석 결과를 가지고 전 임직원 참여(직원이 30명 ~ 50명 이내인 경우는 점 임직원 참여, 50명 이상 조직은 팀장급 이상 핵심 인력 전원 참여가 바람직함)비전 전략 수립 워크샵을 설계하여 진행한다.

단계	목적	대상	주요 내용	방법	결과물
비전 설정 공유	비전 수립 공유	전 임직원 참여 팀장급 이상 핵심 인력 참여	기업 이념 / 철학 비전(사업 / 조직 / 프로세스) 비즈니스 도메인 미션/사명 비전 달성 시점 / 모습 상상하기 / 공유	전 임직원 참여 워크샵	회사 비전 전략 개인 드림 노트

비전체계의 핵심 구성요소 (사명, 핵심가치, 비전)

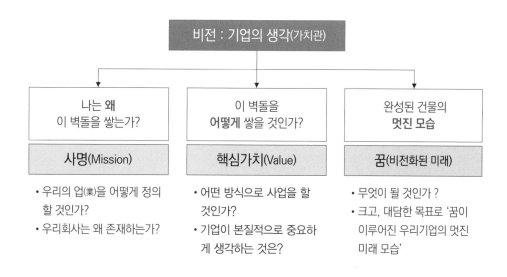

(2) Vision & Strategy 개요

고객사의 비전이란 기업이 앞으로 나아가야 할 방향 즉 어디로 가야 하는지 어떠한 모습(Identity)이 되어야 하는지, 그러기 위해서는 어떠한 사업(Business Concept & Domain)을 하여야 하는지에 대해 전 직원의 열망과 도전의식을 담아 설정하여야 한다.

그리고 비전 달성을 위한 전략이란 비전 달성을 위한 체계적이고 단계적인 전략을 수립하고 실천하는 것이다. 즉 현재의 모습과 미래 비전과의 차이(Gap)를 줄이는 것으로 기존사업과 신규사업으로 나누어 각각의 부문별, 기능별로 달성 전략을 수립하는 것이다.

Vision & Strategy 개요

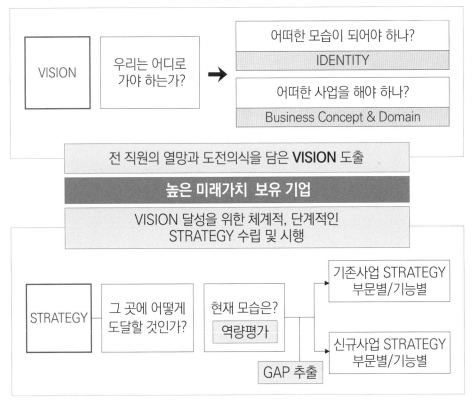

(3) 비전 전략 수립의 필요성 및 기대 효과

비전 전략의 기대효과는 회사의 생존 및 성장전략으로 미래의 불확실성을 제거하는데 있다. 또한 기존업종의 한계를 새로운 비즈니스 도메인(Business Domain)을 설정하여 확장하는 전략으로 기업 성장을 더욱 더 가속화 할 수 있다. 아울러 리더는 나아가야 할 비전을 제시하면서 강력한 리더십을 발휘할 수 있다. 또한 이 비전은 조직원들의 구심점의 역할을 함으로써 조직역량을 강화하는 계기가 될 수 있다. 결국 비전전략과 실행 혁신을 통해 기업은 한 단계 도약을 할 수 있는 것이다.

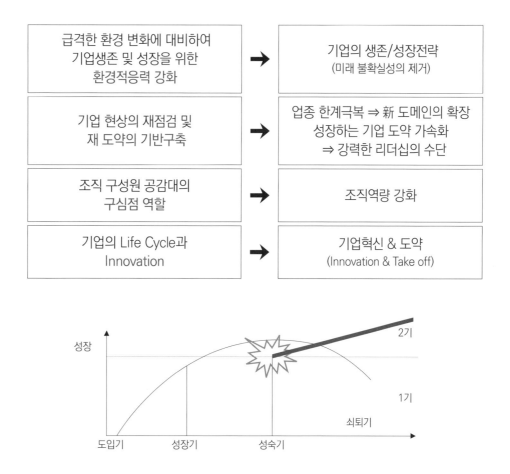

(4) 기업 비전 구조

기업 비전 구조

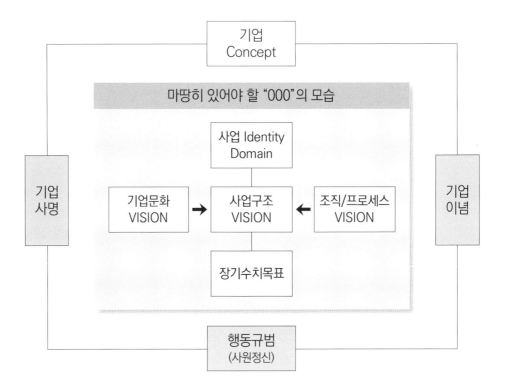

- **기업 이념** : 기업의 사회에 대한 책임, 목적, 사명, 경영자세를 밝힌 것으로 사내/외에 일관되게 주장해 나가 기업이 사회에 대한 책임
- **도메인** : 자사가 지향하는 사업영역, 존재의의, 제공하는 가치 등을 한마디로 표현한 것으로 '생존영역'이라고도 불린다
- **사업 비전** : 질적, 양적 목표 및 장래 확립해야 할 사업 영역 SBU(Strategic Business Unit : 전략사업 단위 별) 미래 목표를 달성 한 모습
- **조직/프로세스 비전** : 조직 구조나 기업 경영의 프로세스가 보여주어야 할 모습
- **기업문화 비전** : 기업문화가 가져야 할 모습과 구체적 행동으로 연결시키기 위한 행동 규범으로 구성

(5) 기업 이념(Identity) 만들기

기업 이념이란?
- 사회에 대한 기업의 책임, 목적, 사명, 경영자세 등을 명확히 표명한 것
- 창업 시 이념 + 최고 경영자의 이념 + 전 사원의 이념을 합하여 공감대를 도출한다.

기업이념의 체계

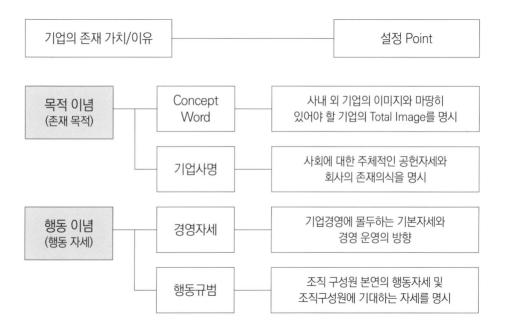

기업의 존재 가치/이유	설정 Point

목적 이념 (존재 목적)	Concept Word	사내 외 기업의 이미지와 마땅히 있어야 할 기업의 Total Image를 명시
	기업사명	사회에 대한 주체적인 공헌자세와 회사의 존재의식을 명시
행동 이념 (행동 자세)	경영자세	기업경영에 몰두하는 기본자세와 경영 운영의 방향
	행동규범	조직 구성원 본연의 행동자세 및 조직구성원에 기대하는 자세를 명시

기업이념 설정 Point

- 기업 이념의 체계화
- 기업의 특성을 기업 이념에 반영
- Top과 임직원 의견의 반영과 공감

기업 이념 점검 Guide

기업이념이란?	기업의 사회에 대한 책임, 목적, 사명, 경영자세를 명확히 한 것으로 사내 외에 일관되게 주장해 가는 것			
개혁의 가이드라인	• 어떻게 변해가고 싶은가?			
검토사항	자사의 이념이 어떻게 변화해 왔는가? (창업 → 현재)			
	선진 · 우량 기업에서 배움 (What → How)			
	사회변화를 고려할 때 어디에 초점을 맞추어야 하는가?			
	자신의 회사를 어떻게 변화시키고 싶은가?			
가져야 할 조건	사 원	주 주	고 객	사 회

기업이념 (Corporate identity / Philosophy)		
창업 시의 기업 이념은?		
우리 기업이 이루어야 할 바람직한 존재가치는? • 사회/시장 • 고객(내부/외부)	사회 (책임/공헌)	
	고객	
	지역/주주	
	협력업체	
	종업원	
최고 경영자의 기업/경영관은?		
사원들이 바라는 기업은?		

(6) 사업 Identity 정립을 위한 사전 토의

이 주제는 사업 아이덴티티를 정립하기 위해 사전에 토의하는 내용으로 회사를 둘러싼 환경의 변화와 회사가 나아가야 할 미래의 방향, 고객이 요구하는 효용, 고객에게 제공할 상품과 서비스, 고객의 요구에 대응하는 방법 등을 다룬다.

사업 아이덴티티 정립을 위한 사전 토의에서 다루는 주요 내용은

1. 우리회사를 둘러싼 환경은 어떻게 변화하고 있는가?
- 시장이 변화할 때마다 우리 회사는 적극적으로 대응했는가? 아니면 소극적으로 대응하였는가? 그 대응 결과를 평가(성공·실패 사례) 해보면 지금의 우리 회사의 모습에 어떤 영향을 끼쳤는가?

2. 우리회사는 어디로 가야 하는가?
- 회사가 성장하는 데 결정적인 업적은 무엇인가? 어떤 계기가 있었고 성공할 수 있었던 요인은 무엇인가? 그 업적이 현재 어떤 영향을 끼치고 있는가?

3. 고객이 우리에게 요구하는 효용은 무엇인가?
- 우리 회사의 존재가치를 다루는 것이다. 이는 미래 성장하기 위한 모든 선택의 기준이 되는 것으로써 매우 중요한 항목이다.

4. 우리는 무엇을 중심으로 상품과 서비스를 고객에게 제공할 것인가?
- 향후 회사가 성장하도록 하는 우리회사의 핵심이 되는 역량은 무엇인가? 이는 성과를 창출하기위해 선택 및 집중해야 하는 역량을 발견하게 한다.

5. 고객이 요구하는 곳에 어떻게 도달할 수 있는가?
- 회사의 존재가치와 설정한 목표에 도달하기 위한 전략과 구체적인 실천 방법을 도출한다.

6. 그 곳에 도달하기 위해 지금부터 무엇을 해야 할 것인가?
- 회사의 미래 방향과 달성 전략과 방법을 도출한 후에는 바로 지금 무엇부터 실천하여야 하는 것을 정하는 것은 "천리 길도 한 걸음부터"라는 격언을 상기시킨다.

사업 Identity 정립을 위한 사전 토의	
우리를 둘러싼 환경은 어떻게 변하고 있는가?	
우리는 어디로 가야 하는가?	
고객이 우리에게 요구하는 효용은 무엇인가?	
우리는 무엇을 중심으로 상품과 서비스를 고객에게 제공할 것인가?	
고객이 요구하는 곳에 어떻게 도달할 수 있는가?	
그 곳에 도달하기 위해 지금부터 무엇을 해야 할 것인가?	

TIP

- 기업을 둘러 싼 환경의 변화 파악과 미래 회사가 나아가야 할 방향 설정한다.
- 고객이 회사에 요구하는 요구 파악을 통해 사업 아이템과 전략을 수립한다.
- 도출된 내용에 대해 각 팀 별로 발표를 한다.
- 발표된 내용에 대해 상호 질문과 답변을 통해 내용 공유 및 아이디어를 발전시킨다.

쓰러진 회사 살린 5가지 '리셋 질문'(Reset Question)
– 커커스 리뷰(Kirkus Reviews)의 부활"

미국의 간판 서평전문업체 "커커스 리뷰"는 한때 "출판업계의 성서(Bible)"로 불릴 만큼 승승장구했다. 하지만 인터넷과 디지털 기술의 발달로 위기를 맞았다.

그러나 다음과 같은 **5가지의 근본적인 리셋 질문**을 통해 기사회생을 하여 전 보다 매출은 149% 늘고 브랜드 명성도 훨씬 더 강력해졌다는 평가를 받는다.

이에 대해 커커스 리뷰의 재 부팅 작업을 주도한 맥 라보다 쿤 CFO(최고재무책임자)는 미국 경제전문지 비즈니스위크 최신호에 기고한 글에서 **"고통스러운 현실점검 끝에 회사의 생존과 미래의 성공을 위해서는 당장 리셋 버튼을 눌러야 한다는 사실을 깨달았다"**고 밝혔다.

1. 우리 회사만이 유일하게 가지고 있는 가치는 무엇인가?

커커스 리뷰는 모든 사업 아이템을 빠짐없이 분석을 하였다. 그 결과 잠재력이 큰 개인출판사를 상대로 한 서비스를 차별화하여 자사의 핵심역량으로 키워야 한다는 사실을 깨달았다.

2. 우리의 상품을 원하는 고객은 누구인가?

첫 번째 질문에 따라 일목요연하게 정리한 사업목록에 들어맞는 고객 군을 분류한 결과 고객범위를 너무 광범위하게 설정하거나 새로운 고객 군을 간과하는 실수를 피할 수 있었다. 즉 타겟마케팅(Target Marketing)을 제대로 하는 것이다.

3. 고객과 제품 및 서비스를 어떻게 연결할 것인가?

자사 제품과 서비스를 원하는 고객과 선이 닿을 수 있는 유통채널을 가진 회사들과 제휴를 강화하였다. 블로그와 SNS(소셜네트워크서비스)망을 넓히는 한편 온라인 소매업체 등에 대한 콘텐츠 사용권도 확대했다.

4. 매출기회가 될 수 있는 것은 무엇인가?

쿤 CFO는 "이 질문이 특정 사업을 추진할지 여부는 물론 사업 우선순위를 정하는데 도움이 됐다"고 밝혔다.

5. 다음 단계는 무엇인가?

이에 대해 쿤 CFO는 계획으로 성과를 내기 위해서는 가장 먼저 해야할 일은 다음 단계를 준비하는 것이다 라며 "실행계획의 토대를 놓자"는 게 답이 됐다고 설명했다. 이후부터는 공통적으로 다른 업계 사람들과의 관계가 중요하다. 이에 따라 커커스리뷰는 잠재적인 파트너들과 접촉기회를 늘렸고 다른 콘텐츠 제공업자 및 판매업자들과의 계약을 확대하였다.

출처 : 중앙일보, 김신회의 터닝포인트

(7) 비즈니스 도메인(생존 영역) 만들기

비즈니스 도메인(Business Domain)은 자사가 지향하는 비전을 달성하기 위한 사업(생존)영역으로서 회사의 존재가치와 동일하다. 회사가 성장과 변화를 하는데 있어 기존 사업영역만으로는 한계가 있기 때문에 비즈니스 도메인의 변화를 시도한다. 이때

　가. 회사의 존재가치와 연결되어 있어야 한다.

　나. 구성원들과 충분한 공감을 가진 후 실천에 옮겨야 한다.

선진기업들의 비즈니스 도메인의 변화 사례

회사명	변경 전	변경 후
제너럴일렉트릭	일반 전기제품 생산회사	하이테크 제품 서비스 공급회사
소니	세계적인 전기·전자 제조회사	종합 오락 그룹
벤츠	고 품질 자동차 제조회사	세계적인 하이테크 회사 (항공우주분야, 하이테크 전자)
스칸디나비아항공사	없음	비즈니스맨을 위한 최고 항공사
NYK해운회사	초 우량 해운회사	종합 물류 회사 (해운, 육운, 터미널, 정보통신, 금융, 유람선)
아지노모도사	종합식품 기업	소프트한 종합 생활 기업 (식품,의약,실버,수경재배,훼미리레스토랑)
JAL 항공사	초 일류 항공사	종합 생활 문화 기업
3M	없음	5년 후 매출액의 50%이상을 신규사업에서 달성

1. 현재 우리의 핵심역량과 핵심사업은? 기존 비즈니스 도메인은?

즉 우리 회사의 존재가치를 다루는 것이다. 이는 미래 변화와 성장을 하기 위한 모든 선택의 기준이 되는 것으로 매우 중요한 항목이다. 아울러, 현재 비즈니스 도메인을 평가하여 도메인의 한계와 확장 가능성에 대해 평가를 한다.

2. 향후 해보고 싶은 사업은?

구성원들의 사업 확대에 대한 의지와 생각을 파악한다.

3. 현 시장에서의 기회 여부와 미래 환경 변화에서 기회 도출 여부 파악

기존 시장에서의 사업영역의 확대할 수 있는 기회 파악과 미래 환경변화에서의 기회 파악을 통해 기존사업의 확대와 신규사업(관련/비 관련)의 전개여부를 판단한다.

4. New Business Domain

위의 질문에 대해 나온 내용들을 적절한 문장으로 만든다 . 이는 추가적인 사업 타당섬 검토와 전문적인 워딩이 필요한 작업이니 만큼 워크샵에서는 최고경영자를 포함하여 구성원들이 도메인에 대해 어떤 생각들을 가지고 있는지를 파악 하고 서로 공감하는데 중점을 갖는데 의미를 둔다.

Business Domain 만들기		
• 현재 우리의 핵심 사업은? • 기존 Biz Domain은?		
• 향후 해보고 싶은 사업은(다각화)? 　- 기존 사업의 상위 개념 　- 미래 환경 변화를 내다보고 Chance 도출 　- 현 시장에서의 기회 요소 파악	기존 사업의 확대 – 이유 – 목표	
	신규사업 (관련/비관련) – 이유 – 목표	

New Business Domain (주력/지원/보조사업)

(8) 비전 수립 체계

워크샵 도입 단계에서 "회사의 미래 성장요인 도출"이란 주제로 토의 및 발표를 통해 미래 회사의 가장 바람직한 모습 즉 비전(Vision)에 대한 공유감이 이미 어느 정도는 형성되어 있다. 또한 "변해야 살 수 있다"라는 형식의 주제로 외부 강사(컨설턴트 or 코치)에게 특강을 받아 변화에 대한 의지와 새로운 발상의 전환에 대한 동기부여가 되어 있는 상태이다.

이제 "임직원 참여형" 비전을 수립하는 단계이다. 다음 페이지 표에서 보듯이 비전 수립을 위한 체계는 아래와 같다.

가. 비전의 3요소 중 **"하고 싶은 것"** 탐색

가) 회사가 나가야 할 미래 방향(Direction, Way) 설정

- 어떻게 변해야 하는가?
- 미래 바람직한 (회사/구성원) 모습 설정
- 기업 이해관계자들(고객,주주,종업원,사회 등)과의 관계 정립

나) 비즈니스 도메인 만들기

- 핵심역량 도출 → 기존 사업 보다 상위 개념화
- 하고 싶은 사업 (의지) → 기존 사업 확대 + 신규 사업 진출

다) 비전 설정

- 사업 비전, 조직문화 비전, 프로세스 비전 설정
- 미래 바람직한 모습 설정 → 정성적 목표 + 정량적 목표

라) 비전 설정의 의지 파악 및 공유

- 경영진 의지 + 구성원의 의지 → 공유 가치(Shared Value) 증진

나. 비전 달성을 위해 **"해야 할 일"** 탐색

가) 미래 메가 트랜드 탐색을 통한 예측

나) 거시적 환경(정치, 경제, 사회, 문화 등) 분석

다) 미시적 환경(시장, 상품, 고객, 경쟁 등) 분석

비전 수립 체계

다. 비전 달성을 위해 "할 수 있는 일" 탐색

내부 역량 (히스토리 분석,기업 이념, 비즈니스 도메인, 기능/부문별 역량, 사업, 조직, 마케팅 역량, 맨 파워, 성장성, 수익성 등)분석

라. 비전 설정 및 공유

비전 수립 과정이나 결과에 대하여는 CCPI TFT는 물론 전 임직원이 반드시 공유하여야 한다.

비전 만들기를 위한 다음 장의 또 다른 양식을 사용한다. 이는 다양한 각도에서 접근해 볼 수 있다는 것과 다른 팀에서의 다양한 의견을 청취하는데 그 의의가 있다. 양식에서 다루는 내용은 다음과 같다.

가. 우리회사의 장점 / 경쟁력 파악

비전을 설정하기 위해서 가장 먼저 회사의 장점이나 경쟁력 즉, "핵심 역량 (核心力量, Core Competencies)"을 활용하는데 초점을 맞추어야 한다. 손자병법(孫子兵法, 고대 중국의 병법서로 춘추시대 손무가 작성)에서도 나와 있듯이 전장에서 승리하기 위해서는 "상대가 강한 곳에서는 싸우지 않고 나의 강한 곳으로 유인하여 싸우는 것"이다.

나. 미래 변화의 키워드 파악과 우리회사가 갖추어야 할 대응 방안은?

비전은 당연히 과거나 현재가 아닌 미래 회사의 가장 바람직한 모습을 정하는 것이다. 따라서 회사에 영향을 미치는 미래 변화에 대한 정확한 예측이 필요하다. 아울러 변화에 적절한 준비와 대처를 어떻게 할 것인가가 미래 비전을 달성하는 데 있어서 가장 중요한 전략의 방향이 된다.

한 때 전자분야에서 세계 최고를 달리 던 '소니'가 시대의 흐름에 적절한 준비와 대응을 못하여 몰락을 한 후 오히려 성장을 한 '삼성전자'를 분석한 결과 삼성 성장의 성공 비결을 **미래를 미리 예측하고 준비하는 "길목 경영"**에 있었다는 것을 발견하였다.

다. 비전 달성 시점과 달성 모습 만들기

비전이 달성 가능하기 위해서는 추상적인 형태가 아닌

- 회사 구성원들이 간절하게 달성하고자 하는 것을 달성 시점과 달성 모습
으로 명확하게 보여져야 하며 이를 구성원들이 공유하여야 한다.

- 달성 시점에서의 비전 달성의 모습은 회사의 모습 뿐만 아니라 비전 달성
을 위한 실행 주체인 구성원들의 모습도 함께 그려져야 한다. 결국 실행
주체인 구성원들이 동기부여가 되어야 하고 비전이 달성했을 때의 각자
의 모습에 가슴이 설레일 때 진정 효과가 배가 된다.

새로운 목표(Vision) 만들기			
우리회사의 장점/ 경쟁력은?			
미래 변화 키워드는? 우리가 갖추어야 할 요소는?			
비전 우리 회사의 바람직한 미래 모습 만들기	비전 달성 했을 때의 모습 (정량/정성)	비전달성 시 점	
		회 사 모 습	
		구성원 모 습	
	0000년 (해당 년도)	목 표	
		슬로건	
비전 달성을 위한 핵심전략			

현재의 모습	비전 달성시 모습

0000년   년   년

TIP

- 회사의 핵심역량을 명확히 하여 향후 비전 설정과 달성의 기반(Base)이 되도록 한다.
- 미래 변화의 키워드에 맞추어 회사가 갖추어야 할 역량을 도출하여 반영한다.
- 비전을 달성 했을 때의 모습을 회사의 모습과 구성원의 모습을 구체적으로 도출한다.
- 장기적 비전과 현재 목표와의 연계성을 갖고 설정하며, 슬로건도 도출한다.
- 비전 달성을 위한 핵심전략(Core Strategy)을 설정해 보고 공유한다.

Want - Have matrix

비전 수립 전 우리가 무엇을 원하는지 그리고 무엇을 갖고 있고 가져야 하는지에 대한 아이디어를 구상하는 데 도움을 주는 양식이다.

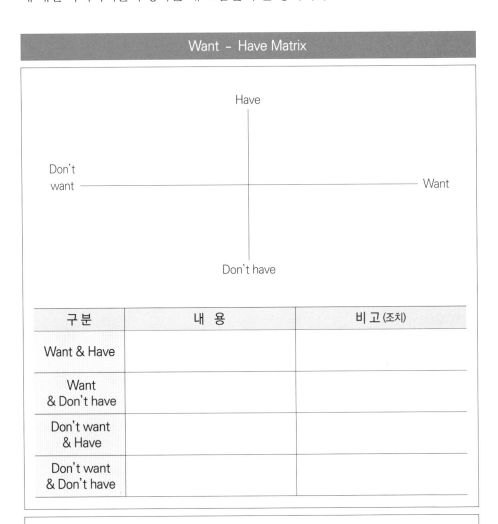

Want - Have Matrix

구 분	내 용	비 고 (조치)
Want & Have		
Want & Don't have		
Don't want & Have		
Don't want & Don't have		

- Want & Have 국면 : 원하는 것을 현재 갖고 있는 것으로 잘 유지 관리하여야 함
- Want & Don't have : 원하고는 있으나 현재 갖고 있지 않기 때문에 갖기 위한 비전(목표) 설정과 목표 달성 전략을 수립하여야 함
- Don't want & Have : 원하고 있지 않는 것을 현재 갖고 있으므로 이를 개선하거나 폐기하는 방법을 찾아야 함("위대한 기업일수록 쓸데없는 일을 안한다")
- Don't want & Don't have : 원하지도 않고 갖고 있지도 않기 때문에 계속 유지함

(9) Vision & Business Strategy 수립 (사례)

Green Biz Total Solution Market Leader
로서 인류의 번영과 삶의 질 상승을 통해
풍요로운 삶에 기여하는 Good Company

비전 (0000년 12월 31일)

회사의 모습

- 총 매출 : 5,000억, 순이익 500억, 직원200명
- 업계 리더 기업 (최고의 경쟁력/사회기여)
- 사옥 (30F), 장비제조 및 계열사 4개
- 상장기업, 우리사주
- 취업하고 싶은 회사 100위권 진입

직원의 모습

- 최고의 경쟁력을 갖춘 진정한 프로 집단
- 억대연봉 국내 최다 보유 기업
- 업계 최고의 복지 (사택, 학자금지원, 가족 건강 지원)
- 봉사, 사회 기여 문화 (좋은 직원)

사 업 전 략

신규아이템 조기 정착

시장경쟁 우위
제품 파트너십 체결
영업력 강화로
Reference 확대
CS 고객 대응 및
CS 경쟁력 강화

신규 아이템
조기 정착

기존사업
정돈
유지/강화

신 성장동력
찾기

기존 아이템 정돈 (유지/강화)

대 경쟁력 우위
영업력 강화
LED 조명 시장
영업 강화
전 직원의
멀티/영업화

CS 대응력 강화

영업력 강화

전 직원의 (학습) 프로화

4 비전달성을 위한 전략 수립

　　"참여형 비전 전략"은 전 직원이 참여하여 바람직한 기업의 미래 모습을 정하고 공유를 한다. 이와 같이 전 직원의 열망과 소망을 담은 비전을 달성하기 위한 전략을 수립하는 것으로 미래의 모습과 현재의 모습과의 차이(Gap)를 좁히는 것으로 "비전 달성을 위한 전략 과제 도출 "과 "집중적 성장", "통합적 성장", "다각적 성장" 전략이 있다.

단계	목적	대상	주요 내용	방법	결과물
비전 달성 전략 도출	핵심 전략 도출	경영진 각 부문별 핵심 인력	비전달성을 위한 전략과제 도출 Core Strategy – 사업(기존/신규) – 기능별 전략 　(마케팅/재무/생산/조직)	핵심 인력 부문별 워크샵 지도	중장기 사업전략 기능별 전략

1) 전략 과제 도출

당사가 지향하는 비전과 목표를 달성하기 위하여
- 취하여야 할 가장 중요한 전략과제는?
- 내부역량 부문 중 중점강화 해야 할 요소는?

중점 전략	세부 추진 전략

2) 목표의 전략적 배부

1. 현재의 제품/시장에서 자사의 위치 경쟁력에 집중하는 방법	집중적 성장
2. 현존사업과 관련하여 전방·후방·수평적 통합 방법 고려	통합적 성장
3. 현재 사업이외의 이익적 기회 탐색	다각적 성장

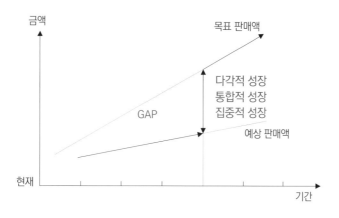

가. 목표 달성 방법 디테일

미래의 모습과 현재의 모습과의 차이(Gap)를 좁히는 성장전략의 유형은 "집중적 성장", "통합적 성장", "다각적 성장" 전략이 있다.

가) 집중적 성장 (현재의 제품과 시장에서 자사의 위치에 경쟁력을 집중하는 방법)

    (가) 시장 침투 : 현 고객 자극, 경쟁 고객 스위칭, 미 사용자 설득

    (나) 시장 개발 : 신/틈새 시장 개발, 수주/유통 경로 추가, 해외판매 증가

    (다) 제품 시장 개발 : 신제품 개발(수요 창출), 대안적 기술 탐색, 관련사업 진출

나) 통합적 성장 (현존 사업과 관련하여 전방, 후방, 수평적 통합 고려)

    (가) 후방 통합 : 공급업자 인수, 통합

    (나) 전방 통합 : 유통 장악(인수, 통합)

    (다) 수평적 통합 : 경쟁사 인수, 통합

다) 다각적 성장 : 현재 사업 이외의 이익적 기회의 탐색

목표 달성 방법 디테일

구분	내 용			기간
목표	집중적 성장 • 현재사업의 예상 판매액 • 추가 성장액	시장 침투	현 고객 자극	
			경쟁 고객 변경	
			미 사용자 설득	
		시장 개발	新/틈새 시장 개발	
			수주/유통경로 추가	
			해외 판매 증가	
		제품 시장 개발 / 관련 사업 전개	신제품 개발 (수요창출)	
			대안적 기술 탐색	
			관련사업 진출	
	통합적 성장 (기존 사업과 관련)	후방 통합	(공급 업자 인수)	
		전방 통합	(유통장악)	
		수평적 통합	(경쟁사 취득)	
	다각적 성장	집중화 다각화		
		수평적 다각화		
		신 사업 추구 (현재의 기술, 제품, 시장과 무관)		

3) 성장 전략

구 분	아이디어 (전략/소요기간)	실천 사항
성장 전략		
현재 고객을 자극하여 구매액/수량 증가		
경쟁고객을 자사 고객으로 스위칭		
우리 제품 미사용자를 설득하여 신규 구매 유도		
신 시장 틈새 시장 개발 및 공략		
수주 경로 추가 및 확대		
해외 판매 개척 및 증대		
신 제품개발 (수요 창출)		
대안적 기술 탐색 (대체재 개발)		
관련 사업에 진출		
비관련사업에 진출		

> TIP
> • 임직원들이 1차로 생각하는 성장전략을 집중적 성장, 통합적 성장, 다각화 성장의 유형으로 나누어 토론하고 그 결과를 발표 및 공감한다.
> • 발표된 내용에 대해 상호 질문과 답변을 통해 내용 공유 및 아이디어를 발전시킨다.
> • 여기서 나온 아이디어들에 대해 TFT는 추가적으로 충분히 분석하고 검토한 후 채택 여부를 결정하는 절차를 밟는다.

4) 회사 정체의 원인 규명 및 신규 아이템 탐색

회사 정체의 원인 규명 및 신규 아이템 탐색

회사 정체의 원인은?	
내부적 요인	외부적 요인

원인 규명을 통한 해결 소스 리스트

실천/적용 가능한 신규 아이템

TIP

• 회사의 정체의 원인을 핵심 리더들의 토론 결과를 통해 원인을 규명해 본다.
• 정체의 원인을 내부적 이유와 외부적 이유를 구분하여 도출한다.
  → 통제 가능한 요소를 먼저 파악한다.
• 원인 규명을 통한 해결할 수 있는 소스(방법이나 재료) 리스트를 정리한다.
• 정체를 타파할 수 있도록 실제 적용할 수 있는 신규 아이템을 도출한다.
• 여기서 나온 아이디어들에 대해 TFT는 추가적으로 충분히 분석하고 검토한 후
  채택 여부를 결정하는 절차를 밟는다.

5) 자사의 수익구조 현황 및 개선 전략

자사의 수익구조 현황 및 개선 전략		
구 분	**기존 사업** (유지/강화)	**신규 사업**
현재 자사의 수익 구조/ 형태는?		
향후 바람직한 수익 구조/ 형태는?		
	↓	↓
달성 방안 • 사업내용 • 상품개발 • 인적자원 • 마케팅 • 영업 • 고객관리 • 기타		

TIP

• 자사의 수익구조와 형태를 기존 사업과 신규 사업으로 나누어 파악한다.
• 향후 바람직한 수익 구조와 형태를 도출한다.
• 바람직한 수익구조를 달성하기 위한 사업 내용, 상품 개발 및 각 기능별 전략을 수립한다.
• 여기서 나온 아이디어들에 대해 TFT는 추가적으로 충분히 분석하고 검토한 후 채택 여부를 결정하는 절차를 밟는다.

6) 신규사업 검토를 통한 신규사업 영역 결정 Frame

기업의 비전 달성을 위한 사업 전략은 기존 사업 전략과 신규 사업전략으로 나눌 수 있다.

그 중에서 특히 신규사업은 기업의 성장동력을 결정하는 것으로 기업의 미래를 결정할 수 있다. 따라서 신규사업을 검토하는 과정은 매우 중요하며 프로세스는 다음과 같다.

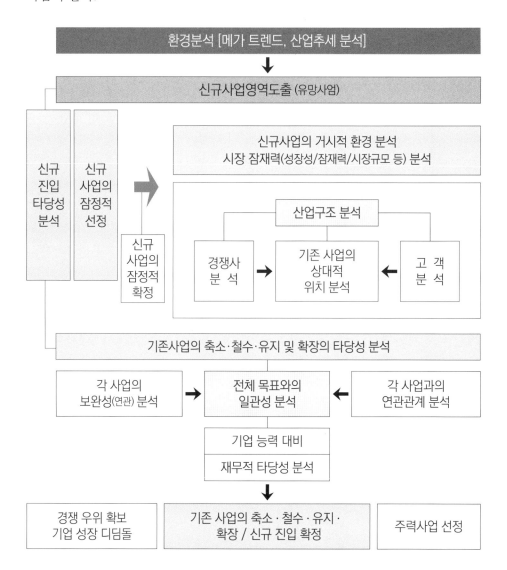

7) 기술 개발 매트릭스 개선 전략

기술 개발 Matrix			
구 분	자사의 현재 기술 Seeds	새로운 기술 Seeds	창조해야 할 새로운 Seeds
현재 충족 Needs	현 업	관련기술 개발	신기술 Seeds 창조형
새로운 시장 Needs	관련시장 개발형	관련기술/시장 개발형	
창조해야 할 Needs	신 시장 니즈 창조형		비 관련 Needs, Seeds 창조형

기술 Seeds ⟶

시장 Needs ⟶

TIP

- 시장의 니즈(Needs)의 변화와 기술의 시즈(Seeds)를 좌 우 축으로 나눈다.
- 현재 충족 니즈와 자사의 현재 기술 시즈가 겹치는 부분이 현업에서의 전략을 의미한다.
- 새로운 시장의 니즈를 충족할 관련 시장 개발 및 관련 기술 개발형으로 도출할 수 있다.
- 신 시장 니즈 창조형, 신 기술 시즈 창조형으로 나아가야 할 방향을 선정할 수 있다.
- 여기서 나온 아이디어들에 대해 TFT는 추가적으로 충분히 분석하고 검토한 후 채택 여부를 결정하는 절차를 밟는다.

8) 신 성장 동력 발굴

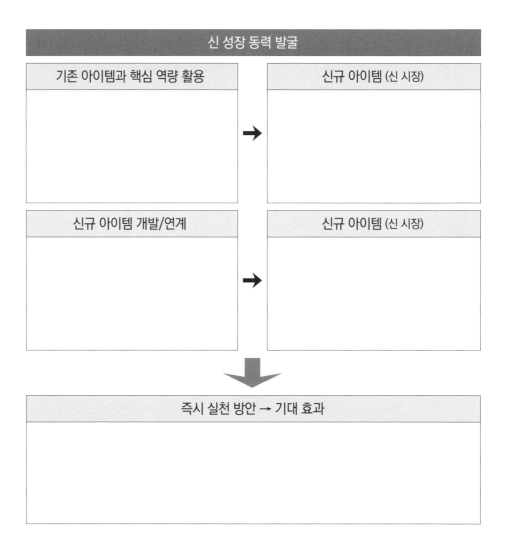

신 성장 동력 발굴

기존 아이템과 핵심 역량 활용	신규 아이템 (신 시장)

신규 아이템 개발/연계	신규 아이템 (신 시장)

즉시 실천 방안 → 기대 효과

TIP

- 기존 회사의 핵심 역량과 기존 아이템을 활용 및 확장한 아이템을 통해 신 성장동력으로 발굴한다.
- 미래 트랜드 파악 및 신규 기술을 접목한 신규 아이템을 신 성장동력으로 발굴한다.
- 여기서 나온 아이디어들에 대해 TFT는 추가적으로 충분히 분석하고 검토한 후 채택 여부를 결정하는 절차를 밟는다.

5 브랜드 개발 및 운영전략

1) 브랜드 자산(Brand Equity) 관리

마케팅을 잘 하고 받는 선물은 바로 브랜드의 자산 가치(Brand Equity)이다. 아래 표처럼 코카콜라의 시장가치 중 건물이나 시설 등 눈에 보이는 유형자산은 3%에 불과하나 무형자산인 브랜드 가치는 97%를 차지하고 있다.

마케팅 격언 중에 "브랜드는 신앙이다 브랜드 이미지 만들기가 기업의 최대 목표이자 테마이다"라는 말이 있다. 또한 마케팅은 "인식의 싸움터"이다. 브랜드 이미지 즉 소비자의 인식 속에 구축된 브랜드 이미지가 마케팅의 결과를 좌우한다는 것이다. 물론 소비자의 인식 속에 구축되어 연상되어지는 브랜드 이미지는 소비자가 "사야 할 이유"인 컨셉(Concept)과 긴밀하게 연결되어 있어야 한다.

기업의 자산 가치

(단위 : 원)

기 업	주식시장 가치	유형자산 가치	무형자산 가치	무형비(%)
Coca Cola	156조 4천억	5조 3천억	151조 1천억	97%
American Express	32조 3천억	9조 8천억	22조 5천억	70%
Kellogg's	17조 2천억	1조 9천억	15조 3천억	89%
IBM	95조 8천억	25조 6천억	70조 2천억	73%
BP	50조 8천억	13조 1천억	37조 7천억	74%

이와 같이 기업에서 구축한 브랜드 자신 자산 가치는 기업의 성패를 좌우한다.

그러나 브랜드 자산가치는 절대 하루아침에 이루어지는 것이 아니다. 브랜드의 탄생부터 시작하여 운영하는 것까지 남 다른 전략과 실행이 있어야 한다.

CCPI 코칭 & 컨설팅에서는 해당 기업의 새로운 브랜드를 개발하거나 또는 기존 브랜드에 대한 브랜드 자산 가치 향상을 위한 전략수립을 체계적으로 하여야 한다.

2) 브랜드란?

브랜드(Brand)는 그 기업 또는 상품을 생각할 때 떠오르는 이미지라고 할 수 있다. 해당 기업/상품군에서 가장 먼저 떠오르는 브랜드를 파워 브랜드(Power Brand)라고 하며, 그 대가로 당연히 파워 브랜드를 소유하고 있는 기업은 시장을 주도하고 있음을 반증한다.

파워 브랜드(Power Brand)란?
Only the strong survive! The Winner takes it all! 강한 브랜드만이 시장에서 살아 남을 수 있다. 그리고 그 강한 브랜드는 시장을 주도하고 제압한다.

이와 같이 시장을 제압하고 주도 하는 파워 브랜드는 아래의 사례와 같이 이미지만가지고도 그 브랜드가 지속적(Consistency)으로 전달한 그 브랜드만의 차별화 된 **"~ 답다"** (**"베네통 답다"**, **"캘빈 클라인 답다"**, **"할리 데이비슨 답다"**) 이미지가 연상되는 브랜드이다.

" ~ 답다"

3) 신규브랜드 개발 프로세스

신규브랜드를 개발 하는 프로세스는 아래와 같다. 가장 먼저 전략적 상황을 분석한다. 즉 브랜드를 개발하고자 하는 영역에서의 시장,고객,경쟁자 분석과 내부역량을 분석한다. 먼저 시장 분석을 통해서 시장에서의 브랜드 개발의 기회를 탐색하고 시장 선점(先占)의 가치를 개발한다. 고객 분석을 통해서는 고객의 브랜드에 대한 니즈를 탐색하여 고객의 핵심가치(Core Value,核心價値)를 개발한다.

경쟁자분석을 통해서 경쟁우위 및 차별화 요소를 개발한다. 마지막으로 내부역량을 분석하여 내부와의 적합성과 내부 기존 브랜드와의 시너지 가치를 개발한다.

위와 같이 전략적 상황 분석을 한 결과를 가지고 브랜드 컨셉을 포지셔닝 한다. 즉 STP를 하는 것으로 시장 세분화(Segmentation), 타게팅(Targeting), 포지셔닝 (Positioning)를 하여 브랜드가 추구하는 목표 시장과 타겟을 선정한다. 이를 통해 브랜드의 전략적 및 재정적인 목표도 함께 설정한다.

다음은 브랜드의 구조(포트폴리오 전략) 설정 및 브랜드 운영 전략을 선택한다.

즉 신규 브랜드의 전개 영역과 용도 및 역할에 대한 결정을 한다. '마케팅 사관학교'라 불리우는 "P&G"의 경우는 "기업 브랜딩 정책위원회"가 상설되어 있어 신규 브랜드에 대한 정책들을 결정한다.

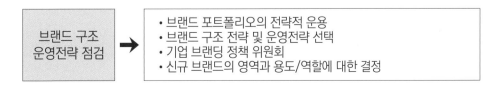

이제부터는 본격적으로 앞서 선택한 브랜드 구조와 운영전략을 달성 할 수 있는 브랜드 형태와 모습(Brand Picture)을 개발한다. 브랜드 픽쳐를 구성하는 요소로는 브랜드 네임(Brand Name), 브랜드 로고 & 심볼(Brand Logo & Symbol), 브랜드 슬로건(Brand Slogan & Tag-line), 브랜드 컬러(Brand Color), 브랜드 케릭터(Brand Character), 브랜드 징글(Brand Jingle), 브랜드 타이포 그래프 & 패키지 디자인(Brand Typography & Package Design) 등이 있다.

또한 브랜드 아이덴티티(Brand Identity)를 개발하는 것으로 고객에 대한 브랜드 약속의 창출 및 그 약속의 표준화와 유지하는 방법을 도출한다.
고객이 브랜드를 선택하는 이유와 수용할 수 있는 요구사항을 도출하며, 경쟁 브랜드보다 우위 포인트를 도출한다. 이를 통해 브랜드에 기반한 고객 모델을 창출하며 이를 토대로 브랜드 아이덴티티를 개발한다.

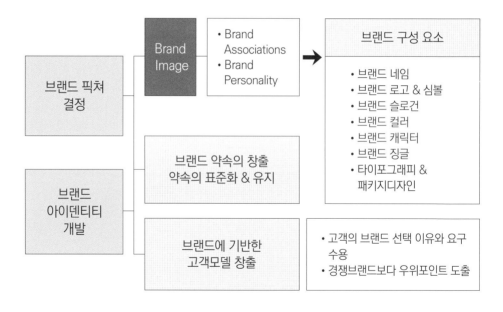

마지막으로 브랜드 자산 관리(Brand Asset Management) 전략 개발 단계로 아래와 같이 성공을 위한 브랜드 포지셔닝, 브랜드 확장 및 재활성화 전략, 브랜드 커뮤니케이션 전략, 브랜드를 활용한 유통망 장악, 브랜드에 프리미엄 가격 책정 전략 등을 개발 한다.

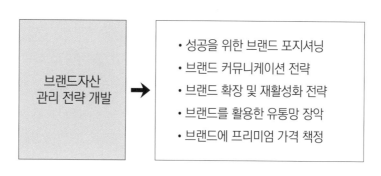

Brand vision 창출	
브랜드 비전이란?	향후 기업의 이익 창출 및 브랜드 가체 제고를 위해 브랜드가 해야 할 역할의 명확한 방향
브랜드 비전 창출 방법	1. 경영자 면접 실시 2. 재정적 성장 폭 결정 3. 브랜드 비전 출발점 설정 및 최종 결정
경영자 면접 가이드	앞으로 어떤 시장, 어떤 사업 분야, 그리고 어떤 유통업체와 경쟁하려고 하는가? 지금과는 어떻게 달라지겠는가?
	우리 조직의 전략적, 재정적 목표는 무엇인가? 그런 목적을 달성하기 위해 브랜드가 어떤 역할을 할 수 있다고 믿는가?
	지금 우리 브랜드는 무엇을 나타내는가? 그리고 그것의 강점과 약점은? 경쟁사와 비교해서는 어떤가?
	기업 목표를 달성하기 위해 미래에 브랜드는 무엇을 나타내야 하는가?
	브랜드 전략에 어느 정도의 자원을 투자해야 하는가? 브랜드에 쏟은 노력 이 성공적인지 아닌지 알려면 어떻게 해야 하는가?
	현재의 브랜드만으로 기업이 지향하는 목적을 달성할 수 있는가? 달성할 수 없다면 우리 브랜드를 다시 정의해야 하는가?
	브랜드 자산 관리를 위해 경영진은 어떤 역할을 해야 하는가?

출처 : Brand Asset Management, Davied A. Arecer.

Brand Vision & Strategy Frame		
Brand Vision	브랜드가 추구하는 철학 차별화 포인트	
	브랜드 목 표 (년후) / 전략적 목 표	
	/ 재정적 목 표	
Brand Strategy	전략적 브랜드 관리의 방향의 설정 브랜드 폭과 깊이 결정 시장 내에서 브랜드 역할분담	
	효과적인 브랜드 계층구조 설계	
	브랜드 계층구조 믹스를 통한 브랜드 아키텍쳐 설계	

┌─ TIP ─

• 브랜드 비전을 도출하기 위해 브랜드가 추구하는 철학과 차별화 포인트를 도출과 브랜드가 달성하여야 할 목표로 전략적 목표와 재정적 목표를 감안하여 도출한다.
• 브랜드 전략으로는 브랜드 계층구조 설계, 브랜드 폭과 깊이 결정, 브랜드 관리 방향 및 시장 내에서 브랜드 역할 분담 등을 고려하여 수립한다.
• 여기서 나온 아이디어들에 대해 TFT는 추가적으로 충분히 분석하고 검토한 후 채택한다.

Brand Concept Positioning					
브랜드 컨셉이란?	표적고객의 마음속에 경쟁제품들과 비교하여 자사제품이 차지하는 차별적 우위				
브랜드 컨셉 개발 단계	**전략적 상황 분석**	시장 분석	시장의 성장률과 크기에 대한 추이를 통해 성장의 이유와 큰 흐름 파악		
		소비자 분석	시장을 구성하는 고객 니즈 파악을 통해 차별화된 제품/서비스 가치 개발		
		경쟁사/자사 역량 분석	경쟁사대비 강/약점 파악을 통해 경쟁 우위차별화 포인트를 개발		
	표적시장 선정	Segmentation	전체시장을 소비자들의 욕구와 구매행동에 따라 몇 개의 소비자 집단으로 군집화, 시장세분화 기준 (구매행동변수, 고객의 욕구변수, 인구통계학적/사회심리학적 변수)		
		Targeting	세분 시장 별 Target Profile 작성 표적시장 공략 전략 (비 차별화 전략/ 차별화 전략/ 집중화 전략)		
	내/외부 브랜드 프로파일 분석	외부 프로파일	경쟁적 준거 프레임에 유사점 /차별점의 선정	브랜드 컨셉 대안 도출	컨셉의 FUS 평가 호감도 (Favorability) 독창성 (Uniqueness) 강도 (Strength)
		내부 프로파일	자사의 기존 브랜드 체계와의 적합성 분석		
	브랜드 컨셉 포지셔닝	고객 욕구의 지각축 파악	자사와 경쟁사 브랜드포지셔닝 도출 →	자사 브랜드 포트폴리오와의 적합성 검증 →	효과적인 브랜드 컨셉 Statement 개발

Brand Concept Positioning	
외부적 프로파일 분석 (경쟁브랜드들과의 우위/차별점 설정)	**내부적 프로파일 분석** (자사 기존 브랜드 체계와의 적합성 분석)

브랜드 컨셉 대안 도출

Brand Positioning Map

고객욕구의 지각축 파악
자사와 경쟁사 브랜드포지셔닝 도출
자사 브랜드포트폴리오와의 적합성 검증

효과적인 Brand Statement 의 개발

> **TIP**
>
> • 먼저 외부적으로 경쟁브랜드들과의 차별화를 통한 경쟁 우위점을 도출한다.
> • 또한 내부적으로 자사의 기존 브랜드 체계와의 적합성을 분석한다.
> • 브랜드 포지셔닝 맵에서 신규 브랜드의 포지셔닝이 고객이 요구하는 이상점(Ideal Point)과 경쟁사 브랜드들의 포지셔닝과 자사 브랜드 포트폴리오와의 적합성 검증 결과들이 모두 함께 나타내어 진다.
> • 여기서 나온 아이디어들에 대해 TFT는 추가적으로 충분히 분석하고 검토한 후 채택한다.

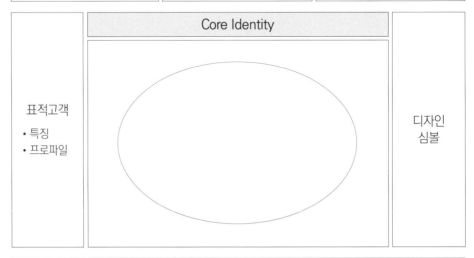

Brand Identity Structure		
Extended Identity		
제품과 관련된 연상	브랜드의 개성 (퍼스낼리티)	상징적 고객과의 관계

	Core Identity	
표적고객 • 특징 • 프로파일		디자인 심볼

가치 제안		
기능적 가치	상징적 가치	정서적 가치

TIP

- 핵심 아이덴티티(Core Identity)를 도출하여 → 표적 고객에게 브랜드 아이덴티티를 소구할 수 있는 디자인, 심볼 등을 개발한다.
- 확장 아이덴티티(Extended Identity)를 개발하여 활용한다.
- 브랜드 가치 제안의 요소로 기능적 가치, 상징적 가치, 정서적 가치를 개발한다.
- 여기서 나온 아이디어들에 대해 TFT는 추가적으로 충분히 분석하고 검토한 후 채택한다.

Brand Identity Structure (Sample)		
Extended Identity		
제품의 종류	브랜드의 개성	관계
Fast Food햄버거 아이들이 좋아하는 것	가족적, 미국적, 진실함 안전함, 활기찬, 재미있는	가족과 재미를 연상 맥도널드는 좋은 시간 일부

	Core Identity		
	편리성	음식의 질	
사용자 가족과 아이들	맥도널드는 가장 편리하고 신속한 서비스를 제공하는 음식점 이다.	세계의 어느 곳에서나 맥도널드에서는 항상 뜨겁고 질 좋은 음식을 제공	**로고** 금빛 아치

가치 제안	
기능적 가치	정서적 가치
맛 좋은 햄버거, 감자튀김과 음료는 가격 대비 높은 가치를 제공	아이들 생일파티의 재미 특별한 가족 시간이었다는 느낌 제공

Brand 구성 요소 개발

Brand Name	

적합성 검색	마케팅 적합성	언어/문화적 적합성	법률적 적합성

Brand Slogan	

기 타	
• Logo • Symbol • Color • Character • Package • Design • Jingle	

> **TIP**
>
> • 브랜드 구성 요소는 브랜드 네임(Name), 슬로건(Slogan), 로고(Logo), 심볼(Symbol), 칼라(Color), 캐릭터(Character), 패키지(Package), 디자인(Design), 징글(Jingle) 등으로 개발한다.
> • 브랜드 구성 요소 개발은 디자인 전문 기관에 설명할 수 있는 브리프를 도출한다.
> • 여기서 나온 아이디어들에 대해 TFT는 추가적으로 충분히 분석하고 검토한 후 채택한다.

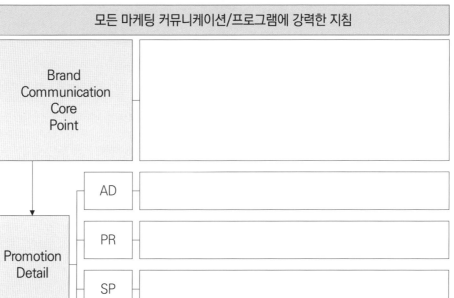

- 브랜드를 전개하는 커뮤니케이션 전략을 수립하는 단계로 모든 마케팅 커뮤니케이션과 프로모션에 강력한 지침으로 작용하게 한다.
- 브랜드 핵심 아이덴티티, 컨셉과 포지셔닝 및 고객과의 약속 등을 연계하여 집행한다.
- 여기서 나온 아이디어들에 대해 TFT는 추가적으로 충분히 분석하고 검토한 후 채택한다.

6. 마케팅 전략 수립

기업의 목표를 달성하기 위한 기능별 전략중의 하나가 마케팅 전략이다. 결국 기업은 향후 상품을 개발하여 시장을 개척하고 유지하고 확장을 하여야 지속적인 성장을 할 수 있다. 그러기 위해서는 표적 시장을 명확히 선정 (STP : Segmentation, Targeting, Positioning)하고 고객에게 효과적인 커뮤니케이션 (Promotion Mix)을 하는 전략을 수립하고 실행계획이 필요하다.

마케팅전략 체계

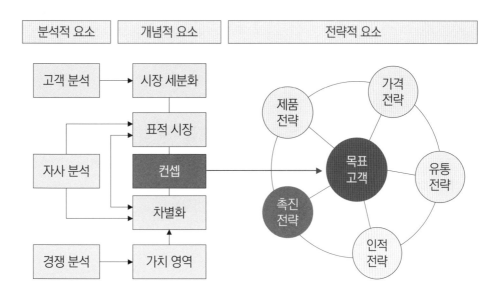

마케팅전략 체계 (사례)

1) 시장의 현황과 전망

　기업 이념과 비전의 설정과 공유 그리고 거시적인 환경분석이 끝나면 이어서 미시적인 환경분석을 한다. 미시적 환경분석은 현재 회사의 사업아이템이 전개되고 있는 시장(Market)에 대한 현황과 전망, 고객 분석, 경쟁자 분석이 대상이 된다. 미시환경 분석을 통해 회사는 매출 증대를 위한 단기적인 대응전략들을 도출할 수가 있다. 이러한 분석은 과학적인 시장조사(Research)와 분석 도구를 활용하여 정확성을 기하여야 한다. CCPI에서는 미시환경에 대해 임직원들이 생각을 토론과 인터뷰 등을 통해 도출한다.

가. 시장현황
가) 시장 전체의 현황 및 특성
- 시장이 성장하고 있는가? 그 이유는?
- 아니면 정체 또는 쇄락하고 있는가? 그 이유는?
- 시장에 어떤 특성이 있는가? 특성을 할용할 방법은 무엇인가?
- 기타, 시장의 현황과 특성에 대한 내용들은 무엇인가?

나) 최근(1년 이내) 성장 요소 도출을 통한 벤치마킹
- 최근에 성장한 기업은? 성장 이유는?
- 최근에 성장한 상품은? 성장 이유는?
- 기타, 최근에 성과가 좋은 전략이나 영업 활동은? 그 이유는?

나. 시장 전망
가) 향후 시장 전망
- 향후 시장의 전망은(단기적, 중 장기적)?
- 향후 시장의 전망에 특히 주목해야 할 트랜드는? 우리의 대응방법은?

나) 고객의 동향
- 향후 고객의 특성은?
- 향후 고객이 요구하는 것들은? 무엇을, 어떻게 요구하는가?
- 향후 잠재 고객 군은?

다) 향후 상품의 개발 방향은?

라) 향후 마케팅, 영업 전개 방향은?

다. 회사나 각 사업 부문별 대응방안 도출

시장의 현황과 전망(1)		
현황	• 전체시장의 특성	
	• 최근 성장한 　– 기업 　– 상품 　– 전략 　→ 성장 이유?	
전망	• 향후 시장 전망 　– 주목해야 할 부분	
	• 고객/거래처 동향 　– 향후 고객 특성 　– 고객 SNS 동향 　– 향후 고객 니즈 　　[What/Why?] 　– 잠재/미래 고객	
	• 신상품 방향 　영업방향	
회사/사업부 대응(활동) 방안		

TIP

• 내부 구성원들을 현 시장의 전문가로 보고 델파이 기법(Delphi Method : 전문가들의 견해를 유도하고 종합하여 집단적 판단으로 정리하여 문제를 해결하는 절차) 활용
• 워크샵 이전에 각 부문의 담당자들은 시장에 관한 객관적 자료 지참(토의 후 공유)
• 여기서 나온 아이디어들에 대해 TFT는 추가적으로 충분히 분석하고 검토한 후 채택

시장의 현황과 전망 (2)

전체 시장 추이	당사 판매 추이

	과거 3년 평균	올 해	향후 3년 전망
시장규모 (성장율%)			
전체시장의 특징			
최근 성장 상품 및 회사와 그 이유는? 벤치마킹 요소?			
변화요인평가 – 증가/감소 이유			
시장의 전망			
→ 대응전략(단기)			

```
TIP
```

- 과거(3개년)와 현재의 매출액은 객관적인 자료를 지참하여 공유한다.
- 전체시장의 추이 도표와 당사 매출 추이 도표를 비교하여 연관성 및 유의성을 파악한다.
- 팀 별로 시장의 현황과 전망(1)의 양식과 나누어 토론한 후 발표를 통해 공유한다.
- 여기서 나온 아이디어들에 대해 TFT는 추가적으로 충분히 분석하고 검토한 후 채택한다.

2) 고객 분석

사업은 "고객에게 가치를 제공하여 돈을 버는 것"이라고 한다. 즉 고객은 누구이고 고객이 원하는 가치를 파악하여 경쟁자보다 더 좋은 상품을 싼 가격으로 제공하는 것이 사업 성공의 핵심이라고 할 수 있다. 따라서, 고객분석을 제대로 하여 적절히 대응하는 것은 매우 중요하다. CCPI에서는 고객분석에 대해 임직원들의 생각을 토론과 인터뷰 등을 통해 도출한다.

가. 고객 확인
가) 고객은 누구인가?
- 고객유형 분류 : 고객을 조금 더 들여다 보면 나의 상품을 구매하는 고객(Buyer), 나의 상품을 직접 사용하는 고객(User), 비용을 지불하는 고객(Payer) 그리고 나의 상품이 구매되도록 영향을 주는 고객(Influencer)으로 나눌 수 있다.
- 거래 라이프 스타일 파악 : 언제, 어디서, 얼마만큼, 어떻게 구매하는가?
- 거래의사 결정과정 및 형태는 어떠한가?
- 거래의사 결정 시 참여자 또는 영향을 주는 고객은 누구인가?

나. 거래 동기
가) 왜 거래하는가?
- 거래 욕구 파악
나) 거래를 하기 까지 사전 정보탐색의 형태는 어떠한가?
- 정보 탐색의 유형은?
- 정보 탐색의 과정과 행태는?
- 거래의사 결정 과정과 영향 요소는?

다. 고객 행동 특성
가) 고객은 무엇을 바라고 있는가?
나) 고객의 불만(Complain) 사항은?
나) 상품의 개선 사항은?

다) 향후 틈새시장은 어디인가?

라) 누가 우리의 고객(잠재 /가망 고객)이 될 수 있는가?

라. 회사 및 각 부문 별 대응방법 도출

고객 분석			
항 목		내 용	활용/공략방안
고객 확인	고객은 누구인가? [고객유형분류/대응]		
	언제/어디서 어떻게 구매 하는가?		
	거래의사 결정 과정 및 형태는?		
	거래의사 결정시 참여(영향)자는?		
거래 동기	왜 거래 하는가? [거래욕구?]		
	정보탐색 형태		
	거래영향요소		
고객 행동 특성	Complain요소		
	무엇을 바라고 있는가? 개선사항 [New-Needs] → 틈새시장발견 /개발		
	누가 우리의 고객이 될 수 있는가? [잠재/가망고객]		

대응 및 활용 방안 도출

3) 제품 분석을 통한 차별화 포인트 및 대 경쟁 우위 전략 도출

	내 용 (핵심 혜택)	경쟁사 상품과 비교	
		강점 (우위)	약점 (열세)
핵심 혜택 확인 • 기능 • 필수조건			
외형 속성 확인 • 브랜드 • 디자인 • 광고			
확장된 혜택 확인 • 경로 • 서비스 • 사후관리			

제품 분석을 통한 차별화 전략

대 경쟁 우위 / 차별화 제품 (개발 / 운영) 전략

> **TIP**
>
> • 자사의 상품과 경쟁하고 있는 경쟁사 상품을 선정한다.
> • 먼저 핵심 혜택으로 제품의 기본적 기능에 대해 비교 분석을 한다.
> • 다음은 외형 속성과 확장된 혜택에 대해 비교 분석한다.
> • 이와 같은 분석을 통해 대 경쟁 우위를 위한 차별화 포인트와 운영 전략을 도출한다.
> • 여기서 나온 아이디어들에 대해 TFT는 추가적으로 충분히 분석하고 검토한 후 채택한다.

4) 경쟁 분석(경쟁력 평가)을 통한 차별화 포인트 및 대 경쟁 우위 전략 도출

마케팅전략을 전개 하는데 있어서의 기본은 3C이다. 이 3C는 고객(Customer), 회사(Company) 그리고 경쟁자(Competitor)이다. 즉 고객의 니즈를 파악하여 경쟁자보다 더 좋은 제품을 싸게 공급하는 내부 역량을 가져야 사업에 성공할 수 있는 것이다. 많은 기업들 특히 신생 벤처기업들이 회사의 자체 기술과 고객의 니즈 파악만을 가지고 제품을 개발하거나 시장에 진출하는 경우가 많다. 그러나 이미 경쟁자가 더 좋은 제품을 보유하고 있거나 대체품을 개발을 하고 있어 실패를 하는 경우가 많다. 따라서, 항상 나(회사)와 고객 그리고 경쟁자를 분석하여 적절한 대 경쟁우위전략을 전개하는 것이 필수적이라고 할 수 있다.

가. 경쟁자 확인
가) **기존 경쟁자** 확인
- 현재 경쟁자 중 **주요 경쟁자** 확인 : 현재 경쟁자 중 시장의 장악력이 큰 경쟁자와 당사와 경쟁영역이 겹쳐 치열한 경쟁을 하고 있는 경쟁자 선택
- 현재 경쟁자 중 **기타 경쟁자** 확인 : 주요 경쟁자는 아니나 주시하여야 할 경쟁자로 분류하여 선택
- 기존 경쟁자 중 **잠재 경쟁자** 확인 : 현재는 경쟁자가 아니나 경쟁자가 될 잠재력을 갖추고 있는 경쟁자를 분류하여 선택

나) **미래경쟁자** 확인
- 현재는 경쟁자가 아니나 향후 미래 경쟁자가 될 가능성이 있는 경쟁자를 분류하여 선택

나. 경쟁 우위 포인트 비교
- 앞에서 선택한 경쟁자들 중에서 아래 요소 별로 우수 경쟁자를 선택하고 우수한 이유를 파악하여 작성한다.
- 기업 이미지, 브랜드 파워, 상품력, 서비스, 고객관리, 광고/홍보. 판촉활동, 영업활동, 기타

다. 당사와 경쟁력 대비

- 각 요소 별로 우수 요소들을 당사와 비교하여 벤치마킹을 할 것과 차별화 요소들을 도출하는 근거 자료로 활용한다.

라. 대 경쟁 우위 요소 개발을 통한 대 경쟁 우위 전략 도출

경쟁력 평가를 통한 대 경쟁 우위 전략					
구 분			**내 용**		
경쟁자 확 인	기 존 경쟁자	현 재	주요		
			기타		
		잠 재	주요		
			기타		
	미래 경쟁자		주요		
			기타		
경 쟁 우 위 포인트 비 교			우수회사		이 유
	기업 이미지				
	상 품				
	서 비 스				
	고객관리				
	판촉활동				
	기 타				
경쟁력 대 비	경 쟁 사		장 점		단 점
대 경쟁 우위 요소 개발 대 경쟁 우위 전략					

TIP

- 기존 경쟁자를 현재 경쟁자와 잠재 경쟁자로 또한 미래 경쟁자를 주요 경쟁자와 기타 경쟁자를 나누어 확인한다.
- 경쟁우위 요소 별로 우수 회사 별로 그 이유 포인트를 도출하여 벤치마킹한다.
- 경쟁력 대비를 통해 대 경쟁 우위요소 개발 및 전략을 도출한다.
- 여기서 나온 아이디어들에 대해 TFT는 추가적으로 충분히 분석하고 검토한 후 채택한다.

5) 시장변화 추이 검토 및 시장 세분화

앞서 시장의 현황과 전망, 마케팅 3C 분석을 통해 시장에 대한 기본적인 검토를 하였다. 이제는 시장 세분화를 통해 "탈취할 시장(지금 집중 공략하여 성공 확률이 가장 높은 시장)"을 찾는 작업이 필요하다.

가. 시장 세분화 절차

나. 시장 세분화 기준 변수

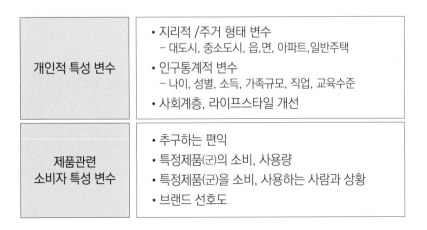

다. 세분화 결과 세분시장이 갖추어야 할 요건

첫째, 세분시장 내의 품질성과 세분시장 간의 이질성
둘째, 측정가능성(Measurable)
셋째, 규모(Size)
넷째, 접근의 용이성(Accessible)

라. 세분시장 분석을 위해 고려할 사항

가) 각 세분시장을 크기, 성장률, 수익성 등 전반적인 매력도 분석

나) 기업(혹은 사업단위)의 목적 및 자원과 연관지어 평가

마. 시장 세분화 검토 항목 (거래처, 상품, 소비자 → 활용 포인트)

가) 지금 수요가 가장 큰 곳은?

나) 장래성이 크게 기대되는 곳은?

다) 시장 침투의 여지가 남아 있는 곳은?

라) 당사가 우위를 점하고 있는 곳은?

마) 타사와 경쟁이 백중한 곳은?

바) 브랜드 스위치가 기대될 수 있는 곳은?

사) Scale Merit가 현저한 곳은?

바. 전략적 거래처, 상품, 고객 선정 및 공략 방안 도출

시장 변화 추이 및 세분화 검토

시장변화추이	항 목	내 용	활용 포인트
	시장 특징 및 전망		
	총 시장 규모 변화 • 전망·증가/감소이유		
	히트 상품		

시장세분화검토	항 목	거래처/상품/소비자	활용 포인트
	지금 수요가 가장 큰 곳은?		
	장래성이 크게 기대되는 곳은?		
	시장 침투의 여지가 남아 있는 곳은?		
	당사가 우위를 점하고 있는 곳은?		
	타사와 경쟁이 백중한 곳은?		
	경쟁사가 관리 공백인 곳은?		
	브랜드 스위치가 기대될 수 있는 곳은?		
	Scale Merit가 현저한 곳은[특판]		

	근거	목표 (단계별)
전략적 거래처/상품/소비자 선정		

공략방법	

:.......: TIP

• 시장변화 추이(시장 특징 및 전망, 시장 규모 및 변화 추이, 히트 상품 등)을 파악하여 활용 포인트를 도출한다.
• 시장 세분화 검토요소 등을 상품, 고객, 유통 측면에서 파악하여 활용 포인트를 도출한다.
• 시장 세분화를 통한 전략적 상품과 고객을 선정하여 공략 방법을 도출한다.
• 여기서 나온 아이디어들에 대해 TFT는 추가적으로 충분히 분석하고 검토한 후 채택한다.

6) 시장 세분화를 통한 탈취(표적)시장 선정

시장 세분화를 통한 탈취시장 선정			
시장 세분화 변수 [거래처/상품/소비자 등]			
구 분	세분시장 I	세분시장 II	세분시장 III
개성 특징			

탈취할 시장(지금 집중 공략하여 성과 창출이 가장 높은 시장)				
시장 특징 • 정의/규모/장래성 • 경합도/침투가능성				
제 품	소구점			
	경쟁대비 차별 우위점			
거 래 처	특징[프로필]		Main	
			Sub [영향자]	
	자극 포인트			
	공략방법			
탈 취 목 표	도달시점 ( )	정량목표		
		정성목표		
	단계적 목표	1단계		
		2단계		
		3단계		
	전략 단계적/구체적 표기			

> **TIP**
> • 시장 세분화 변수를 통해 시장을 세분화 한 후 시장의 특징을 도출한다.
> • 탈취할 시장(지금 집중 공략하여 성공 확률이 가장 높은 시장)의 선정 및 시장 특징 파악
> • 제품, 거래처, 단계 별 탈취 목표 와 달성 전략을 수립한다.
> • 여기서 나온 아이디어들에 대해 TFT는 추가적으로 충분히 분석하고 검토한 후 채택한다.

7) 표적시장 선정 프로세스

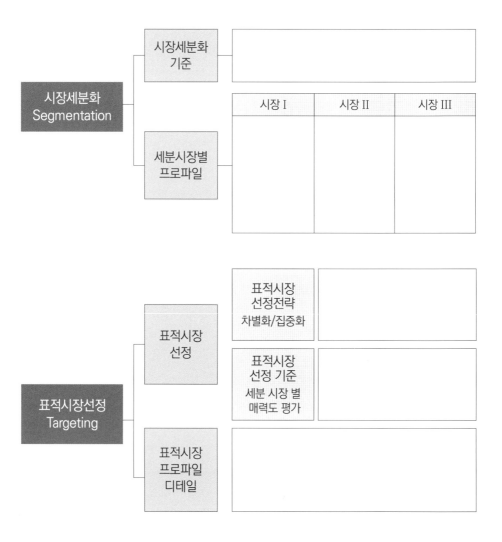

TIP

- 시장 세분화 기준을 정한 후 세분 시장 별 프로파일을 작성한다.
- 표적 시장 선정 기준으로 세분 시장 별 매력도를 평가한다.
- 표적 시장 프로파일의 디테일을 도출한 후 표적시장 공략 전략을 도출한다.
- 여기서 나온 아이디어들에 대해 TFT는 추가적으로 충분히 분석하고 검토한 후 채택한다.

8) 포지셔닝

가. 포지셔닝

제품 포지션 : 경쟁브랜드에 비하여 소비자의 마음속에 차지하는 상대적 위치

제품 포지셔닝 : 어떤 브랜드를 경쟁 브랜드에 비하여 자발적으로 받아들일
수 있도록 고객들의 마음속에 위치시키는 노력

나. 제품 포지셔닝의 유형

(가) 속성 /편익 포지셔닝

(나) 이미지 포지셔닝

(다) 사용상황 포지셔닝

(라) 경쟁적 포지셔닝

(마) 재 포지셔닝

다. 제품 포지셔닝 절차

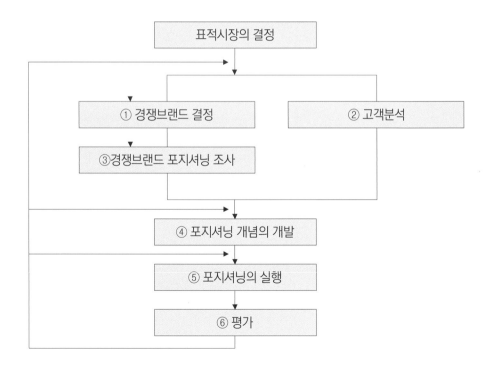

9) 감소/위축, 전략적, 잠재/가망 거래처 공략 방안 도출

감소/위축, 전략적, 잠재/가망 거래처 공략 방안 도출	
• 감소/위축의 원인은? • 잠재/가망 거래처 대상은? • 전략적 거래처란?	
거래처 특징	
담당자 특징	
경쟁사 대비 차별화 포인트 [U·S·P]	
공략 방법 · 공략 방안 세부	
공략 방법 · 내부 협조 사항	
공략 방법 · 사전 준비 사항	

> **TIP**
>
> • 각각의 거래처의 정의와 특징을 파악한다.
> • 각 거래처 별로 거래처의 니즈에 대한 대 경쟁사 차별화 및 우위전략을 도출한다.
> • 각 거래처 적절한 공략 세부 방안, 내부 협조 및 사전 준비사항을 도출한다.
> • 여기서 나온 아이디어들에 대해 TFT는 추가적으로 충분히 분석하고 검토한 후 채택한다.

10) 거래처(B to B) 공략 Personal Worksheet

거래처(B to B) 공략 Personal Worksheet

접촉 거래처(단체)명	
접촉 거래처(담당) 특징 – 접촉동기/관계 정도 – 규모/전망 등	

직접 접촉 중인 고객			영향력 고객		
이름	부서/직위	관심사항	이름	부서/직위	관심사항

실질적 구매자는 누구인가?	그 조직 중에서의 위치 정도
	이 구매자가 진정 Final 인가
	이번 건에 대한 구매자의 입장은
	구매자가 제시하는 조건은
어떻게 고객을 커버할 것인가?	나 자신이 최상의 방법인가 아니면, 누구(지점/본사차원)
	직접돌파?/우회전략?

본 제안에 대한 구매자의 수용 상황은?	• 매우 긍정 ( )	• 극렬 반대 ( )
	• 강력한 지원 ( )	• 경쟁사 선호 ( )
	• 지지하는 편 ( )	• 다소 부정적 ( )
	• 약간 관심 표명 ( )	• 관심이 거의 없다 ( )
	• 좀 더 두고 본다는 정도 ( )	• 반대까지는 않는다 ( )

	구분	누구/특징	관심사항	공략포인트[전략/판촉]
실질적 구매자는 누구인가?	Core Target (주 공략 고객)			
	전략적 활용층 (영향고객)			

• 장기적인 고객관리 방안
• 제안 수용여부와 관계없이
  고객관계 유지 방안

TIP

• 접촉 거래처의 특징(동기, 관계 정도, 규모, 전망 등)을 파악한다.
• 접촉중인 고객의 위치 및 구매에 대한 실질적인 내부 영향력자를 파악한다.
• 내부적으로 어떻게 카바 할 것인가? (특징/관심 사항/공략 포인트)
• 여기서 나온 아이디어들에 대해 TFT는 추가적으로 충분히 분석하고 검토한 후
  채택한다.

7 판매촉진 전략 (Sales Promotion) 수립

상품을 판매 하기 위해서는 표적시장을 선정하여 타겟 고객들에게 강력한 프로모션을 전개하여야 한다. 즉 가망고객을 직접 자극하여 고객을 오게 하고, 사게 하고, 계속 구매하게 하고, 더 나아가 고객이 고객을 추천하게 하는 활동인 판매촉진(Sales Promotion) 전략을 수립한다.

SP(Sales Promotion) 계획 수립 프로세스

시 장 분 석	상 품 분 석	소 비 자 분 석
• 경쟁상황 • 시장규모 • 수요 예측 • 유통경로 • 장래성 전망	• 상품의 특징 이해 • 상품 지명도 • 가격, 디자인 • 경쟁상품 분석 • SP 현상	• 가능고객의 속성 파악 • 구입자의 구매 동기 • 상품특성 수용 여부 • SP 수용여부 • 구입수량, 단가, 시기

MARKETING STRATEGY
기업목표 → 마케팅 목표 → 마케팅 믹스 (광의/협의 IMC)

SALES PROMOTION STRATEGY
• 마케팅 전략과 SP의 위치설정　• SP 목표설정
• SP 예산, 캠페인 기획 결정, 타 부문과의 조화

SP「캠페인 계획」기획

매체 전술	크리에이티브 전술
• 대상시장의 명확화　• 촉진믹스, 이용매체 결정 • 특정 매체결정　• SP Schedule	• 캠페인 테마 결정　• SP 수단 결정 • SP 믹스 수단

SP 자재 제작
• POP 광고, DM, 팜플렛, 간판, 노벨티

판매부문·판매점 PR
• 설명회, 세일즈 트레이닝, 매뉴얼 배포

캠페인 실시 전개

효과 측정 평가
조사, 분석, 매출액, 점유율, 지명도

1) 판매촉진(SP) 전략 수립을 위한 기획 실습 가이드

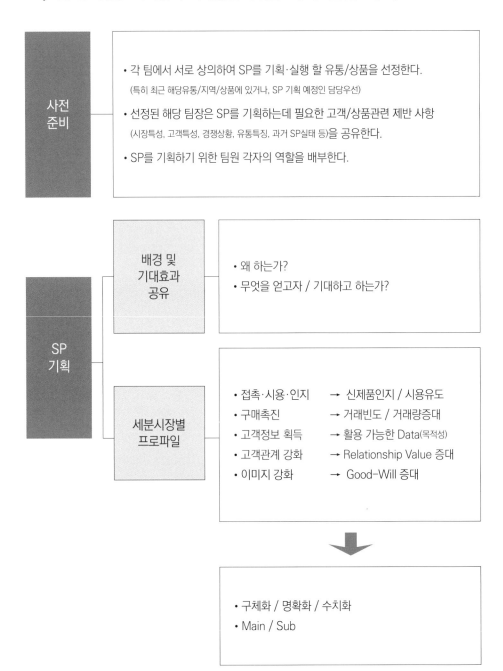

사전 준비

- 각 팀에서 서로 상의하여 SP를 기획·실행 할 유통/상품을 선정한다.
  (특히 최근 해당유통/지역/상품에 있거나, SP 기획 예정인 담당우선)
- 선정된 해당 팀장은 SP를 기획하는데 필요한 고객/상품관련 제반 사항
  (시장특성, 고객특성, 경쟁상황, 유통특징, 과거 SP실태 등)을 공유한다.
- SP를 기획하기 위한 팀원 각자의 역할을 배부한다.

SP 기획

배경 및 기대효과 공유

- 왜 하는가?
- 무엇을 얻고자 / 기대하고 하는가?

세분시장별 프로파일

- 접촉·사용·인지 → 신제품인지 / 사용유도
- 구매촉진 → 거래빈도 / 거래량증대
- 고객정보 획득 → 활용 가능한 Data(목적성)
- 고객관계 강화 → Relationship Value 증대
- 이미지 강화 → Good-Will 증대

- 구체화 / 명확화 / 수치화
- Main / Sub

2) SP 목표 대상 별 디테일

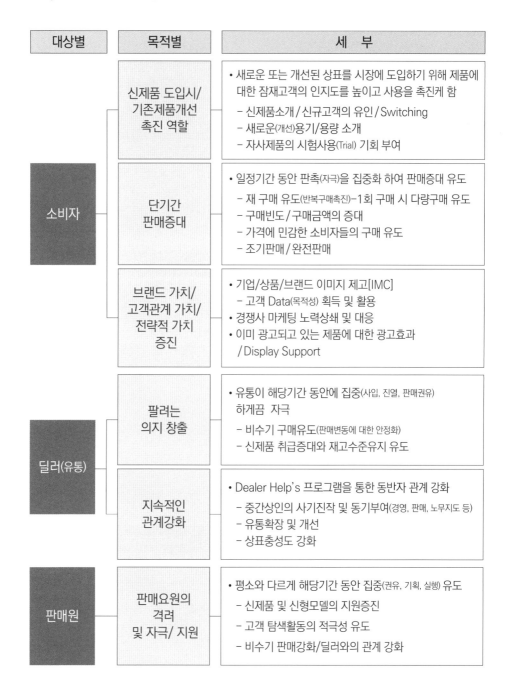

대상별	목적별	세 부
소비자	신제품 도입시/ 기존제품개선 촉진 역할	• 새로운 또는 개선된 상표를 시장에 도입하기 위해 제품에 대한 잠재고객의 인지도를 높이고 사용을 촉진케 함 　– 신제품소개 / 신규고객의 유인 / Switching 　– 새로운(개선)용기/용량 소개 　– 자사제품의 시험사용(Trial) 기회 부여
	단기간 판매증대	• 일정기간 동안 판촉(자극)을 집중화 하여 판매증대 유도 　– 재 구매 유도(반복구매촉진)–1회 구매 시 다량구매 유도 　– 구매빈도 / 구매금액의 증대 　– 가격에 민감한 소비자들의 구매 유도 　– 조기판매 / 완전판매
	브랜드 가치/ 고객관계 가치/ 전략적 가치 증진	• 기업/상품/브랜드 이미지 제고[IMC] 　– 고객 Data(목적성) 획득 및 활용 • 경쟁사 마케팅 노력상쇄 및 대응 • 이미 광고되고 있는 제품에 대한 광고효과 / Display Support
딜러(유통)	팔려는 의지 창출	• 유통이 해당기간 동안에 집중(사입, 진열, 판매권유) 하게끔 자극 　– 비수기 구매유도(판매변동에 대한 안정화) 　– 신제품 취급증대와 재고수준유지 유도
	지속적인 관계강화	• Dealer Help's 프로그램을 통한 동반자 관계 강화 　– 중간상인의 사기진작 및 동기부여(경영, 판매, 노무지도 등) 　– 유통확장 및 개선 　– 상표충성도 강화
판매원	판매요원의 격려 및 자극/ 지원	• 평소와 다르게 해당기간 동안 집중(권유, 기획, 실행) 유도 　– 신제품 및 신형모델의 지원증진 　– 고객 탐색활동의 적극성 유도 　– 비수기 판매강화/딜러와의 관계 강화

3) SP기획 프로세스 디테일

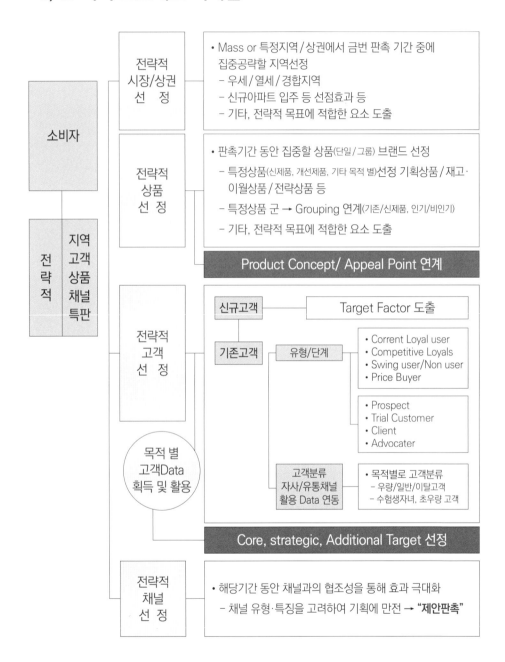

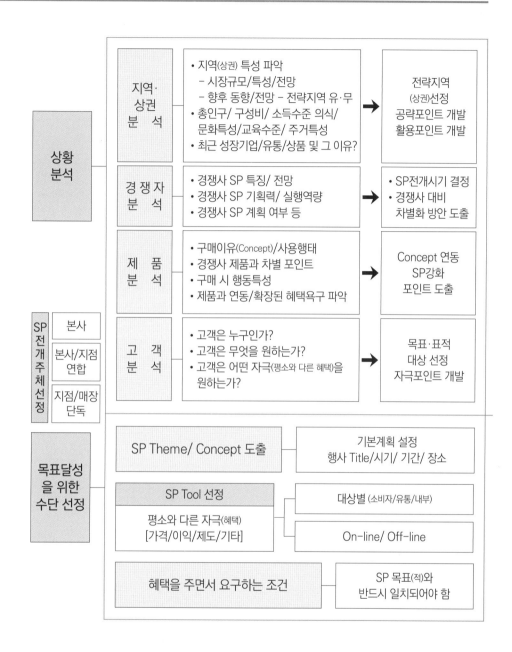

상황 분석	지역· 상권 분 석	• 지역(상권) 특성 파악 – 시장규모/특성/전망 – 향후 동향/전망 – 전략지역 유·무 • 총인구/ 구성비/ 소득수준 의식/ 문화특성/교육수준/ 주거특성 • 최근 성장기업/유통/상품 및 그 이유?	전략지역 (상권)선정 공략포인트 개발 활용포인트 개발
	경 쟁 자 분 석	• 경쟁사 SP 특징/ 전망 • 경쟁사 SP 기획력/ 실행역량 • 경쟁사 SP 계획 여부 등	• SP전개시기 결정 • 경쟁사 대비 차별화 방안 도출
	제 품 분 석	• 구매이유(Concept)/사용행태 • 경쟁사 제품과 차별 포인트 • 구매 시 행동특성 • 제품과 연동/확장된 혜택욕구 파악	Concept 연동 SP강화 포인트 도출
	고 객 분 석	• 고객은 누구인가? • 고객은 무엇을 원하는가? • 고객은 어떤 자극(평소와 다른 혜택)을 원하는가?	목표·표적 대상 선정 자극포인트 개발

SP전개주체선정

- 본사
- 본사/지점 연합
- 지점/매장 단독

목표달성을 위한 수단 선정

SP Theme/ Concept 도출	기본계획 설정 행사 Title/시기/ 기간/ 장소
SP Tool 선정 평소와 다른 자극(혜택) [가격/이익/제도/기타]	대상별 (소비자/유통/내부) On-line/ Off-line
혜택을 주면서 요구하는 조건	SP 목표(적)와 반드시 일치되어야 함

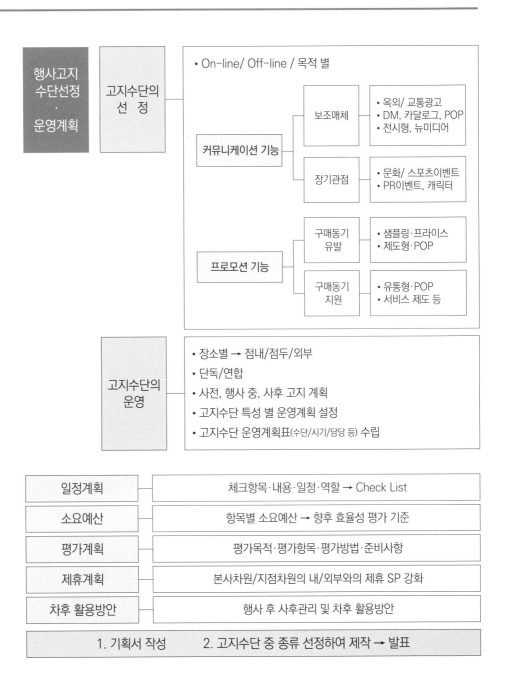

행사고지 수단선정 · 운영계획	고지수단의 선 정	• On-line/ Off-line / 목적 별

커뮤니케이션 기능
- 보조매체
  - • 옥외/ 교통광고
  - • DM, 카달로그, POP
  - • 전시형, 뉴미디어
- 장기관점
  - • 문화/ 스포츠이벤트
  - • PR이벤트, 캐릭터

프로모션 기능
- 구매동기 유발
  - • 샘플링·프라이스
  - • 제도형·POP
- 구매동기 지원
  - • 유통형·POP
  - • 서비스 제도 등

고지수단의 운영
- • 장소별 → 점내/점두/외부
- • 단독/연합
- • 사전, 행사 중, 사후 고지 계획
- • 고지수단 특성 별 운영계획 설정
- • 고지수단 운영계획표(수단/시기/담당 등) 수립

일정계획	체크항목·내용·일정·역할 → Check List
소요예산	항목별 소요예산 → 향후 효율성 평가 기준
평가계획	평가목적·평가항목·평가방법·준비사항
제휴계획	본사차원/지점차원의 내/외부와의 제휴 SP 강화
차후 활용방안	행사 후 사후관리 및 차후 활용방안

1. 기획서 작성   2. 고지수단 중 종류 선정하여 제작 → 발표

4) SP전략 Brief (step 1)

목 표		**핵심 포인트 경쟁우위 요소 차별화 요소**	
대상 별			
소비자 — Target 특성		공략 포인트	
소비자 — 프로그램	인지/접촉/시용 (오게끔)		
	Trial (사게끔)		
	Repeat (계속 구매 유도)		
	확산/소개 유도		
딜러 — 딜러 특성		공략포인트 (목표)	
딜러 — 프로그램 연계성 활동강화			
내부영업 — 영업 특성		공략포인트 (목표)	
내부영업 — 자극책 지원책 격려책			

5) SP 기획(요약/발표)

마케팅 목표	
IMC 목표 (촉진요소 별 역할)	
SP 목표 → 핵심 전략	

행사명		행사 기간	
타 겟		장 소	

실 시 내 용	사전 준비/ 실시 사항		
	행사내용 - Concept - Theme		
	수 단	오게끔	
		사게끔	
	고지(홍보) 수단		
	동기부여방안 (유통 채널/영업사원)		
	고객관리 방안		
	분위기 연출		
사후관리/평가계획 [차후 활용 방안]			

8 내부 역량 진단

1) 내부 역량 진단 및 중점 강화 요소 도출

내부 역량 진단은 기업 하부 구조, 인적자원/관리, 기술 개발(R&D), 마케팅, 생산과 구매, 서비스 활동, 물류 및 기타 역량으로 나누어 진단하고, 그 결과를 통해 중점 강화하여야 할 요소를 도출한다.

내부 역량 진단 및 중점 강화 요소 도출		
항 목	현 상	중점 강화 요소

• 기업 하부 구조
  – 일반관리 및 기획업무
  – 재무 및 회계 관리
  – 대 정부 관리
  – 법률문제 관리
  – 품질 관리		

• 인적자원/조직
  – 조직 구조
  – 인사관리(채용,교육,훈련,보상)
  – 노사관계
  – 조직문화		

• 기술개발(R&D)
  – 기술개발(제품/공정개선)
  – 기술개발 문서작성 수준
  – 설계(제품/공정설비)
  – R&D 투자		

• 마케팅
  – 시장개척, 확대(시장점유율)
  – 경쟁무기 확보(가격경쟁력)
  – 정보/유통/제품/프로모션
    (광고)
  – 영업력/판매조직망		

내부 역량 진단 및 중점 강화 요소 도출		
항 목	현 상	중점 강화 요소
• 생산, 구매 능력 – 생산가동률 – 제품라인의 폭/품질 – 협력업체(외부 하청생산) 관리 – 생산원가		
• 서비스 활동 – 회사 지원도 – 대 고객 서비스 – 서비스의 질(인식도)		
• 물류 활동 – 원자재/부품 조달력 – 자재관리 – 유통비용 – 공장/물류센터 입지		
• 기타활동		

TIP

• 내부 역량 진단 항목을 구분하여 각 해당 부문과 함께 1차 진단을 한다.
• 이어서 경영진 및 타 부문과 함께 2차 진단을 한다.
• 객관적인 자료와 과학적인 분석을 통해 3차 진단을 하여 중점 강화하여야 할 요소를 발굴하여 개선 목표와 달성 방법을 현장에서의 실천 주체자 들과 함께 도출한다.
• 현장 실천주체자들과 충분한 소통과 협의를 통해 구체적인 실천 계획을 수립한다.

2) (　　)부문 실태 파악 및 강화 방안 도출

(　)부문 실태 파악 및 강화 방안	
(　) 부문 실태 / 문제점	개선 방안(단/중기)

(　) 부문 강화 방안

즉시 실천 방안 → 기대 효과

TIP

- 각 부문별로 나누어 자체적인 현상 파악과 중점 강화 방안을 도출한다.
- 워크샵 이전에 각 부문의 담당자들은 시장에 관한 객관적 자료 지참(토의 후 공유)
- 여기서 나온 아이디어들에 대해 TFT는 추가적으로 충분히 분석하고 검토한 후 채택
- 구체적인 개선 방안에 대하여 각 부문별로 실천계획과 평가 및 피드백 계획을 수립한다.

9 조직 평가 및 보상 시스템 구축

기업의 비전이 수립되고 비전 달성을 위한 사업 전략과 마케팅 전략, 그리고 강력한 판매촉진 전략을 실행하면서 성장을 위한 행보를 진행한다. 이제 리더십과 내부 조직의 최적화 및 평가/보상 시스템을 최적화 하는 것이 필요하다.

목적	단계	대상	주요 내용	방법	결과물
리더십 시스템 구축	시스템 구축	경영진 각 부문별 핵심 인력	조직 최적화 모델 인사 평가/보상 시스템	조직구조 최적화 평가/보상 시스템	조직 최적화 모델 인사/보상 평가 시스템

1) 평가 및 보상(Appraisal) 시스템

공정한 평가와 보상은 조직의 역량을 극대화하는 데 가장 중요한 요소이다. 다음은 기업의 평가 및 보상제도의 사례이다.

평가주기 및 평가의 반영

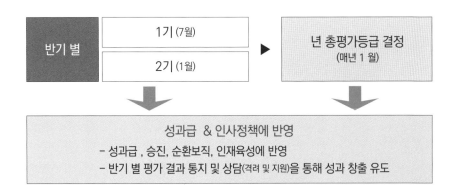

평가 보상 체계(Appraisal Frame) 사례

			영업	CS	경영		
성과 평가	정량 평가	매출액/커미션 합의 80%	70%	70% 직접 (50) 지원 (50)	50%	종합 평가	성과급 지급
	정성 평가	가치 창출 기여도 20%					
역량 평가	리더십 역량 평가	진단 • 본인 + 차상급 + CEO 합계 • CEO 최종 조정 • SS ~ C (6등급) • 부서장/팀장 (리더십+공통) • 팀원 (직무 + 공통) 60%	30%	30%	50%		
	직무역량 평가						
	공통역량 평가						연봉 승진 적용
	교육 (내부/외부)	출석률 (내부+외부) 강의 (내부+전달) 20%					
	독서토론 / 어학	출석률 / 발표율 목표달성 / 신장률 20%					

2) 역량 평가 및 성과 평가

가) 역량이란?

성과 우수자로부터 일관되게 관찰되는 행동특성 (High Performer's Behavior)

> • 조직의 비전과 전략을 달성하는데 필요한 **핵심적인 행동 특성**
> • 高성과자가 보다 자주, 효과적으로 활용하는 **지식, 기술, 태도 등의 통합체**

역량 (예시)

일반적 지식, 기술, 성격	업무수행에 필요한 행동양식, 발휘능력 (역량)
Knowledge (관련법, 이론, 상식 등)	〈전문성〉 • 업무와 관련된 전반적 지식에 숙달하고, 숙달된 지식을 확장하면서 전 조직에 전파시키는 능력
Skill (IT, 정보분석, 업무전개 등)	〈분석적 사고〉 • 상황을 세분화 하여 이해하고 함축된 의미를 단계적, 인과론적으로 분석. 현업에 적용하는 능력
Attitude (열정, 조직충성심, 대인관계 등)	〈관계형성〉 • 업무목표 달성을 위하여 현재 또는 미래에 유용한 사람과 우호적인 관계를 유지하는 능력

나) 역량 체계

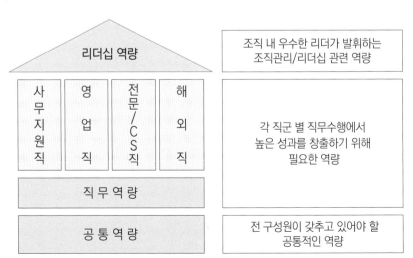

다) 역량평가 운영 방안 (사례)

1. 역량평가1 (리더십+직무역량+공통역량 평가 : 48 ~ 60)

등 급	SS (매우 우수)	S(우수)	A(보통)	B(미흡)	C (매우 미흡)
비 중	**100%**	95%	90%	85%	80%
점 수	**60점**	57점	54점	51점	48점

2. 역량평가2 (교육 평가 : 16 ~ 20)

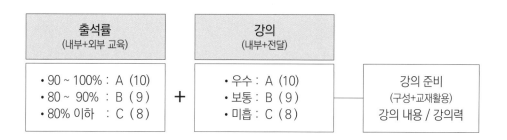

3. 역량평가3 (독서 토론 + 어학 평가 : 16 ~ 20)

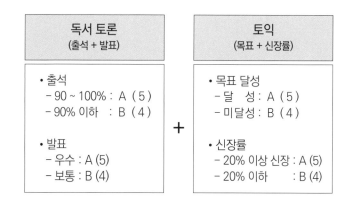

역량평가표 (직책보임자 용 : 샘플)

역 량		역량의 정의	평 가 등 급				
			본인	1차	2차	최종	조정
공통역량	조직 충성도	개인보다 조직의 우선순위와 목표에 부합하고 진정으로 조직에 헌신하는 정도					
	고객 지향	조직 내·외부 고객의 needs를 신속하고 정확하게 파악하고 대응하려는 성향					
	솔선 수범	열정과 도전의식을 가지고 말이 아닌 행동으로 동참하고 스스로 솔선하는 자세					
	변화 추구	변화의 목적과 방향을 정하여 추진함으로써 조직에 긍정적인 변화를 추구					
	윤리 의식	조직구성원으로써 마땅히 행하거나 지켜야 할 도리를 다하려는 생각					
리더십역량	전략적 사고	내·외부 환경을 분석하여 새로운 사업모델을 만들고 최적의 대안을 추진하는 능력					
	부하 육성	조직의 비전과 전략 방향에 맞춰 도전적이고 적합한 목표를 설정하는 능력					
	목표 설정	조직의 비전과 전략 방향에 맞춰 도전적이고 적합한 목표를 설정하는 능력					
	팀웍 구축	조직 활성화를 통하여 조직원들의 강점을 모아 시너지를 도출해내는 능력					
	의사 결정력	현 상황을 면밀히 분석 우선순위에 입각하여 신속·정확한 의사결정을 하는 능력					
총 점		–					
최종 평가 등급		–					

고과자	소 속	직 급	성 명	서 명
본 인				
1차 평가자				

고과자	소 속	직 급	성 명	서 명
2차 평가자				
최종 고과자				

역량평가표 (팀원 용 : 샘플)

역 량		역량의 정의	평 가 등 급				
			본인	1차	2차	최종	조정
공통역량	조직 충성도	개인보다는 조직의 우선순위와 목표에 부합하고 진정으로 조직에 헌신하는 정도					
	고객 지향	조직 내·외부 고객의 needs를 신속하고 정확하게 파악하고 대응하려는 성향					
	솔선 수범	열정과 도전의식을 가지고 말이 아닌 행동으로 동참하고 스스로 솔선하는 자세					
	변화 추구	변화의 목적과 방향을 정하여 추진함으로써 조직에 긍정적인 변화를 추구					
	윤리 의식	조직구성원으로써 마땅히 행하거나 지켜야 할 도리를 다하려는 생각					
직무역량	전 문 성	업무의 효과적 처리에 필요한 이론, 실무지식을 보유하고 이를 활용, 전파하는 능력					
	유 연 성	다양한 상황에 자신을 적응시켜 효율적으로 일을 처리해 가는 능력					
	주 도 성	능동적이고 적극적인 자세로 실현가능한 대안을 제시하며 추진해가는 능력					
	정보수집	인적, 물적 등 다양한 정보수집 채널을 확보하여 최신 정보를 제공하는 능력					
	기 획 력	조직과 개인의 목표에 부합하여 창의적이고 현실적인 대안을 수립, 제공하는 능력					
총 점		–					
최종 평가 등급		–					

고과자	소 속	직 급	성 명	서 명
본 인				
1차 평가자				

고과자	소 속	직 급	성 명	서 명
2차 평가자				
최종 고과자				

라) 성과 평가 운영 방안

1. 정량 평가 (매출액 + 커미션 : 80 ~ 60)

달성율 (80 ~ 60)
• 달성 : A (80) • 장려: B (70) : 목표와의 차이 10% 이내 • 미흡: C (60) : 목표와의 차이 10% 이하

2. 정성 평가 (기여도)

기여도 (20 ~ 16)	

• 우수 : A (20)
• 보통 : B (18)
• 미흡 : C (16)
	• 회사 가치 창출에 기여
	  – 미래 수주에 기여
	  – 미래 고객 창출에 기여
	  – 회사 이미지에 기여
	  – 기타, 회사발전에 기여

3. 성과 평가 적용

성과 평가 (최고 / 최저)			
구 분	점 수	적 용	
		영업/CS (70%)	경영지원 (50%)
최고점수	100점	70점	50점
최하점수	76점	53점	38점

마) 역량 + 성과 평가 운영 방안

1. 역량평가 1+ 2 + 3 합계를 영업/CS는 30%, 경영지원은 50% 반영

• 사례 (최상급 대 최하급)

역량 평가			
구 분	점 수	적 용	
		영업/CS (30%)	경영지원 (70%)
최고점수	100점	30점	50점
최하점수	80점	24점	40점

성과 평가			
구 분	점 수	적 용	
		영업/CS (70%)	경영지원 (50%)
최고점수	100점	70점	50점
최하점수	76점	53점	38점

성과 평가 (최고 / 최저)				
등 급	SS (매우 우수)	S (우수)	A (보통)	B (미흡)	C (매우 미흡)
비 중	150%	120%	100점	80%	70%
점 수	100점	95점	90점	80점	70점 이하

평가 결과를 승진 / 연봉 / 성과급에 반영

바) 성과급제

설계 기본 방향

- 비 호봉 형 임금 체계 : 호봉제 폐지
- 근속년수에 상관없이 직급별 동일 임금 테이블 구성
- 임금인상 재원 확보 후 임금 설계 (Plus Sum 방식 채택)
  → 임금인상 재원 중 일부(약 %)는 직급별 일괄 인상 적용하고 일부
     (약 %)는 성과급 재원으로 적용
- 성과급은 분기별 사업부문의 성과와 개인의 평가 결과에 따라
  (분기별)로 차등 지급
- 비 누적 방식 채택 (패자부활 방식)
  : 직전 기간 성과급이 당해 기간 임금에 비 누적
- 연봉 지급방식 : 총 연봉의 1/12을 매월 1회 지급

능력주의 인사 실행
경영 성과 극대화

10 리더십개발 (비즈니스 코칭 참조)

리더십 개발은 먼저 CEO코칭을 실시한 후 아래 표처럼 순차적으로 핵심 리더인 임원과 부서장 순으로 일대일 코칭 및 그룹 코칭을 진행한다. 핵심 리더 코칭 실시 후에는 반드시 각 리더들의 부하를 코칭할 수 있도록 KPI를 정하여 실시하고 이를 통해 자율적이고 창의적인 코칭 조직문화를 만들도록 지도한다.

목적	단계	대상	주요 내용	방법	결과물
리더십 개발	시스템 구축	CEO 경영진 각 부문별 핵심 인력	코칭 리더십 역량 개발(경청, 코칭 대화) 주제별 목표 달성 이슈 코칭 & 자아성찰	1:1 코칭 그룹 코칭	주제별 목표 달성 코칭 라더십 역량 개발

CEO 및 핵심 리더(본부 별) 코칭 Schedule(작성 사례)

대 상	방 법	'2000	'2000 1	2	3	4	5	6	7	8	9	10	11	12	비 고
대표 이사	1:1 코칭 월 2 회														
영업 본부	본부장 코칭 팀장 코칭														본부 코칭 2개월 후 Flow up
품질 본부	본부장 코칭 팀장 코칭														본부/팀장 코칭/피드백
관리 본부	본부장 코칭 팀장 코칭														본부/팀장 코칭/피드백
생산 본부	본부장 코칭 팀장 코칭														본부/팀장 코칭/피드백
연구소 기타 (협의)	본부장 코칭 팀장 코칭 협의 후 진행														본부/팀장 코칭/피드백 종합 피드백

학습 조직 시스템 구축

학습 조직 시스템 구축은 회사의 미래를 준비하는 데 있어 가장 중요한 시스템이다.

전 세계적으로 우량기업의 가장 큰 특징 중의 하나는 자발적인 학습시스템을 갖추고 있다는 것이다. 학습 조직 시스템을 구축하고자 할 때는 직원들이 자발적으로 참여하여야 한다. 그러기 위해서는 기획 단계에서부터 직원들의 의견을 수렴하고 반영을 하여야 하며 궁극적으로는 업무적으로나 개인적으로 실질적인 도움이 된다는 인식이 되도록 운영을 하는 것이 핵심이다. 가장 좋은 학습법은 "직원들이 남을 가르치게 만드는 것"으로 직원들이 스스로 연구하고 발표함으로써 주도권과 자부심을 고양하는 방향으로 진행한다.

목적	단계	대상	주요 내용	방법	결과물
학습 조직시스템 구축	시스템 구축	전 임직원 참여	년간 학습 시스템 구축 직급/부문별 역량 개발 외부/내부 교육 시스템 구축	전임직원 직급/부문별 역량 개발 지표 설계	년간 학습 시스템 외부/내부 교육 운영 프로그램

1) 학습조직(CoP)이란?

- 학습조직(CoP: Community of Practice)은 일정기간 동안 특정 주제에 대하여 공통적 이해관계를 가진 사람들이 아이디어, 경험 등을 공유, 토론, 학습하면서 문제 해결을 모색하는 집단을 의미하며, 직원들의 자발적인 참여를 원칙으로 함
- 학습조직은 업무를 보다 효율적으로 처리하거나 업무와 관련된 보다 깊이 있는 전문 지식을 토론·학습·창조하기 위해 형성된 네트워크

(2) 학습조직(CoP)의 기대효과

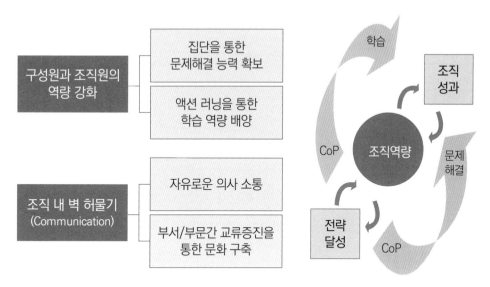

(3) 학습조직(계층 / 직능별 교육체계) 구축(사례)

직무\직급	계층별 교육		직능별(직무)교육																사관학교	자기계발교육
			관리·사무직					판매·영업직					생산·기술직			전문직				
	기본교육	육성교육	총무	인사	경리	교육	구매	마케팅	영업	기획	조사	고객상담	생산관리	외주관리	공사팀	디자이너	연구개발	전산	토목 기본 받침 신축 이음 방음벽 경관류 환경 LED PSM 성장동력 아이템	• 자기계발 부문 – 교양강좌 – 어학교육 사내/통신 – 사가[思暇] 제도 • 전사공통 부문 – 사내강사 육성 • 직능 별 강사 • 교육 담당자 – 전산실무 교육 • 정보 마인드화 • OJT교육 • 위탁/통신교육
임원	신임임원 과정	전략경영 과정	조찬 , 외부 교육, 1:1 코칭																	
부서장	신임부장 과정	고급 관리자 능력향상 과정	• 총무, 인사, 노무관리 • 구매실무 • 회계일반, 세무회계 • 사무관리 일반과정					• 세일즈 과정 • 채권관리 • 시장조사 • 프로모션 • 마케팅전략 • 선진마케팅 해외연수 • 기획실무 및 경영전략 • 마케팅 관리 [초급 과정 중급 과정					• QC,IE, • VE조사 • 소재기획			• 아이디어 발상법 • 트리즈 • 시장 및 소비자 조사 • 소재 기획				
과장·대리	신임과장/대리 과정	중간 관리자 능력향상 과정																		
계장·주임	신임계장/주임 과정	초급 관리자 능력향상 과정																		
사원 — 대졸	대졸 신입 입문 과정																		국제화 교육	차세대 리더 교육
사원 — 고졸	고졸 신입 입문 과정																			
	000 입문과정 [Vision & 사원정신]																		• 무역실무 • 국제 마케팅 • 해외지역 마케팅 • 이문화 적응 • 수출입 실무 • 국제화 어학	
수시 채용자	입문과정 소양과정	• 000 Vision & Sprit • 각 분야별 직능교육/소양교육																		
전체	• 월례회 / 외부 특강 • 워크숍(반기 별) – 창립기념일(산행/봉사)																			

(4) 학습 시스템 구축(사례 : 000 Learning system Frame)

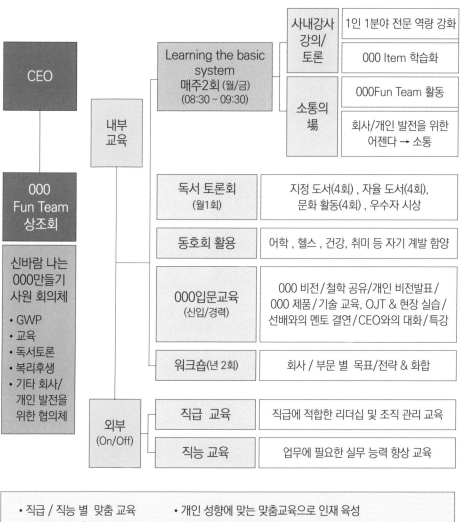

CEO	내부 교육	Learning the basic system 매주2회 (월/금) (08:30 ~ 09:30)	사내강사 강의/ 토론	1인 1분야 전문 역량 강화
				000 Item 학습화
			소통의 場	000Fun Team 활동
				회사/개인 발전을 위한 어젠다 → 소통

내부 교육

독서 토론회 (월1회)	지정 도서(4회) , 자율 도서(4회), 문화 활동(4회) , 우수자 시상
동호회 활용	어학 , 헬스 , 건강, 취미 등 자기 계발 함양
000입문교육 (신입/경력)	000 비전/철학 공유/개인 비전발표/ 000 제품/기술 교육, OJT & 현장 실습/ 선배와의 멘토 결연/CEO와의 대화/특강
워크숍(년 2회)	회사 / 부문 별 목표/전략 & 화합

000 Fun Team 상조회

신바람 나는 000만들기 사원 회의체
- GWP
- 교육
- 독서토론
- 복리후생
- 기타 회사/ 개인 발전을 위한 협의체

외부 (On/Off)

| 직급 교육 | 직급에 적합한 리더십 및 조직 관리 교육 |
| 직능 교육 | 업무에 필요한 실무 능력 향상 교육 |

- 직급 / 직능 별 맞춤 교육
- 개개인 업무 / 인성 스킬 업
- On / Off / 통신 교육
- OJT 교육(사내강사 육성)

- 개인 성향에 맞는 맞춤교육으로 인재 육성
- 입문(000 비전/문화) 교육
- 효율적인 독서 경영 시스템
- 사내 어학 교육

- 차세대 리더 육성

"신 바람 일터" 구축 (GWP : Grate Work Place)

　　다니고 싶은 회사 이유 중 1위는 아래 조사 결과에 의하면 연봉, 복리 후생 보다 더 "재미 있는 회사"가 뽑혔다. 따라서 이제 기업은 "신 바람 일터"를 구축하는 데에 많은 노력을 하여야 한다. 즉 재미 있는 회사 분위기를 통한 성과 창출을 하는 기업들이 진정 "우량 회사"로 평가를 받는 시대가 되었다는 것을 의미한다.

목적	단계	대상	주요 내용	방법	결과물
GWP 접목	신바람 일터	전임 직원	전 임직원 니즈 청취 성공사례 벤치마킹 자체GWP팀 운영 GWP INEDX 설계	벤치 마킹 자체 GWP 팀 운영 아이디어 도출/보고	자체 GWP팀 결성 GWP 팀 활동 실천 및 피드백

"나는 이런 회사에 다니고 싶어요" (네티즌 2,350명 대상)

1	**일하기 재미있는 회사 51%, 1,390명**
2	돈을 적당히 주고, 스트레스가 없는 회사 11%, 304명
3	높은 연봉에 복리후생이 빵빵한 회사 10%, 265명
4	평생근무를 약속하는 회사 8%, 208명
5	무조건 돈을 많이 주는 회사 7%, 184명

출처 : 한국일보/Yahoo.com

(1) GWP(내부직원 커뮤니케이션 활성화를 해야 하는 이유)

> ### 기업 커뮤니케이션 전략전개에 있어서 내부 고객이 우선 고려되어야 하는 이유
>
> 내부고객이야 말로 기업경영의 성패에 즉각적 영향을 미치는 존재이다.
> 내부고객은 외부고객에 대하여 기업의 내막을 의식적·무의식적으로 알리는
> 매개자이기 때문에 내부 고객의 호의적 평판이 선행되어야 한다.
> [안에서 새는 바가지 밖에서도 샌다]

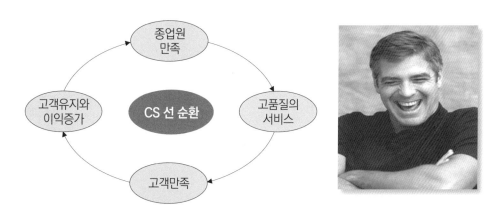

> 자기 자신의 구성원이 만족하지 못하는데 고객이 만족할 수 있을까?
> 라는 생각을 해봅니다. 정말 아찔하지 않습니까?
> 고객을 만나는 사람이 기분 좋고 즐거워야 고객에게도 그 즐거움을
> 전파할 수 있지 않을까요?
>
> 출처 : 오익재 《펀 경영》 월간조선사

First Internal Customer Satisfaction
먼저, 내부 고객 만족

(2) GWP란?

'훌륭한 일터'는 구성원이 상사와 경영진을 신뢰(Trust)하고 일에 자부심(Pride)을 느끼며 종업원들간에 일하는 재미(Fun)을 느낄 수 있는 곳이다.

경영진/상사		업 무
Credibility (믿음) Respect (개인존중) Fairness (공정성)	신뢰(Trust) · 자부심(Pride) · 재미(Fun) **GWP**	Work (일) Company (회사) 지역사회에 기여
	동 료 동료애 (Camaraderie) 동료와 더불어 즐겁게	

- **신 뢰 (Trust)** : 경영진/상사와 구성원 간에 서로 믿고 존중해 주는 것
- **자부심(Pride)** : 직원임을 자랑스럽게 느끼고, 자신의 가치와 업무를 소중히 생각하는 것
- **재 미(Fun)** : 동료와 더불어 즐겁고 신나게 일하는 것

왜, GWP(Grate Work Place) 기업을 지향해야 하는가?

일을 하면서 즐거움을 느낄 수 있는 직장을 만들어야
생산성이 높고 경쟁력이 있는 기업이 될 수 있다.

경영진과 종업원들이 서로 신뢰하며 자부심과 보람을 느낄 수 있도록
기업 문화와 관행을 바꾸어야 한다.

(3) 조직문화 비전 & GWP 시스템

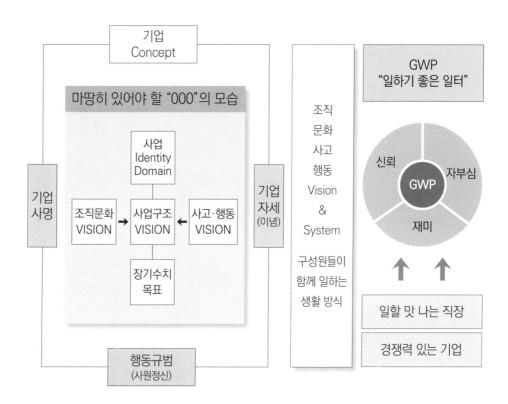

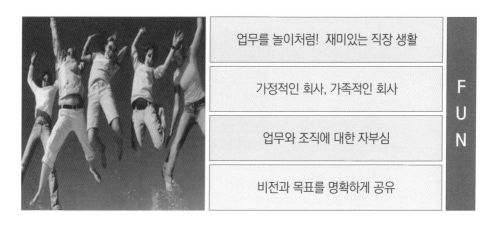

(4) 조직문화 비전 & GWP 전개 프로세스

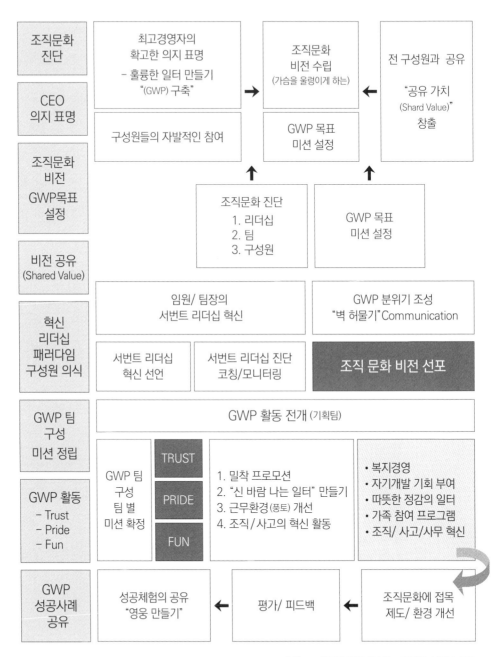

출처 : ≪훌륭한 일터 GWP≫ 조미옥, 넥서스 BIZ

(5) 조직활성화를 위한 "신바람 나는 일터" 만들기" 아이디어

내부 역량 진단 및 중점 강화 요소	
"공동체 의식" 강화를 위한 아이디어 "우리는 하나"	
"주인의식" 함양을 위한 아이디어	
조직원 사기진작을 위한 아이디어	
"효율적인 업무 협조"를 위한 아이디어	
-기 타- "신바람 나는 일터 만들기를 위한 독창적인 아이디어"	

> **TIP**
>
> • 내부 구성원들을 대상으로 "신 바람 나는 일터 만들기"를 위한 아이디어를 받는다.
> • 방법으로는 토론(부문/직급별 또는 랜덤 형식으로 자유롭게 구성) 및 인터뷰 형식을 취한다.
> • 아이디어 채택 시에는 적절한 시상을 하며, 아이디어를 제안한 팀이나 개인에게 실행의 주도권을 주어 실행과 피드백을 주관하도록 한다,

(6) 조직문화 비전 & GWP 전개 프로그램(사례)

유형	목 적	실 천 Program
분위기 조성 "벽 허물기" Event	목 적	• 포스터 및 실천표어 공모 • 슬로건 제정 • 홍보책자(프롬프트 시리즈)배포 • 혁신상징물 배포 • 불씨(Change Agent Team) 가동 • 성공사례공유(벤치마킹) • VISION 선포식 • In-formal조직가동 • Innovator(협력자) 양성 • 실천결의대회 • 순회설명회/연수회(교육과연계) • 일/월별캠페인(event성) • 의식개혁 Promotion (거꾸로 가는 시계, 상상평가제도, 혁신제도, 7-4근무제, 떠들법썩 회의)
I N I P R O M O T I O N	밀착 프로 모션	사내 커뮤니케이션 활성화
		• 도란도란 DAY • 캔 타임 • 삼계탕/목욕탕 간담회/사랑방대화 • 제안제도(현장제안 낙서판) • 여론광장 • 사장과의 대화 • 의형제 맺기 • 노사화합간담회 • 청년중역회의 • 사내소식지/사내방송 활성화
		신명 나는 일터조성 • 복지경영 • 가족참여 • 자기개발기회부여 • 따뜻한 일터 가꾸기 • 보람의 일터 가꾸기 • 사회/지역봉사 *제 모습 갖기 운동 (사무혁신) *고객만족운동
		• 노사한마음결의대회 • 1인1서클가입 • 사원생일 찾아주기 • 상대방에 관심 갖기 • 경영진현장근무(동거동락) • 명예 회복제(징계기록말소) • 퇴사근무자 초청 잔치
		• 가족/부모초청세미나 • 사원자녀 컴퓨터교실 운영 • 사원자녀기숙사 건축/지원 • 주부대학운영 • Re-Flash(자녀와 함께 여행하기) • 알뜰시장개최 • 가정의 날/효도의 날(효도잔치) • 가족무료종합검진
		• 사내복지기금(내 집 마련/학자금) 우리사주구입/생활안정 기금 지원 • 애경사 처리/민원 전담 팀 운영 • 보람의 3,3,7운동 • HOME COMING DAY
		• 소년,소녀 가장 돕기, 컴퓨터기증, 낙도 어린이 초청행사, 해외 동포도서기증, 시민 봉사의날 • 주차장/연수장/회의실 무료개방, 환경보호캠페인(1사1 산가꾸기), 지역주민초청잔치
		• 회의간소화(서서 하는 회의,모래시계회의,회의 없는 날/시간대) • 마루제이운동(둥지 지키기), 1장BEST, 사무실Rule Book(Yellow Card) • 고객의 소리 듣기, 대 고객 시간 아껴주기, 고객소리카드 • 고객감동/사원감동/모두감동, "고객의 날" 행사
	풍토조성 PROGRAM SYSTEM	• 창조적 풍토 (25% rule, 15%rule, try 자유) • 도전적 풍토 (7할주의/ 위대한 실패) • IN-FORMAL 조직가동 (Venture team/Junior Board/Study group) • SYSTEM (고충처리상담실, 인사도움말, 신 인사제도 등)
성공 체험의 공유	"영웅 만들기"	• 우수제안인의 밤, 사례발표대회, 실천 사례 집, 우수자(조직)발굴시상 • 실천Idea공모.시상, 행동강령(Man-Ship) 제정 실천대회

봉사 활동 (사례)

나사렛 집 후원식

- 직원 1인 1아동 결연 지원
- 매달 20만원 상품권 증정
- 1년 6,000만원의 지원 금액
- 어린이 생일 때 2만원 상품권 증정
- 한 달에 한 번 나자렛집 방문
- 1년에 2번 씩 나자렛집 어린이와
  수녀님과 놀이공원에 놀러 가기
- 책,컴퓨터,프린트 등 지원

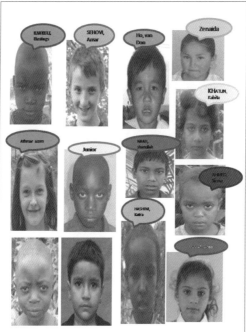

월드비전 후원

- 국내 아동 1달에 1명에 5만원 지원
- 국외 아동 1달에 1명에 3만원 지원
- 7월 달부터 지원하는 해외아동 수를
  5명씩 늘림
- 월드비전 어린이 총 지원 금액은
  104만원/달
- 총 어린이 수: 국내 5명/ 해외 16명
- 월드비전 어린이 생일 때 생일 선물
  과 **생일 카드 보내기**
- 어린이와 **편지, 사진 주고 받기**

사내 동호회 운영 사례 (000 FUN Team)

스크린 골프 동호회

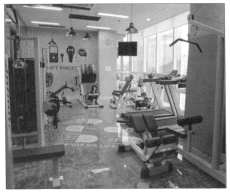

사내 헬스장 이용 동호회

문화(영화/뮤지컬/공연) 동호회, 사진/연주 동호회

토익 동호회

- 기타, 아이디어 수렴 후 결성
- 회사의 지원(90%)과 동호회 회원의 회비(10%)로 운영

13 실행 및 피드백

비전 수립과 핵심 전략을 수립 한 후, 이제는 핵심 전략 하나 하나를 구체화 하여 실천하는 것이 매우 중요하다. 이때 코칭을 통한 "상호 책임"의 역할을 강화하여 반드시 성과와 연결될 수 있도록 하는 것이 바람직하다.

목적	단계	대상	주요 내용	방법	결과물
실행 및 피드백	실행 및 실행 지도	전임 직원	핵심 전략과제 실행 조직 최적화 평가/보상시스템 학습조직 시스템 GWP 구축	Action & Feed back	지도 결과 실행 지도 계약서

000 New Start 2020 (사례)

"제2의 창업" 선언

Product Innovation	Process Innovation	Mind Innovation
• 기존사업의 집중/전문화 • 영업력 강화 • 기술력 강화 (스타 상품)	• 조직 재구축 분위기 쇄신 • 조직 효율성 제고 • 학습조직 개인역량 강화	• 화합 000 가족 • 주인의식 애사심 • 신바람 000 만들기

• Specialized in Bridge 안전과 쾌적을 통해 풍요로운 삶에 기여하는 Good Company

• 매출규모 : 5,000억원
• 업계 리더
• 사회공헌
• 전문가 집단
• 최고의 복지

→ Leading Good Company

NS 2020 Action Plan 사례 (1개월 이내 실행 계획)

게시판 활용 NS2020 고지	• 회사 비전 및 임직원 각 개인 비전/미션 을 사진과 함께 부착
조직 재 구축 부문 별 NS 워크숍 실시	• 각 부문 별 새로운 각오(혁신)로 목표 재 설정 및 달성전략과 실천 방안 을 수립하여 발표 후 확정(부문 별 시행)

영업력 강화
 	
영업부문
분위기 쇄신
 	
및
 	
전략적
영업 전개
	• 분위기 쇄신
	 1. 6층으로 통합(Lay-out조정)
	 2. 영업 부문 워크숍 실시
	  – 목표 재 정립 및 달성 의지 결의
	  – 0000 영업의 새로운 문화(풍토) 만들기 : 도전/전략적
	 3. 0000 영업부문 슬로건 만들기(아침 마다 구호 제창)
	 4. 출범식(산행) 시행
	
	• 전략적 영업 시행(단기 성과 및 영업력 강화)
	 1. 목표 재 정립(의지 + 시장 및 영업 / 프로젝트 재 점검)
	 2. 목표 달성 전략의 Strategic Detail Plan 도출
	 3. 4개월 집중 영업 캠페인 전개 및 피드 백
	  – 프로젝트선정 전사적 TFT 편성 및 집중화(성과급 연계)
	
	• 학습 조직 구축
	 1. 각 제품 교육(기존 + 신규) 이수 및 반복적 롤 플레잉(PT)
	 2. 영업 스킬 및 사례 연구/발표

기술 개발 집중화	000 대체 제품 개발 및 향후 스타 상품 개발 전략 수립(Master-plan)
학습 조직 구축으로 개인 역량 강화 (멀티/프로화)	• 각 제품 별 정/부 담당 선정 및 사내 강사화 • 각 제품 별 교육 실시(일정 사전 공지) • 제품 교육, 영업/마케팅 스킬 , 마인드 혁신 교육 등 • 한 과정이 끝나면 토요일 집중 정리 / 평가(1차: 받침 / 영업 스킬) • 강의 , 독서 토론, 워크샵, 롤 플레잉, Case Study • 사안 별 내부 스터디 그룹 편성하여 세미나 및 발표회 개최 • 자기개발 교육 등은 직원 니즈 파악하여 내년부터 실시
신바람 나는 000 만들기	1. 0000 주니어 보드(참조) 구성 및 출범 2. 오리엔테이션 및 워크샵 후 매주 1회 회동 3. 1차 제안("신 바람나는 일터 만들기" + 조직 혁신) 검토 및 반영

평가 및 종결

14

기업의 비전과 핵심 전략을 알리고 구체적인 실천한 것들에 대한 일정 시점에서의 평가를 진행한다. 평가 방법에 대해서는 미리 정하여 준비하여야 하고, 평가 결과에 대한 냉철한 분석을 통해 향후 계획(Next Plan)에 반영하도록 한다.

목적	단계	대상	주요 내용	방법	결과물
평가 Next Plan	평가 및 종결	전 임 직 원	CCPI 코칭 & 컨설팅 1차 종결 CCPI 코칭 & 컨설팅 결과 평가	평가 보고서 차후 진행 제안서	최종 보고서 Next Plan 제안서

협의체(위원회) 구성 및 운영방법

실천 주체자가 참여하고 공감하는 전략이어야 한다. ⇒ **살아있는 전략**

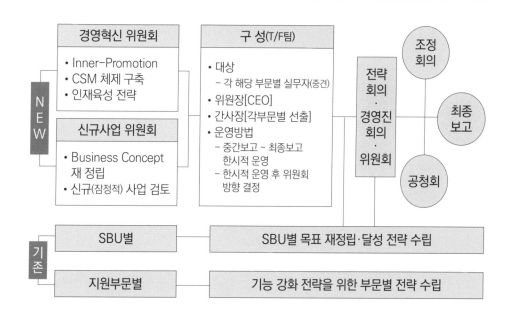

참고도서 및 문헌

1. "실전 비즈니스코칭 매뉴얼", 정재완, 매일경제신문사
2. "불가능을 가능하게 만드는 코칭 파워", 잭 캔필드, 정재완 옮김. 매일경제신문사
3. "유쾌하게 자극하라", 고현숙, 올림
3. "성공으로 질문하라", 오정환, 호이테북스
4. "폴 정의 코칭 설명서", 폴 정, 아시아코치센터
5. "집단지성의 힘 그룹 코칭", 코치 시대, 올림
6. "3분 안에 YES를 이끌어 내는 대화의 기술", 이동연, 평단
7. "살아 움직이는 힘 코칭 핵심 70", 최효진 외 2명, 새로운 사람들
8. "DISC 누구도 피할 수 없는 우리행동의 4가지 특성", 김영희 외 2인, 학이시습
9. "DISC 검사 양식" 홍광수 DISC 연구소
10. "나와 만나는 에니어그램", 바론.엘리자베스 와켈리, 마음살림
11. "컨설팅 입문", 조민호, 설종웅, 새로운 제안
12. "컨설팅 프랙티스", 조민호, 설종웅, 새로운 제안
13. "컨설팅이란 무엇인가", William A. Cohen, 윤은기 옮김, 유나이트컨설팅 그룹
14. "경영혁신 파워 스킬북", 김종빈 외 4인, 디에스알아이
15. "비즈니스 컨설팅", 김기용, 유나이트컨설팅 그룹
16. "컨설턴트가 되고 싶은 이들에게" 신영철, 21세기 북스
17. "비즈니스 컨설팅 서비스", 주영대, 남두도서
18. "전략적 사고", Avinash Dixit ,Barry Nalebuff, 류성렬 옮김, 다다미디어
19. "컨설턴트의 비밀", G.M 와인버그, 고기진, 현병언 옮김, 21세기북스
20. "실전 세일즈 프로모션 매뉴얼", 정재완, 매일경제신문사
21. "훌륭한 일터 GWP", 조미옥, 넥서스 BIZ
22. "Mckinsey Ouarterly No.4", 1996
23. "The Balanced Scorecard", R. Kaplan, 1996
24. "Enture Consulting Parteners"
25. "企業診斷", 中谷到達
26. "Coaching for Breakthrough Success", Jack Canfield and Dr. Peter Chee
27. "The Definitive Book of Body Language", Allan Pease & Babara Pease
28. "Bass,1990, Vroom"
29. "Executive Coaching with Backbone and Heart", Mary Beth O'Neill
30. "Personal and Executive Coaching", Jeffrey E. Auerbach, (The Complete for Mental Health Professional)
31. "Coaching Leadership", Haberleitiner. Mayer
32. "Executive Coaching with Backbone and Heart", Mary Beth O'Neill
33. http://andyko.eqloos.com/1658192

CCPI 코칭 & 컨설팅

초 판 1쇄 2015년 7월 3일

지은이 정재완, 주형근
펴낸이 전호림   기획·제작 이엔시 커뮤니케이션   펴낸곳 매경출판(주)
등 록 2003년 4월 24일(No. 2-3759)
주 소 우)100-728 서울시 중구 퇴계로 190(필동1가) 매경미디어센터 9층
전 화 02)2000-2647(내용 문의) 2000-2606(구입 문의)
팩 스 02)2000-2609 이메일 sptown@hotmail.com
인쇄제본 (주)M-print 031)8071-0961

ISBN 979-11-5542-305-9(03320)
값 25,000 원